敬　启

尊敬的各位老师：

感谢您多年来对中国政法大学出版社的支持与厚爱，我们将定期举办答谢教师回馈活动，详情见我社网址：www. cuplpress. com 中的教师专区或拨打咨询热线：010－58908302。

我们期待各位老师与我们联系

法学专业民商法学方向课程与技能课程系列教材

总主编 高在敏
李少伟

证券法理论与实务

程淑娟　杨春平　编著

中国政法大学出版社

编写说明

　　民商法是市场经济的基本法。民法学、商法学和民事诉讼法学是高等学校法学专业的核心课程。西北政法大学民商法学院根据教育部《全国高等学校法学专业核心课程教学基本要求》,先后编写并出版了《民法学》、《商法学》和《民事诉讼法学》等教材。在此基础上,根据我院课程设置的需要和教材建设规划,在总结多年课程教学经验、吸收教学改革成果的基础上,组织学术水平较高、教学经验丰富的教师编写并推出"法学专业民商法学方向课程与技能课程系列教材"。编写此"系列教材"的目的在于:其一,深化民商事实体法学和程序法学的教学内容,扩展和丰富课程类型;其二,体现理论与实务的结合,培养学生的法律专业技能和实务操作能力。

　　首批编写和出版的教材有:《侵权行为法理论与实务》、《民事案例评析》、《商事案例评析》、《证券法理论与实务》、《票据法理论与实务》、《破产法理论与实务》、《亲属法学》、《民事强制执行法》、《仲裁法学》。

　　这套系列教材的出版既是我院教学改革阶段性成果的体现,更是一种新的尝试,其中难免有欠妥之处,诚望同仁和读者不吝指正。

编　者

2007 年 9 月

|目 录|

第 1 章
证券法总论

内容摘要　证券是一种虚拟资本，它的价值在于为人们取得预期收益。我国《证券法》规定的证券包括股票、公司债券和其他金融衍生品种。证券法的基本内容围绕着证券的发行与交易这两大法律事实，规范包括证券发行人、证券公司、证券监管者、证券投资者以及其他证券服务机构之间的关系。证券市场是金融市场的重要组成部分，风险极大。法律是控制证券市场的重要手段。为了维护证券市场的秩序，保护投资者利益，《证券法》坚持公开、公平和公正原则，诚实信用原则以及证券监管原则等，其中最为核心的是公开原则。证券法的基本原则非常具体地体现在整个《证券法》的制度设计中。

第一节　证券和证券法概述

一、证券的概念

【基本理论】　有价证券与证券

有价证券在民法中被看做特殊的物。各国对有价证券含义的认识基本一致。如《俄罗斯联邦民法典》第142条第1款规定："有价证券是具备规定形式和必要要件的证明财产权利的书据，只有在持有有价证券的情况下才可能行使和移转它所证明的财产权利。随着有价证券的移转，它所证明的全部权利亦随之移转。"由此可见，有价证券有三个特点：一是有价证券表彰持有者能够享有一定的财产权利，有价证券之持有与权利的享有不可分离，有价证券的流转也就意味着权利的流转；二是有价证券必须符合法律规定的形式。传统有价证券以物质的、书面形式为必要，当代随着计算机技术的广泛应用，有价证券趋向"无纸化"。只不过无纸化的有价证券必须配备专门的登记制度，如《俄罗斯联邦民法典》第142条第2款规定："在法律规定或依照法定程序规定的情况下，只要有证据证明有价证券所证明的权利已在专门的登记簿（普通的或计算机化）中登记，即可行使和转让有价证券所证明的权利。"我国目前的证券登记结算机构即发挥着这种证券登记和权利的证明功能；三是尽管有价证券属于民法中特殊的物，但同时存在专门法律进行规范。包括有价证券所证明的权利种类、有价证券的形式要件、有价证券的发行流通等都需要专门商事特别法来规范。

有价证券可以按多种标准进行分类。按照有价证券所代表的权利和功能可以分为货币证券、资本证券和实物证券三种。货币证券是持有者享有确定金额的货币支付请求权的证券，比如汇票、本票、支票等，其主要功能是作为支付工具和流通工具。资本证券代表的是持有者对资本收益的请求权，比如股票和公司债券，其主要功能是为投资者取得资本收益。实物证券则是持有者请求支付特定货物的有价证券，如仓单、提单等，其主要功能是作为货物的收据和物权的证明。

此外，还可以按照有价证券的权利与有价证券占有之间的关系分为完全有价证券和不完全有价证券；按照流通与否分为流通有价证券和非流通有价证券等。

既然有价证券种类繁多，并且需要根据商事特别法来确定其具体的事项，那么讨论我国证券法中的证券就必须以《中华人民共和国证券法》（以下简称《证券法》）为依据。《证券法》第2条第1款规定："在中华人民共和国境内，股票、公司债券和国务院依法认定的其他证券的发行与交易，适用本法；本法未规定的，适用《中华人民共和国公司法》和其他法律、行政法规的规定。"这一规定实际上清楚地界定了我国《证券法》所指证券的外延：股票、公司债券和国务院认定的其他证券。这三大类型的证券都属于有价证券中的资本证券、不完全证券，它们既可以是流通证券，也可以是非流通证券。

【实务指南】　判定是否属于证券的方法

如果某有价证券属于《证券法》所调整的"证券"，那么对其就应当相应地适用《证券法》、《证券投资基金法》等专门的法律。有价证券种类繁多，性质各异，在功能上更是千差万别。因此，在全面了解有价证券的类型，特别是货币证券、资本证券和实物证券的区别后，我们应当将不同的有价证券归由不同的商事特别法来调整。作为货币证券的票据由《票据法》调整，作为资本证券的股票、公司债券等则由《证券法》调整，而仓单、提单则分别属于《合同法》、《海商法》的调整范畴。有价证券在实务中还包括银行的存单、信用卡，这些则与我们所谈的《票据法》、《证券法》无关，基本属于商事合同法的范畴，目前由《合同法》来规范。

【拓展思考】 资本证券的意义

我国《证券法》中的股票、公司债券等都属于资本证券。资本证券与实际资本不同。实际资本指厂房、机器设备、原材料、产品等具有实物形态且具有实际价值的资本，资本证券则被称为"虚拟资本"。虚拟资本与实际资本不能完全对应，它是现代市场经济发展中一项重要的制度创新，具有高度的趋利流动性，开辟了新的资源优化配置方式，从而形成了大规模的资本聚积，加速了市场经济的金融化程度。

传统资本证券以纸质为载体，而这个载体本身没有任何经济价值，因此，一方面资本证券过渡为无纸化顺理成章；另一方面则说明，对资本证券的价值判断有独立的依据。学理上普遍认可资本证券的价值与实际资本的价值不可能绝对、等值化的对应，资本证券持有者所享有的是对未来收益的期待权。例如，作为虚拟资本的股票的价值可以分成面值、净值、清算价格、发行价及市价等五种。股票面值就是股份公司在所发行的股票票面上标明的票面金额，它以元/股为单位，其作用是表明每一张股票所包含的资本数额，表明股票的认购者在股份公司的投资中所占的比例，从而成为确定股东权利的依据。股票的面值也是确定股票发行价格的一个依据。股票净值又称为账面价值，也称为每股净资产，是用会计统计的方法计算出来的每股股票所包含的资产净值，即用公司的净资产（包括注册资金、各种公积金、累积盈余等，不包括债务）除以总股本。股票的清算价格是企业在清算时，其财产处置所得到的实际价值，大都会低于实际价值。股票的发行价是当股票上市发行时，上市公司综合考虑各种因素对该股票所制定的价格，发行价与股票的面值和净值不同。股票的市价，则是指股票在交易过程中交易双方达成的成交价。通常我们所说的股票价格就是指股票的市价。但股票的市价又受到多方面因素的影响，而非由股票净值直接和完全决定。

这些复杂和多元的股票定价方式是资本证券价值多元化的体现。也正如马克思在《资本论》中所指出的，"股票只是对这个资本所实现的剩余价值的相应部分的所有权证书"，"所有这些证券实际上都只是代表已积累的对于未来生产的索取权或权利证书，它们的货币价值或资本价值，或者像国债那样不代表任何资本，或者完全不决定于它们所代表的现实资本的价值"，"有了这种证书，只是在法律上有权索取这个资本应该获得的一部分剩余价值"，"但是，作为纸质复本，这些证券只是幻想的，它们的价值额的涨落，和它们有权代表的现实资本的价值完全无关，尽管它们可以作为商品来买卖，因而可以作为资本价值来流通"。[1]

【法律法规链接】　《证券法》第 2 条，《公司法》第 140 ~ 145 条、第七章"公司债券"。

二、证券的种类

【基本理论】　股票、公司债券和国务院依法认定的其他证券

我国《证券法》中规定的证券具体包括：股票、公司债券和国务院依法认定的其他证券。

股票，是指由股份有限公司为筹集资本而发行的股份的凭证。股票由股东持有，是其对公司投资并享有相应权益的凭证。学理通说认为股票代表的是股东的所有权，股东的所有权体现为共益权和自益权。共益权如普通股股东可以参加股东大会、投票表决、参与公司的重大决策权利；自益权如收取股息或分享红利的权利。股票是一种不予偿还成本的有价证券，投资者购买了股票后，就不能再要求退股，只能到证券交易市场卖出。股票的转让意味着公司股东的改变，并不减少公司资本。同一类别的每一份股票所代表的公司所有权是相等的。每个股东所拥有的公司所有权份额的大小取决于其持有的股票数量占公司总股本的比重。股票可以分为普通股票和优先股票、记名股票和无记名股票、有票面值股票和无票面值股票、表决权股票和无表决权股票等。

公司债券，是公司依照法定程序发行，约定在一定期限内还本付息的有价证券，其实质是公司向债券持有人出具的债务凭证。公司债券按是否记名可分为记名公司债券和无记名公司债券，按是否参加公司利润分配可分为参加公司债券和非参加公司债券，按是否可提前赎回可分为可提前赎回公司债券和不可提前赎回公司债券，按发行人是否给予持有人选择权可分为附有选择权的公司债券和无选择权的公司债券等。

公司债券往往也被购买债券者作为"投资"的手段，但它主要是持券者与发行债券公司之间的借贷法律关系。从风险性来看，股票存在较大和不确定的风险，可能低价买进某股票，后来卖出时其价格暴涨，也可能完全相反；但公司债券一般有较为确定的风险，在债券到期之前收取固定的利息，到期后则可以收回本金。股票一般只表征它在股份公司中的一个份额，票面即使载有价格，但立法禁止折价发行股票，往往是溢价发行，并且股票发行的价格也往往与交

---

〔1〕 马克思：《资本论》第 3 卷，中共中央马克思恩格斯列宁斯大林著作编译局译，人民出版社 2002 年版，第 529 ~ 540 页。

易中股票的价格差异极大。持有公司债券者在法律上处于债权人的地位，公司债券所载的内容是持券人享有向发行证券的公司的给付请求权和其他权能的内容，因此券面所载的价格还是有意义的，并且实践中对有些公司债券也允许折价发行，发行的价格与交易的价格差别不甚巨大。可见股票与公司债券的区别相当明显。

至于《证券法》所提及的"其他证券"，则包括政府债券、证券投资基金份额以及证券衍生品种。我国《证券法》第 2 条第 2 款规定："政府债券、证券投资基金份额的上市交易，适用本法；其他法律、行政法规有特别规定的，适用其规定。证券衍生品种发行、交易的管理办法，由国务院依照本法的原则规定。"其中的政府债券如国库券，其发行具体适用的是《国库券条例》；证券投资基金份额是以信托为原理，即通过发行基金单位，集中投资者的资金，由基金托管人托管，由基金管理人管理和运用资金，从事股票、债券、外汇、货币等投资事项，以获得投资收益和资本增值。对证券投资基金份额的发行适用《中华人民共和国证券投资基金法》。不过，在我国，政府债券和证券投资基金份额的上市交易，则适用《证券法》。至于证券衍生品种，是指股票、公司债券等原生证券的衍生品种，分为证券型衍生品种，如认股权证；契约型衍生品种，如股指期货、期权等。"衍生"是指投资价值或者结算现金流依赖于股票、债券、利率、汇率或者信用等资产或者市场指标的金融工具，其本身不产生任何现金流，也不创造任何价值，买卖双方在合同规定的时间里按照原生品的表现结算输赢，一方的盈利即为另一方的亏损。证券衍生品种是成熟证券市场上重要的投资产品，其具体品种会随着证券市场的发展而不断丰富。由于证券衍生品种在发行、交易和信息披露方面存在特殊性，《证券法》本身还无法容纳其相关规定，因此对于证券衍生品种的发行和交易，由国务院制定具体的管理办法。

但是，我们需要明确的是，证券衍生品种也是一种《证券法》规定的"证券"。《证券法》第 2 条的规定是一个授权性法律规范。《证券法》通过该规范认可了证券衍生品种作为证券法中"证券"之一的法律地位，体现了《证券法》允许金融创新的基本态度；当然，《证券法》同时要求对证券衍生品种的管理，也要遵循《证券法》的一系列基本原则，包括信息公开和监督管理原则，由此将证券衍生品种纳入《证券法》的统一法律规制之下。

【实务指南】 **证券实务中的"证券"**

我国上市公司的股票有 A 股、B 股、H 股、N 股等的区分。A 股是人民币普通股票。它是由我国境内的公司发行，供境内机构、组织或个人（不含台、港、澳投资者）以人民币认购和交易的普通股股票。A 股在我国上市公司发行的流通股中，占最大比重，流通性较好。B 股也称为人民币特种股票，是指那些在中国大陆注册、在中国大陆上市的特种股票；B 股以人民币标明面值，只能以外币认购和交易。H 股是指国有企业在香港上市的股票。N 股是指那些在中国大陆注册、在纽约上市的外资股。

公司债券在实务中也有很多类型，非常灵活。例如按债券期限，公司债券可分为短期公司债券、中期公司债券和长期公司债券。根据我国公司债券的期限划分，短期公司债券期限在 1 年以内，中期公司债券期限在 1 年以上 5 年以内，长期公司债券期限在 5 年以上。按债券是否记名，公司债券可分为记名公司债券和无记名公司债券。如果公司债券上登记有债券持有人的姓名，投资者领取利息时要凭印章或其他有效的身份证明，转让时要在债券上签名，同时还要到发行公司登记，那么，它就是记名公司债券，反之为无记名公司债券。按债券有无担保，公司债券可分为信用债券和担保债券。信用债券指仅凭筹资人自己的信用发行的、没有担保的债券。担保债券是指以抵押、质押、保证等方式担保发行人按期还本付息的债券。其中，抵押债券是指以不动产作为担保物所发行的债券，质押债券是指以其存单、有价证券、动产等作为担保物所发行的债券，保证债券是指由第三者的信用担保所发行的债券。近年来的公司债券创新品种，如可转换公司债券，是指发行人依照法定程序发行、在一定期间内依据约定的条件可以转换成股份的公司债券。再如资产支持债券，也称资产支持证券或资产证券化，是以美国为首的西方发达资本市场国家在上世纪 80 年代的金融创新品种，它是以某种资产组合为基础发行的债券。到目前为止，能够进行资产证券化的资产有以下几类：住房抵押贷款；应收账款；消费贷款，包括汽车贷款、学生贷款、房屋建造贷款等；设备租赁贷款；信用卡。上述资产的拥有者，一般是银行或其他金融机构，向资产支持债券的发行者——特设目的载体（Special-Purpose Vehicle，简称 SPV）"真实出售"需要证券化的资产。SPV 将购买到的资产重新包装，根据质量不同，将资产按不同等级分类（有时还通过担保提高其信用等级），以这些资产为信用基础发行债券募集资金。资产支持债券的信用基础不在于 SPV 的资产规模、资产质量和经营利润，而是支持债券的资产的未来收益，担保人的信用或抵押物的价值。

证券衍生品种的类型灵活多样，包括认股权证、股指期货等多种类型。认股权证又称股票认购授权证，它是由上市公司发行，持有权证的投资者在未来某个时间或某一段时间内可以按事先确认的价格购买一定量该公司股票的权利，相当于"买股优惠券"。如果权证到期时，公司股票价格上涨，超过认股权证所规定的认购价格，权证持有者就有权按当初的认购价格购买股票，从而赚取市场价格和认购价格之间的差价；如果权证到期时，市场价格比约定的认购价格还低，则权证持有者可放弃认购。从内容上看，认股权证实质上就是一种买入期权。股指期货即股票价格指数期货，也可称为股价指数期货、期指，是指以股价指数为标的物的标准化期货合约，双方约定在未来的某个特定日期，可以按照事先确定的股价指数的大小，进行标的指数的买卖。2006年9月8日，中国金融期货交易所正式成立。待相关准备工作完成后，我国的股指期货交易将正式开展。

实务中还把证券分为权益类证券和固定收益类证券。权益类证券指股票、权证、股票型基金以及中国证监会规定的其他证券；固定收益类证券指政府债券、公司债券、债券型基金以及中国证监会规定的其他证券。这种分类对于我们分析该证券的风险是比较直接的。

【拓展思考】　证券类型的多样化和法定化

美国1933年的证券法规定，该法所指的证券是指任何票据、股票、国库券、债券、公司债券、利润分享协议，或石油、天然气或其他矿产特许、或租赁协议下的权益证书或参与证书、任何关于证券的抵押信托证、组建前证书或认购证、可转让股份、投资合同、投票信托证、存单或证券指数的卖出权、买入权、选择期权或优先权（包括其权益或由其价值所生之权益）、任何在国家证券交易所达成的外汇卖出权、买入权、选择期权或优先权、或者一般意义上被认为"证券"的任何票据、或者前述之各证券的权益证书、参与证书、暂时或临时证书、收据、认购或购买的担保或权利。但不包括货币或自出售日起有效期不超过9个月的任何票据、汇票或银行承兑书，但有宽限期的情况除外，也不包括有效期相当有限的更新票据、汇票或银行承兑书。

日本证券交易法规定的证券范围也很广，如国债证券、地方债证券、根据特别法由法人发行的债券、公司债券、根据特别法设立的法人发行的出资证券、股票以及表示新股认购权的证券或证书、证券投资信托及贷款信托的受益证券、法人为事业必须周转资金而发行的期票中由大藏省令规定者、外国及外国法人发行的证券及证书中具有前项证券及证书性质者、外国法人发行的从事银行业或其他金融融资业者的贷款债权、进行信托的受益权及类似权利的证券及证书中由大藏省令所确定者等。

美、日等国令人眼花缭乱的定义，实际上运用了列举的方式，不仅将传统意义上的股票、公司债券纳入"证券法"；而且将各种金融衍生品种，甚至表面不是证券，但实际上有财产值和流通功能的各种凭证尽收其中。它们是侧重证券功能而不拘泥于形式的立法方式。我国《证券法》第2条的规定没有给"证券"作一个抽象的、概括性的定义，而是采取了具体列举式的立法技术，从而使我国《证券法》中的证券类型呈现出法定化的趋势。但这种具体列举或类型的法定化并没有否定我国"证券"类型的多样性，通过"证券衍生品种发行、交易的管理办法，由国务院依照本法的原则规定"这样一个授权性条款，既包容了证券衍生品种对于金融创新的积极意义，也将对证券衍生品种的具体规范统一到《证券法》的基本原则和规范体系之下。

【法律法规链接】　　《证券法》第 2 条，《证券投资基金法》第 5 条。

三、证券法和证券法律关系

【基本理论】　　证券法律关系和证券法律事实的含义

证券法所调整就是相关主体之间因特定的证券事宜而产生的权利义务关系。能够引起证券法律关系产生的就是证券法律事实，在证券法中主要是指证券的发行和交易。确定证券法律关系是一个较为复杂的问题，它涉及以下几个因素：

首先，证券法的大体内容。任何一种法律关系都取决于法律的规定，证券法律关系也不例外。了解证券法的内容才能确定证券法律关系的范围。我国修定后的《证券法》于 2006 年 1 月 1 日起施行，包括 12 章，即总则、证券发行、证券交易、上市公司的收购、证券交易所、证券公司、证券登记结算机构、证券服务机构、证券业协会、证券监督管理机构、法律责任和附则。这些法律规范是决定证券法律关系的前提。

其次，证券法涉及的主体范围。法律关系既然是主体之间的权利义务关系，明确主体的范围当属必要。我国证券法的主体呈现了"多元性"特点，[1] 所涉主体种类繁多，包括证券投资者、证券发行者、证券公司（证券商）、证券交易所、资产评估机构、会计师事务所、律师事务所、证券投资咨询机构、证券资信评级机构、财务顾问机构、证券登记结算机构以及国家的证券监管机构等。不同主体间权利义务关系不同，多种主体间就会有多种法律关系。因此证券法律关系较为复杂。

最后，证券法涉及的主要法律事实是证券发行和证券交易。我国《证券法》第 2 条规定："在中华人民共和国境内，股票、公司债券和国务院依法认定的其他证券的发行和交易，适用本法；本法未规定的，适用《中华人民共和国公司法》和其他法律、行政法规的规定。政府债券、证券投资基金份额的上市交易，适用本法；其他法律、行政法规有特别规定的，适用其规定。证券衍生品种发行、交易的管理办法，由国务院依照本法的原则规定。"而证

---

〔1〕　李玉基、王肃元：《证券法论》，中国人民公安大学出版社 2002 年版，第 23 页。

券的发行和交易又涉及许多其他的法律事实。如股票发行中，除了按照《公司法》的规定形成股东大会的决议后，还须按《证券法》的规定进行股票发行的申请、聘请会计师事务所、资产评估机构、律师事务所等对其资信、资产、财务状况进行审定、评估和出具审计报告、评估报告、法律意见书等；申请获得批准后，发行公司还应与股票承销机构签订承销协议；还应办理制作、发售认股书、催缴股款和交付股票、对发行结果进行登记和公告等一系列具体事宜。这些繁杂的法律事实，会引起内容不同的证券法律关系，在确定证券法律关系时也应予以注意。

【实务指南】 证券法律关系

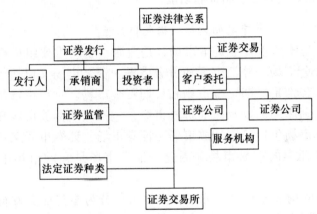

【拓展思考】 应用法律关系理论学习证券法的意义

私法中的法律关系理论，即法律所形成的当事人之间的权利义务的模型。尽管证券法律关系涉及的当事人众多，权利义务复杂，但通过证券法律关系这个理论，我们能够很好地理解证券法的理论并进行实务操作。以我国《证券法》的具体内容为例，该法对证券发行和证券交易的规定属于证券法律事实，对证券交易所、证券公司、证券登记结算机构、证券服务机构、证券业协会、证券监督管理机构的规定主要是证券法律关系主体的规定。可见，就该法逻辑结构而言，遵循的就是以法律事实为基点，规定当事人之间的权利义务。不过，与其他商事特别法和民法主体间的单一法律关系相比，证券法律关系的特点是复合型的，每一个主体都与多个主体存在不同的法律关系。以证券公司为例，如果证券公司作为客户的受托人，以会员的身份在证券交易所买卖股票，同时还接受证券监管，不得从事违法的交易行为，这就使证券公司分别与客户、其他证券公司、证券登记结算机构、证券交易所、证券监管部门等发生不同的法律关系；如果证券公司作为证券承销人，还与证券发行人存在承销法律关系；如果证券公司开展自营业务，它则是一个证券市场上的投资者。证券法律关系的这种复合性，便是证券法律技术复杂的体现。证券交易是一种典型的商事交易、传统的绝对商行为，证券法律关系的复合性和复杂性为我们展示了一个立体的、多维的关系模型。

【法律法规链接】　《证券法》的全部内容。

第二节　证券市场

一、证券市场的地位、构成和功能

【基本理论】　证券市场的地位、构成和功能

　　证券市场是国家重要的资本市场，是金融市场的重要组成部分。金融市场可以分为资金市场、外汇市场和黄金市场。资金市场又包括货币市场和资本市场，它们分别是短期资金市场和长期资金市场。货币市场包括短期证券市场，如买卖国库券；以及短期贷放市场，包括短期拆放市场和商业票据贴现市场。资本市场包括长期贷放市场和证券市场，证券市场又可以分为证券的发行市场和证券的交易市场。因此，证券市场是金融市场中的必要组成部分。

　　证券市场的构成需要多个元素。大体可以分为参与证券发行和交易的证券市场主体、证券发行交易的对象以及证券发行交易必须遵守的规则三个部分。证券市场的主体非常丰富，也就是前述的证券法律关系主体，包括投资者、证券发行人、证券公司和各种证券中介服务机构。在证券市场中，上述证券市场的主体都属于商主体，必须依据商法来确定其权利义务。证券发行交易的对象则是法律允许发行的各种证券，也就是证券市场上交易的标的物，它们的合法性是证券发行和交易有效的必要前提。至于证券发行交易的规则，则是进行证券发行交易活动必须遵守的规则。具体包括国家的金融管理制度和证券法律制度。金融管理制度的性质属于强行性自不待言，而证券法律制度同样具有鲜明的强行性。虽然民法遵循交易自由原则，但是证券法中，无论是证券发行还是证券交易，其规则都是既定的，基本排除当事人的意思自治。因此证券市场中的证券发行和交易体现了商法的国家干预原则和交易的定型化、高效率等商事交易特点。

　　以上证券市场的地位和构成可以用以下两个图表来表示。

证券市场的地位：

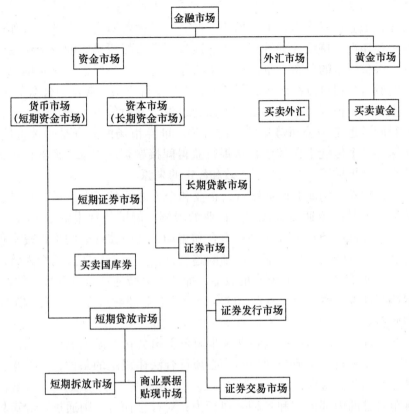

证券市场的构成：

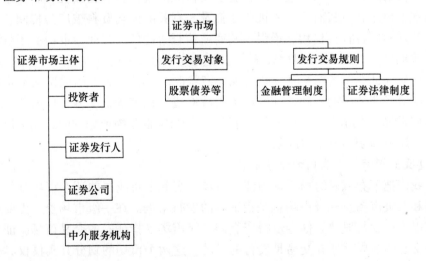

第
一
章

从以上证券市场在金融市场中的地位以及证券市场的构成来看，证券市场发挥着巨大的功能。

首先，证券市场作为资本市场的一部分，发挥着筹集资金的巨大作用，而且是一种长期性、持续性的筹资市场。通过证券市场所筹集的资金将用于企业的创建、设备技术的更新、原材料的储备等。我国《公司法》规定的以募集方式设立的股份公司可以在证券发行市场上公开发行股票，向社会公众募集资金；公司在上市后，根据自己的需要还可以通过发行新股等方式增加资本。公司债券的发行同样也是为公司募集资金的方法。证券市场的融资是一种直接融资，在我国这样一个传统上比较依赖从银行获得间接融资的国家，证券市场无疑为企业获得资金提供了一个长久、有效和稳定的来源。

其次，证券市场能够调剂银行、企业和个人之间的资金余缺，促进资源的合理流动。证券的流通没有地区、行业的限制，能够使货币资本依市场规律，以大范围、大规模的自由方式进行组合和流动，从而使社会的货币资本得到最大程度和最为高效的利用。证券市场的趋利性，事实上也能鼓励个人将闲余资金投入，以期获得高于银行利息的收益；即使不太精通证券投资技巧的普通人，也可以购买证券投资基金，将自己的资金交给专业理财人士去证券市场上投资，以获得收益。

再次，证券市场的存在能够进一步规范上市公司，促进上市公司的良性发展。公司若要发行股票或公司债券，必须符合法律规定的条件，并且承担很高的信息公开义务。这样，对公司而言，必须严格按照《公司法》、《证券法》的规定规范自己的内部治理和各种公司行为；对社会而言，则通过证券市场能够监督该公司的各种行为，进一步敦促公司营业的规范性和持续性。而一家股份公司在上市之后，其商业名称被广泛提及，有关的公司资料被广为传阅，客观上也起到了广告宣传作用，增强了其商业信誉。此外，在证券市场上还可以方便高效地进行上市公司的收购，较为便捷地完成投资者的资本运作。

最后，证券市场能及时反映宏观经济状况。证券市场上的股票交易指数往往是国家经济情况的反映，证券市场为政府进行调控提供了基本面的依据。正如人们常说："股市是经济行情的晴雨表。"当银根紧缩或松弛时，就可以从证券交易所见到剧烈波动的迹象。

【实务指南】　我国的证券市场

我们把证券流通的场所称为证券市场。实务中将我国的证券市场分为一级市场和二级市场。一级市场就是指证券的发行市场。在一级市场上，需要资金者可以通过发行股票、债券取得资金。二级市场是指证券的交易市场。证券发行是交易的前提，证券交易是发行的目的。这两个市场的划分其实仅仅具有理论意义。证券的发行与交易涉及的法律关系不同，两个市场面临的法律问题也不同。我国证券市场除了上海证券交易所和深圳证券交易所外，在全国还有3 000多个证券营业网点，包括证券公司、信托投资公司证券业务部的网点，以及银行、信用社的证券代办网点，进行债券的柜台交易。此外，还曾有全国证券交易自动报价系统（STAQ 系统）和全国电子证券交易系统（NET 系统）进行法人股交易，这两个系统于1999 年9 月停止交易，并转型为场外交易市场。多层次的证券市场正在建设中。从证券市场的现状来看，证券交易所是证券市场最重要的组成部分。

证券市场的活跃同样需要广大投资者的参与。2006 年沪深两市A 股账户数量全年增加530 万户，2007 年1～10 月新增5 343 万户，总数量达到1.33 亿户，日均开户数量超过26.85 万户，最多的一天达到108 万户。2007 年1～10 月沪深两市日均股票成交金额达2 035 亿元，比2006 年全年日均成交金额增长4 倍，比2005 年增长14 倍。上证指数最高时达到6 124.04。2007 年10 月之后，日均开户数、大盘指数和成交额开始下降。

【拓展思考】 我国证券市场化的进程——股权分置改革与中国证券市场的全流通机制

我国证券市场在设立之初，上市公司的股权被分为非流通股和流通股两部分。非流通股包括国有股和非国有股。由于历史原因，由国企股份制改造产生的国有股事实上处于暂不上市流通的状态，其他公开发行前的社会法人股和自然人股等非国有股也被暂不流通；这就形成了非流通股和在证券发行和交易市场上获得股票的流通股之间的"股权分置"的格局。股权分置改革的目标就是实现股票的全部流通，使证券市场进入"全流通时代"。

截至2004 年底，我国上市公司总股本为7 149 亿股，其中非流通股份4 543 亿股，占上市公司总股本的63.55%；国有股份占非流通股份的74%，占总股本的47%。非流通股股东持股比例较高，约为2/3，并且通常处于控股地位。这种"股权分置"的弊端很多：①导致同股不同权。非流通股的股东往往是以1 元面值购得股票，成本非常低；而流通股股东只能在证券市场按高达几十倍的市盈率买得股票，成本高却与非流通股股东承担同样的风险。②上市公司治理结构存在严重缺陷。上市公司的非流通股股东大都占控股地位，在公司治理中更关注资产净值的增减而不是股价，他们多愿意通过股票增发来扩大股票净资产，这就是广为诟病的上市"圈钱"行为；而流通股股东则对公司治理不关心，他们更关注证券交易市场的股价。这就导致在法律地位上虽然都是股东，但非流通股和流通股股东的利益基础却不同，即所谓"利益分置"，没有人关心上市公司运作和公司治理的规范性。并且由于公司的控制权掌握在非流通股股东手中，使流通股股东特别是中小股东的合法权益很容易遭受控股股东的损害。③约 2/3 的股票不能流通意味着流通股股本规模较小，股票供应量小，股市投机性强，股价波动较大，也不能客观地通过证券市场反映经济运行状况。④国有股不能流通就不能解决国有股的市场化估值和通过证券市场进行资源合理配置的功能，无法实现国有资产管理体制向规范化、市场化的变革。随着越来越多的新股发行上市，股权分置的不利影响也日益突出，资本市场的国际化进程和产品创新也颇受制约，包括证券监管层在内的各方都认识到股权分置改革势在必行。

1998 年下半年到 1999 年上半年，我国就开始进行国有股减持的探索性尝试。但由于实施方案与市场预期存在差距，试点很快被停止。2001 年 6 月 6 日，国务院颁布《减持国有股筹集社会保障资金管理暂行办法》，但同样由于市场效果不理想，于当年 10 月 22 日宣布暂停。2004 年 1 月 31 日，国务院发布《国务院关于推进资本市场改革开放和稳定发展的若干意见》，明确提出要"积极稳妥解决股权分置问题"。

2005 年 4 月 29 日中国证监会发布《关于上市公司股权分置改革试点有关问题的通知》，正式启动上市公司股权分置改革。但该通知于 2005 年 9 月 4 日被《中国证券监督管理委员会关于发布上市公司股权盆改革管理办法的通知》废止。

按照国务院和证监会的规定，以股票全流通为目的的股权分置改革正式启动。第一批股权分置改革的上市公司包括三一重工、清华同方、紫江企业和金牛能源。股票全流通方案设计的核心是矫治流通股与非流通股之间利益的不平衡，多由非流通股股东向流通股股东支付一定的对价，以获得其所持有股票的流通权。这里的"对价"包括给流通股股东送股票、现金，少数上市公司还采用了缩股、权证等创新方法。例如浦发银行 2006 年 4 月 6 日通过的股权分置方案为：公司非流通股股东以向方案实施股权登记日登记在册的全体流通股股东支付股票的方式作为对价安排，公司流通股股东每持有 10 股流通股将获付 3 股股票；流通股股东获付的股票总数为 2.7 亿股。武钢股份于 2005 年 9 月 26 日通过的股权分置改革方案则是：公司之惟一非流通股股东武汉钢铁（集团）公司（现持有公司股份594 200万股，持股比例为75.81%）向执行对价安排股权登记日登记在册的流通股股东支付 436 080 000 股股份以及284 400 000份认沽权证，执行对价安排股权登记日登记在册的流通股股东每持有 10 股流通股将获得武钢集团支付的 2.3 股股份和 1.5 份认沽权证，其中每份认沽权证可以 3.00 元的价格，向武钢集团出售 1 股股份。

但是，非流通股的全面流通会在短期内突然增加证券市场股票的供应量，在购买力一定的情况下，必然出现股票供大于求的局面，导致现有流通股股票的价值缩水、股价大跌。在股权分置改革时所支付给流通股股东的"对价"其实也是为了弥补流通股股东损失的方案。除了支付对价的方法，非流通股股东一般都采用逐步推进的方式进行股票的流通，如承诺自改革方案实施之日起，自己所持有的原非流通股股份，在 12 个月内不得上市交易或者转让；12 个月期满后，出售数量占该公司股份总数的比例在 12 个月内不超过 5%，在 24 个月内不超过 10%。然而，在上述期间或股票禁售期届满后，就会迎来"大小非解禁"。

"大非"是指持有 5% 以上原非流通股的股东，"小非"是 5% 以下。到 2007 年下半年，自 2005 年开始股权分置改革的上市公司中，原来的非流通股已经被允许流通。在今后的几年里，"大小非解禁"仍将是中国证券市场中的一个重要的现象。例如，2008 年 4 月就有 158 支股票解禁，共解禁 76.714 6 亿股，当前市值达 735.654 9 亿元。[1] 为了规范"大小非解禁"，防止其对证券市场的过度冲击，中国证监会于 2008 年 4 月 20 出台了《上市公司解除限售存量股份转让指导意见》，要求持有解除限售存量股份的股东预计未来 1 个月内公开出售解除限售存量股份的数量超过该公司股份总数 1% 的，应当通过证券交易所大宗交易系统转让所持股份；解除限售存量股份通过证券交易所大宗交易系统转让的，应当遵守证券交易所和证券登记结算公司的相关规则；上市公司的控股股东在该公司的年报、半年报公告前 30 日内不得转让解除限售存量股份。上交所、深证所都设有大宗交易系统，例如上交所 A 股交易数量在 50 万股（含）以上，或交易金额在 300 万元（含）人民币以上，深证所 A 股单笔交易数量不低于 50 万股，或者交易金额不低于 300 万元人民币都可以进入大宗交易系统进行交易。大宗交易系统不采用集中竞价方式确定股票价格，而是由买卖双方在该股票当日涨跌幅价格限制范围内协商确定；无价格涨跌幅限制的大宗交易成交价格，由买卖双方在前收盘价的上下 30% 或当日已成交的最高、最低价之间自行协商确定。大宗交易不纳入即时行情和指数的计算，成交量在大宗交易结束后计入当日该证券成交总量。对"大小非解禁"的监管确实增加了监管压力，但是为了维护证券市场的公平和稳健发展，为了实现股权分置改革的最终目标，对"大小非解禁"严加监管相当必要。

【法律法规链接】　《证券法》第 1、39 条。

---

〔1〕　参见东方财富网数据频道，2008 年 5 月 1 日访问。

二、证券市场的风险与法律控制

【基本理论】   证券市场的风险及法律控制的必要性

证券市场具有相当大的功能，也是我国资本市场不可或缺的一部分。证券市场的风险是指给投资者带来资金损失的可能性，而证券市场是高风险市场，证券价格具有很大的波动性、不确定性。由于证券市场本身的复杂性，加上中国市场经济体制还不完善，使得中国证券市场的风险因素较多，主要表现为：

首先，证券市场的系统风险。对于证券投资者来说，系统风险是无法消除的。系统风险包括政策风险、利率风险、购买力风险和市场风险。政策风险指政府的经济政策和管理措施可能会造成证券收益的损失，包括经济、产业政策的变化、税率的改变，都可以影响到公司利润、债券收益的变化；再如证券交易政策的变化，可以直接影响到证券的价格。利率风险，因为上市公司经营运作的资金包括利率成本，利率变化意味着成本的变化。购买力风险也称通货膨胀风险，通货膨胀时期，货币的购买力下降，也就是投资的实际收益下降。市场风险指证券市场连续过度地上涨，使股价远离合理价值区域之后，股价上涨主要依靠资金简单流入堆砌，但是当后继投资者不再认同该股价时，市场由高位回落就会形成没有承接力的下跌，导致投资风险。

其次，证券市场的非系统性风险。上市公司的经营管理、财务状况、市场销售、重大投资等因素的变化都会影响公司的股价走势。对于证券投资者来说，由于非系统风险仅是由于某一特定上市公司的具体原因造成，因此对于非系统风险可以通过分散投资的方法来抵销。非系统风险包括由上市公司的经营业绩决定的经营风险；资本负债比率、资产与负债的期限、债务结构等因素决定的财务风险；证券发行人不能按时向证券持有人支付本息的信用风险以及上市公司管理者的道德风险。

最后，我国因处于经济转型期而面临的特定风险。例如，改革开放允许国际资本进入我国证券市场，一方面活跃了金融市场，改善了国际收支状况；但另一方面，由于国际短期资本流动具有较强的趋利性和投机性，在大量获利后会迅速抽逃，影响证券市场资金的供应和稳定，还可能将国际金融市场的风险带入我国的证券市场。此外，我国证券市场中相当的上市公司还承担着国企改革的重任，而改革本身就是要解决政府行政权力与公司市场行为之间的界限与权责划分问题，这种权力的博弈会产生重重困难。再如由于监管经验和手段的不足导致对证券违法和违规行为监管不力等，都构成了经济转型期证券市场的特定风险。

【实务指南】　对证券市场风险的法律控制

证券市场的风险固然存在，但换个角度理解风险也是机会，风险与收益成正比。如何控制证券市场的风险，将投资者的损失降到最低，收益扩至最大，也是证券法律制度研究的重要课题。

对证券市场风险的控制难度很大。任何重大政治、经济事件都可能引发证券市场的危机，因此对市场中的所有风险因素进行全面把握和控制是不大可能的，尤其是对系统风险，法律显得无能为力。但是，法律能够在一定程度上控制证券市场的风险。1998 年 12 月《证券法》的出台标志着我国证券法制建设的初步完善。这部法律的大部分内容属于强制性的、技术性的规定，目的就是为了严格地规范各种证券行为。良好的市场需要法律的保障；证券市场的高风险性尤其需要《证券法》对其进行严格规制。《证券法》出台之后又随着市场的完善化要求制定了《证券投资基金法》、《上市公司收购管理办法》等许多法律法规以及相关司法解释。党的十六大将资本市场确立为要素市场的重要组成部分，政策导向是应当大力推进证券市场的发展完善。2005 年 10 月 27 日由第十届全国人大常委会第十八次会议通过了修订后的《中华人民共和国证券法》，对原《证券法》中的个别条款进行了修改，进一步加大了法律对于证券市场的控制。这些控制大体表现为三个方面：

第一，设计科学、合理、多样化的金融产品来分散非系统风险。证券市场的高风险性需要多种科学的金融产品来分散风险，这就对我国金融产品的多样性提出了客观需求，也体现了商法技术性规范对商法价值的促成作用。以股指期货为例，如果没有证券市场上的做空机制，就意味着投资者只在股指上扬的时候才能挣到钱，这样的证券市场就被称为"单边市"。单边市无法分散投资者的投资风险。而股指期货就是为了克服单边市的缺点产生的。它是以股价指数为标的物的标准化期货合约，双方约定在未来的某个特定日期，可以按照事先确定的股价指数的大小，进行标的指数的买卖。与其他金融期货、商品期货一样，股指期货也运用了期货的避险和套期保值功能，将会增加股票现货市场的稳定性，利用股指期货无论在牛市或熊市都有均等的获利机会，可以提高投资者的交易积极性，有效地分散证券投资风险。其他金融衍生产品也具有分散风险的功能。因此需要通过法律来允许金融创新，维护证券市场的安全、秩序和效率。我国《证券法》第 2 条"证券衍生品种发行、交易的管理办法，由国务院依照本法的原则规定"就是一个非常科学的授权性条款，为金融衍生品种的不断创新和健康发展提供了法律依据。今后应当按照市场的发展需求，由国务院及时作出相关的规定。

第二，依法建立多层次的资本市场，分担融资风险，规范各种融资行为。融资是商事企业发展的必备条件，规范化的融资行为是证券法的目标之一。在金融业发达的国家，资本市场首先体现出适应不同资本需求的多层次性。例如，美国的主板市场纽约证券交易所（NYSE）、纳斯达克市场（NASDAQ）和美国证券交易所（AMEX）主要是为在国内乃至全球有影响的大公司筹集资金服务的；针对一些小的公司在发展初期也需要资本市场的支持，但达不到主板市场的上市要求的情况，一些券商建立了一些地区性的、区域性的 OTC 市场。经过10 年的运作，OTCBB 已经确立了在美国非主板市场的霸主地位，最多时有超过3 600 家公司、交易的证券超过 6 667 种、近 400 家做市商活跃于该市场。[1] 我国《证券法》第 39 条规定："依法公开发行的股票、公司债券及其他证券，应当在依法设立的证券交易所上市交易或者在国务院批准的其他证券交易场所转让。"其中除证券交易所外的"国务院批准的其他证券交易场所"就授权由国务院对多层次资本市场进行审批。我国目前对于股票上市和公司债券发行所规定的条件比较严格，需要融资的企业并不一定都符合这些条件。因此，证券市场只有按照市场需求进行最大可能的细分，才能最大限度地满足各方市场主体对资本多样化的需求，才能有效地分散证券市场的风险。目前，多层次的资本市场正在建设之中，我国于 2004 年在深交所设立了中小板块市场，目前正在积极推进创业板市场。2008 年 3 月 17 日，国务院批准《天津滨海新区综合配套改革试验总体方案》，全国性柜台交易市场（OTC）在天津滨海新区实施，该市场以柜台方式对未上市的股份公司的股票进行交易。[2]

第三，规范证券行为，强化证券监管，保护投资者利益。对证券市场的法律控制应当围绕着对证券行为的规范化和证券监管的高效化展开，由此实现对投资者利益的保护。对证券行为的规范是法律控制证券市场的方式，证券监管是控制证券市场的后盾力量，而保护投资者利益则是控制证券市场的目标。修正后的《证券法》更加明确了上述"规范、强化、保护"之间的逻辑关系，具体包括完善上市公司的监管制度，提高上市公司质量；加强对证券公司的审慎监管，建立完善的风险管理制度，如投资者保护基金、资产负债比例管理、交易风险准备金和内部控制制度；有关法规还对处置证券公司的风险规定了五种

---

〔1〕 OTCBB 是英文 Over the Counter Bulletin Board 的缩写，可以翻译为柜台交易行情公告榜。由全美证券商协会（NASD）管理，任何未在全国市场上市或登记的证券，包括在全国、地方、国外发行的股票、认股权证、证券组合、美国存托凭证等，都可以在 OTCBB 市场上报价交易。OTCBB 对企业没有任何规模和盈利上的要求，只要有做市商愿意为该证券做市即可。
〔2〕 参见中国股票网，2008 年 3 月 20 日访问。

主要的措施：停业整顿、托管、接管、行政重组、撤销；[1]加强对投资者特别是中小投资者权益的保护；完善证券发行、证券交易和证券登记结算制度、规范市场秩序，严格禁止虚假陈述以及内幕交易、操纵市场等违法证券交易行为；完善证券监督管理制度，增强对证券市场的监管力度；强化证券违法行为的法律责任，打击违法犯罪行为；还对旧证券法中分业经营和管理、现货交易、融资融券、禁止国企炒股和银行资金违规流入股市等问题重新作出了规定。这些规定是为了防止和制止对资本市场和社会经济机制根基的动摇和侵蚀，维护公众对证券市场的信心，保护投资者利益。《证券法》与其他的商事特别法相比，其"国家干预"的特色尤为突出；在第十一章"法律责任"中全面规定了证券违法行为和相关法律责任。以强行法律规范来约束证券交易和相关行为，其目的就是通过法律的强行效力控制证券市场的高风险，以实现各个市场主体的公平和公正。

【拓展思考】　法律对证券市场风险控制的范围与程度

中国证监会 2008 年 1 月 24 日发布的《中国资本市场发展报告》显示，2020 年前中国资本市场的发展将着重采取八个方面的举措：①正确处理政府与市场的关系，完善法律和监管体系，建设公正、透明、高效的市场。进一步简化行政审批，培育市场化发行和创新机制；完善法律体系，加大执法力度；加强监管队伍建设，提高监管效率；加强监管协调，防范金融风险。②大力推进多层次股票市场体系建设，满足多元化的投融资需求。大力发展主板市场；继续推进中小企业板建设；加快推动创业板建设；构建统一监管下的全国性场外交易市场；建立适应不同层次市场的交易制度和转板机制；完善登记、托管和结算体系。③推动债券市场的市场化改革，加快债券市场的发展。完善监管体制，改革发行制度；建立健全债券市场主体的信用责任机制；建立统一互联的债券交易结算体制；丰富债券品种，完善债券投资者结构。④积极稳妥地发展期货及衍生品市场。完善期货品种体系，稳步发展金融衍生品；健全衍生品交易机制；优化投资者结构。⑤促进上市公司健康发展。加强公司信息披露；完善公司治理结构；推动并购重组市场规范发展；完善上市公司退市制度。⑥促进公平和有效竞争格局的形成，建设有国际竞争力的证券期货业。进一步放松管制，营造有利于创新和公平竞争的环境；完善证券期货经营机构的治理结构；完善风险管理制度，拓宽业务范围，推动证券公司提高核心竞争力；继续大力发展机构投资者。⑦稳步推进

---

〔1〕　参见国务院 2008 年 4 月 23 日公布并施行的《证券公司风险处置条例》。

对外开放，建设有国际竞争力的资本市场。坚持对外开放，把握好对外开放的节奏。在风险可控的前提下，有选择性地探索"走出去"的路径。加强国际监管合作。⑧推进资本市场文化建设，营造有利于资本市场持续发展的生态环境。加强投资者教育。建设健康的股权文化和诚信环境。[1]

这八个方面代表的就是今后法律对于中国证券市场控制的范围。

我们通过前述对证券市场风险的分析和法律控制切入点的分析，发现依法对证券市场进行控制是相当必要的。然而，证券交易毕竟是商事交易的一种，商事交易的基本原则仍是自由。因此就有必要讨论证券市场法律控制的范围与程度，从而协调证券市场中自由与强制的关系。从现有法律规定看，对证券市场风险的法律控制以信息公开和审慎监管为核心：在证券发行事宜方面，对于发行的主体、发行的条件、发行的程序、发行的方式都有严格的法律规定；在证券交易层面，则对证券交易的品种、交易场所、交易方式、交易后果都有严格的法律规定。至于法律对证券市场控制的程度，应当说以维护信息公开原则和证券市场的公平性为原则，以保护投资者利益为目的。凡是违反信息公开原则和违背证券市场公平性原则的行为，都是为法律所禁止的行为。正如中国证监会在总结近年来我国证券市场的法律控制现状时指出，近年来中国证监会立足于资本市场改革发展的实践情况，以法制规范市场主体行为和市场秩序、以法制规范监管机构的执法行为、以法制为资本市场的改革开放和创新发展保驾护航，使法制成为资本市场运行的基础性机制，推动资本市场的制度建设迈上了一个崭新的发展阶段，我国资本市场出现了转折性变化。[2]

但是，证券监管并非全面管制，证券监管应符合市场经济中资本市场的规律。自2002年底以来，中国证监会先后4次公布取消行政审批项目109项，将7项行政审批项目交由中国证券业协会、中国期货业协会实施自律管理。近期的主要调整为：对基金宣传推介材料的制作和使用，证监会不再进行事前审批，改由基金销售机构在公布后报基金监管部及当地证监局。对涉及基金宣传材料的违规行为，证监会还将依法对基金销售机构及相关人员采取行政监管及行政处罚措施。封闭式基金份额上市交易不再需要监管部门核准，上市公司暂停、恢复、终止上市也不再需要监管部门审批。证监会对 B 股公司非上市外资股上市流通、网上证券委托资格、证券公司类型、国有企业开展境外期货套期保值

[1] 中国证监会："《中国资本市场发展报告》摘要"，载中国证监会网站，2008 年 5 月 12 日访问。

[2] 中国证监会："379 件法律文件覆盖资本市场各个领域"，载中财网，2007 年 9 月 26 日访问。

业务资格、期货经纪公司持有 10% 以上股权的股东资格等都不再进行行政核准或审批。

【法律法规链接】 《证券法》第 1 条。

第三节 证券法的基本原则

一、公开、公平、公正原则

【基本理论】 公开、公平、公正原则的理论基础

《证券法》第 3 条规定："证券的发行、交易活动，必须实行公开、公平、公正原则。"这一原则简称"三公"原则，是整个《证券法》的首要和基础性原则。公开原则是指有关证券市场的各类真实信息都应当向社会公众公开，也称信息公开原则或信息披露原则；公平是指各类证券市场的主体应当受到平等的法律保护；公正则指在证券监管活动中所有的被监管方应当受到平等的对待，监管者应当不偏不倚。以下重点以公开原则为基点讨论"三公"原则。从理论上说，信息是证券市场的基础，这个特点要求"证券法"必须以信息公开原则为基础。

信息是证券市场的核心事实问题。美国著名法学家布立代斯（L. D. Brandeis）在其著作《别人的钱》中写到："公开原则犹如太阳，而阳光是最佳的防腐剂；犹如电灯，而电灯是最好的夜警。"这一比喻成为描述证券市场信息公开制度的经典名言。[1] 如普通商品一样，证券的价格也受供求关系影响；但一般在证券市场上购买股票、公司债券者并不是追求该证券现实能带来的利益（一张证券不能像普通商品那样满足持有者的某种生活或生产需求；当然，以取得大股东地位来控制公司等为目的的除外），而恰恰看中的是该证券的投资价值，即预期该证券价格在未来会上涨，以便通过抛售来赚取买卖之间的差价。让购买证券者作出这种预期或投资判断的依据就是与该证券有关的一切信息，包括发行者的营业收入、投资方向、新产品开发等等。出于公平、公正原则的要求，证券市场上能够影响投资决策的一切信息都必须向所有的投资者公开。只有所有投资者面临同样的信息，才是在证券市场上处于平等的地位；在同样的信息面前，有的投资者因判断失误而亏损，就是证券市场正常风险的体现；如果个别投资者因优先享有某些信息而

---

〔1〕 侯汉杰、刘佑凤："证券信息披露法律制度研究"，载王保树主编：《商事法论集》（第 6 卷），法律出版社 2002 年版，第 131～134 页。

投资获利，对其他投资者而言就是不公平和不公正的。

但证券市场上的信息本身具有很大的不确定性。这种不确定性的存在是因为以下原因造成的：①所有经济活动中的信息皆有客观的不确定性，证券市场也不例外；②金融市场中各种小道消息、虚假消息客观存在；③真实的信息在传播中也会失真。[1]因此，投资者往往会在信息不确定的状态下作出决策。这是证券市场本身的风险所在，也是证券市场的特征。

证券市场上的信息还具有不对称性。所谓信息的不对称是指由于社会分工和专业化，使现实经济生活中从事交易活动的双方当事人，对于有关交易信息的占有量所存在的差异。一般的投资者所能掌握的信息远远低于证券发行者和控股股东。一般的投资者只能按照所有发行企业的平均质量来决定其愿意支付的价格，从而抑制资金流向证券质量被低估的企业的积极性而鼓励资金向低质量企业流动，这样必然无助于市场配制效率的提高。为了促进资源的合理流通，让投资者分辨各种证券的真实价值，就必须让投资者充分掌握证券发行者的有关信息。

证券市场上的信息还具有公共产品的特性。所谓公共产品是满足社会公共利益需要的物品和劳务，典型的如国防。证券市场上的信息就是一种公共产品。公共产品本身是没有人能够独自享受、消费而不让他人受益的。因此所有的人都希望自己不破费什么而从他人付费的产品中得到好处。有关的信息不能指望由投资者自行去搜寻并支撑证券市场的运行，而必须由法律采取措施来"主动"地公开。

总之，证券市场的核心问题是信息。信息所具有的不确定性、不对称性和公共产品性使信息的公开成为客观必要。比较而言，"三公"原则中的公开原则，在《证券法》中的意义格外突出；公平原则则是《证券法》对平等市场主体地位的重申；公正原则实际上是对证券监管行为的具体要求。公开、公平、公正原则之间存在着密不可分的逻辑关系。由于小股东与控股股东相比，往往处于信息劣势，为了实现这些股东之间的公平，也必须严格遵守信息的公开原则；而证券监管中，为了确保对所有证券市场主体的公正待遇，就必须严格执行信息公开原则。所以，"三公"原则是整个《证券法》的核心原则，而公开原则又是"三公"原则的基础和重心所在。

【实务指南】 "三公"原则在我国证券实践中的实现

法律原则往往比较抽象，但《证券法》的"三公"原则却是非常具体的原则。可以说，整个证券法律制度都是以"三公"原则为基础的。例如"三公"原则中的公开原则，就现实地体现为我国《证券法》中的信息公开制度。围绕着公

---

[1] 侯汉杰、刘佑凤："证券信息披露法律制度研究"，载王保树主编：《商事法论集》（第6卷），法律出版社2002年版，第132～133页。

开原则，信息公开制度成为《证券法》中一项严密和系统的制度。它还要求公司在披露信息时，应当使用事实描述性语言，简明扼要、通俗易懂地说明事件真实情况，信息披露文件中不得含有宣传、广告、恭维或者诋毁等性质的词句。

例如，上市公司对于一般投资者需要公开披露的信息包括：

第一，招股说明书（除首次公开发行外，还包括配股、增发新股说明书）。招股说明书是对募集资金投向及可行性进行披露。

第二，上市公告书。对公司设立过程、业务范围、上市前财务状况、股票发行情况予以披露。

第三，中期报告。在公司每一会计年度的上半年结束之日起2个月内披露。内容包括公司财务会计报告和经营情况；涉及公司的重大诉讼事项；已发行的股票、公司债券变动情况；提交股东大会审议的重要事项；国务院证券监督管理机构规定的其他事项。

第四，年度报告。在每一会计年度结束之日起4个月内公告。内容包括公司概况；公司财务会计报告和经营情况；董事、监事、高级管理人员简介及其持股情况；已发行的股票、公司债券情况，包括持有公司股份最多的前10名股东的名单和持股数额；公司的实际控制人；国务院证券监督管理机构规定的其他事项。

第五，重大事件临时性公告。可能对上市公司股票交易价格产生较大影响的重大事件。包括下列情况：公司的经营方针和经营范围的重大变化；公司的重大投资行为和重大的购置财产的决定；公司订立重要合同，而该合同可能对公司的资产、负债、权益和经营成果产生重要影响；公司发生重大债务和未能清偿到期重大债务的违约情况；公司发生重大亏损或者遭受超过净资产10%以上的重大损失；公司生产经营的外部条件发生的重大变化；公司的董事、1/3以上的监事或者经理发生变动；持有公司5%以上股份的股东或者实际控制人，其持有股份或者控制公司的情况发生较大变化；公司减资、合并、分立、解散及申请破产的决定；涉及公司的重大诉讼，法院依法撤销股东大会、董事会决议等。

值得注意的是，我国《证券法》第184条规定："国务院证券监督管理机构依法制定的规章、规则和监督管理工作制度应当公开。国务院证券监督管理机构依据调查结果，对证券违法行为作出的处罚决定，应当公开。"2008年5月1起施行的《中国证券监督管理委员会证券期货监督管理信息公开办法》中，还规定了证监会在监管过程中的信息披露问题，即"监管公开"。要求证监会及其派出机构对外公布监管信息，应当自该信息形成或者变更之日起20个工作日内予以公开；法律、行政法规对监管信息公开的期限另有规定的，依据其规定。该办法规定了证监会主动公开监管信息的范围，主要包括证监会及其派出机构的机构设置、工作职责，证券期货规章、规范性文件，证券期货市场发展规划、发展报告，纳入国家统计指标体系的统计信息，行政许可事项及核准结果，证监会批准的证券、期货经营机构和证券服务机构名录，证券期货交易所上市品种及自律性机构规则等非行政性许可项目的批准和备案结果、对违法违规者的市场禁入及行政处罚决定等。主动公开的监管信息通过证监会公告、新闻发布、统计年鉴、法律法规汇编、互联网等方式统一对外发布。该办法也是中国证监会执行 2008 年 5 月 1 起施行的《中华人民共和国政府信息公开条例》的重要举措。

　　总之，信息公开是证券法中极为重要也非常复杂的制度。下图通过剖析我国《证券法》中的信息公开制度，进一步明确证券市场信息公开原则的具体体现。

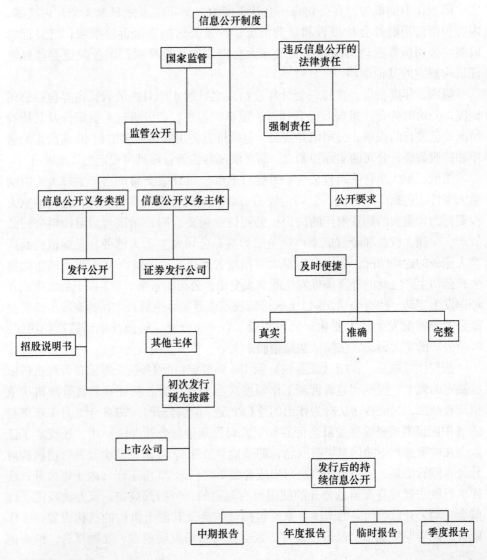

【拓展思考】　"三公"原则在证券法中的意义

"三公"原则在证券法中的意义非常重要。包括美国在内的各国证券法都将公开原则作为证券法的一项基本原则，并建立起完善的证券市场信息披露制度。《证券法》第4条规定："证券发行、交易活动的当事人具有平等的法律地位，应当遵守自愿、有偿、诚实信用的原则。"第5条规定："证券的发行、交易活动，必须遵守法律、行政法规；禁止欺诈、内幕交易和操纵证券市场的行为。"这两个条文实际上也是"三公"原则的具体要求。与民法中的基本原则相比，《证券法》第4条除了没有"等价"原则外，"平等"、"自愿、有偿、诚实信用"完全是对民法基本原则的重复。从立法资源来看，作为商法特别法的证券法，原本没有必要作出这种重复，但是从立法目的来看，为了强化"三公"原则的意义，这种重复又是有必要的。而第5条要求证券发行和交易行为遵守法律，并明确禁止"欺诈、内幕交易和操纵证券市场的行为"，显然也是"三公"原则的具体化。实际上，"三公"原则不仅是证券立法的基本原则，还是证券司法和证券执法的基本原则。近年来，我国证券监管的力度逐渐加大，查处了很多证券市场的违法交易，如内幕交易、虚假陈述、操纵市场等。尤其是历经数年确立起的证券违法行为的民事赔偿制度，无一不是在贯彻"三公"原则。只有确保"三公"原则的实现，才能切实保护投资者的合法权益，维护证券市场的基本秩序和稳健发展。

【法律法规链接】　《证券法》第3~5条。

二、证券、银行、信托、保险的分业经营、分业管理和分别设立原则

【基本理论】　分业经营、分业管理和机构分别设立的原因

我国《证券法》第6条规定："证券业和银行业、信托业、保险业实行分业经营、分业管理，证券公司与银行、信托、保险业务机构分别设立。国家另有规定的除外。"该条所指的银行是指商业银行，保险是指商业保险。分业经营是指证券业与银行业、信托业和保险业互相不得兼营；分业管理是指这四种行业各自有自己的行业管理机关，即分业监管；机构的分别设立则指证券公司与银行、信托、保险业务机构相互独立。该原则可以被简称为"分业经营原则"或者"禁止混业经营原则"。

证券业是一个高风险的行业，如果允许银行业、信托业和保险业的资金随意进入证券市场，一旦发生损失，将会牵涉太多的社会问题，引起我国金融秩序的混乱。比如银行的资金多来源于储户，违规流入股市会使银行承担很大的风险，危及国家的金融安全。在我国《商业银行法》、《保险法》和《信托法》

中都已经确立起了分业经营的原则。

分业经营虽然是较为安全的选择，但是，严格的分业经营、分业管理和机构的分别设立也会导致市场管理成本高、效率低，因此《证券法》第6条规定"国家另有规定的除外"，实际允许国务院通过制定特别规定来松动这种严格的分业经营体制。

【实务指南】 "证券、银行、信托、保险的分业经营、分业管理和分别设立"原则的实践状况

1993年前，中国的五大国有银行都开办了证券、信托、租赁、房地产、投资等业务，实质上实行了混业经营。但是，由于缺乏监管和自我约束，混业经营加速了风险的积聚，催化了证券市场和房地产市场的"泡沫"。国务院1993年发布《关于金融体制改革的决定》，对金融业进行治理整顿，并提出了分业经营的管理思路。1995年《商业银行法》正式从法律上确立了国有银行分业经营的制度。2003年3月28日，中国银行业监督管理委员会在北京正式挂牌成立，加上此前已建立的证券业监督管理委员会和保险业监督管理委员会，中国已初步建成了银行业、证券业、保险业"三驾马车"分业监管的体系。

实践证明，坚持分业经营和分业管理的原则，对于规范中国的金融秩序，降低和化解金融风险，促进整个金融业持续稳定发展等都发挥了重要作用。分业经营的目的是保持稳定和便于控制，只是一种权宜之计。在今后一段时期内还有必要继续实行分业经营，但随着金融机构风险管理能力和监管机构监管水平的提高，在规范经营和有效控制风险的基础上，应逐步放宽对混业经营的限制。目前，我国已允许保险资金和其他形式的货币资金进入证券市场，也允许证券公司等非银行金融机构进入货币市场。

2004年10月24日，中国保监会、中国证监会发布《保险机构投资者股票投资管理暂行办法》，允许符合中国保监会规定条件、从事股票投资的保险公司和保险资产管理公司，以及保险集团公司、保险控股公司从事股票投资。保险机构投资者投资股票，应当建立独立的托管机制，遵循审慎、安全、增值的原则，自主经营、自担风险、自负盈亏。

符合下列条件的保险公司，经中国保监会批准，可以委托符合规定条件的相关保险资产管理公司从事股票投资：①偿付能力额度符合中国保监会的有关规定；②内部管理制度和风险控制制度符合《保险资金运用风险控制指引》的规定；③设有专门负责保险资金委托事务的部门；④相关的高级管理人员和主要业务人员符合本办法规定条件；⑤建立了股票资产托管机制；⑥最近3年无重大违法、违规投资记录；⑦中国保监会规定的其他条件。

符合下列条件的保险公司，经中国保监会批准，可以直接从事股票投资：

①偿付能力额度符合中国保监会的有关规定；②内部管理制度和风险控制制度符合《保险资金运用风险控制指引》的规定；③设有专业的资金运用部门；④设有独立的交易部门；⑤建立了股票资产托管机制；⑥相关的高级管理人员和主要业务人员符合该办法规定的条件；⑦具有专业的投资分析系统和风险控制系统；⑧最近 3 年无重大违法、违规投资记录；⑨中国保监会规定的其他条件。

保险机构投资者的股票投资可以用于一级市场申购，包括市值配售、网上网下申购、以战略投资者身份参与配售等；也可以参加二级市场交易。

为了审慎起见，《保险机构投资者股票投资管理暂行办法》规定，保险机构投资者持有一家上市公司的股票不得达到该上市公司人民币普通股票的 30%。保险机构投资者不得投资下列类型的人民币普通股票：被交易所实行"特别处理"、"警示存在终止上市风险的特别处理"或者已终止上市的、其价格在过去 12 个月中涨幅超过 100% 的、存在被人为操纵嫌疑的、其上市公司最近 1 年度内财务报表被会计师事务所出具拒绝表示意见或者保留意见的、其上市公司已披露业绩大幅下滑、严重亏损或者未来将出现严重亏损的、其上市公司已披露正在接受监管部门调查或者最近 1 年内受到监管部门严重处罚的以及中国保监会规定的其他类型股票。保险机构投资者为投资连结保险设立的投资账户，投资股票的比例可以为 100%。保险机构投资者为万能寿险设立的投资账户，投资股票的比例不得超过 80%。保险机构投资者为其他保险产品设立的独立核算账户，投资股票的比例，不得超过中国保监会的有关规定。保险机构投资者为上述保险产品设立的独立核算账户，投资股票的比例，不得超过保险条款具体约定的比例。

【拓展思考】　混业经营与证券市场的安全问题

如何推进混业经营是中国面临的重大金融制度选择。实行分业经营还是混业经营取决于具体的国情。分业经营固然能提升金融的安全性，但混业经营的优势也很多。比如混业经营能加强金融业的竞争，有利于优胜劣汰和提高效益，促进社会总效用的上升；使并购后的金融行业拓展了规模边界，更好地发挥技术优势，扩大同质性产品或服务的提供，实现规模效益；可以整合利用商业银行、投资银行、保险公司等的有限资源，形成信息共享、损益互补机制，取得范围经济的合成效应；使客户得到综合性金融服务的便利。若想将混业经营的这些优势发挥出来，就必须建立严格的配套制度和风险控制制度。因此，混业经营必须考虑证券市场的安全问题，以安全为最重要的价值。

【法律法规链接】　　《证券法》第 6 条，中国保监会、中国证监会于 2004 年 10 月 24 日发布的《保险机构投资者股票投资管理暂行办法》。

三、证券监管原则

【基本理论】　证券监管的必要性

　　我国的证券监管原则同样是一项具体的法律原则。严密的监管对于证券市场也是一种高成本的支出，但是，这种监管对于维护证券市场的公开、公平、公正原则是相当必要的。证券市场的风险相当高，在利益的驱使下，证券市场的各种违法行为如欺诈、垄断、操纵市场等也相当多，并且由于交易复杂，手段隐秘而危害极大。如果容忍各类不规范的行为充斥于证券市场，则会损害大多数投资者的利益，甚至危害国家的金融安全。证券监管的目标就是为了维护投资者的利益。

　　我们必须承认，中国证券市场还欠缺规范性。而规范性只能靠完善的法律和严格的监管来完成。无论《证券法》的修改还是证券监管的完善，其核心和目的只能是维护投资者的利益。只有投资者感觉到在证券市场上利益有保障，市场环境公平，才会愿意在证券市场上投资。在这样的市场中，即使投资失败，也是投资者心甘情愿承担的正常商业风险。

　　我国《证券法》第7条规定："国务院证券监督管理机构依法对全国证券市场实行集中统一监督管理。国务院证券监督管理机构根据需要可以设立派出机构，按照授权履行监督管理职责。"该条所确立的就是证券法中的证券监管原则。在《证券法》的第十章还专门规定了"证券监督管理机构"。第178条规定："国务院证券监督管理机构依法对证券市场实行监督管理，维护证券市场秩序，保障其合法运行。"由于证券监管涉及整个证券的发行和交易，涉及各方面的主体，因此对于证券监管，本书不再设专章进行介绍，而是将监管问题渗透到证券法律关系的主体和两大法律事实的法律构造中。

　　在西方证券史上，证券法的产生其实就是政府对证券市场进行监管的结果。中国的证券市场发展不长，但由于证券法制的不健全和监管不力，曾于1992年8月在深圳发生了股票抢购风潮，1996年庄家操纵市场造成虚假繁荣以及众多上市公司违规案，更显现出证券监管的迫切与必要。从发展历程上看，我国的证券监管也呈现出一个不断调试、日渐复杂和完善的过程。1986年至1992年10月由中国人民银行主管证券业；1992年10月至1998年8月由国务院证券委员会主管，同时设有中国证券监督管理委员会；1998年撤销了国务院证券委员会，其原有职权由中国证券监督管理委员会（简称中国证监会）行使，并对全国证券监督机构实行垂直领导。中国证监会在全国九个中心城市设立证券监督管理办公室，在其他省会城市或者计划单列市设立证券监督管理特派员办事处。这种做法即《证券法》第7条第2款规定的"国务院证券监督管理机构根据需要可以设立派出机构，按照授权履行监督管理职责。"2005年修正后的《证券法》

同样强化了证券监管。从理论上说，证券监管有两方面的要求，一是证券监管执法手段和权限的强化，二是证券法律责任制度的完善。而证券法律责任制度的完善在修正后的《证券法》中体现为：证券发行与交易中的赔偿责任、控股股东和实际控制人的民事责任、上市公司和证券公司高管人员的责任以及证券市场禁入制度等。

此外，在《证券法》中，属于证券法基本原则的还包括第 8 条："在国家对证券发行、交易活动实行集中统一监督管理的前提下，依法设立证券业协会，实行自律性管理。"对证券业协会的自律问题，我们将在第二章第二节中详细讲解。此外还有第 9 条："国家审计机关依法对证券交易所、证券公司、证券登记结算机构、证券监督管理机构进行审计监督。"审计是一种事后的经济监督活动，是指由审计机关对被审计单位的财务收支状况及有关的经济活动的真实性、合法性进行审查并提出报告。在证券市场上涉及多种财务数据，依法进行审计是为了确保这些数据的真实性，给市场提供真实的信息。事实上，证券业的行业自律是服从于国家统一监管下的自律，自律存在的目的也是为了实现证券市场的公平；而审计更是通过国家的经济监督权实现证券市场的公平。

【实务指南】　证券监管的职权、措施和具体要求以及我国证券监管的概况

首先，中国证监会的职责。依据《证券法》第 179 条规定，国务院证券监督管理机构在对证券市场实施监督管理中履行下列职责：①依法制定有关证券市场监督管理的规章、规则，并依法行使审批或者核准权；②依法对证券的发行、上市、交易、登记、存管、结算，进行监督管理；③依法对证券发行人、上市公司、证券公司、证券投资基金管理公司、证券服务机构、证券交易所、证券登记结算机构的证券业务活动，进行监督管理；④依法制定从事证券业务人员的资格标准和行为准则，并监督实施；⑤依法监督检查证券发行、上市和交易的信息公开情况；⑥依法对证券业协会的活动进行指导和监督；⑦依法对违反证券市场监督管理法律、行政法规的行为进行查处；⑧法律、行政法规规定的其他职责。国务院证券监督管理机构可以和其他国家或者地区的证券监督管理机构建立监督管理合作机制，实施跨境监督管理。

其次，证券监管的措施。依据《证券法》第 180 条规定，国务院证券监督管理机构依法履行职责，有权采取下列措施：①对证券发行人、上市公司、证券公司、证券投资基金管理公司、证券服务机构、证券交易所、证券登记结算机构进行现场检查；②进入涉嫌违法行为发生场所调查取证；③询问当事人和与被调查事件有关的单位和个人，要求其对与被调查事件有关的事项作出说明；

④查阅、复制与被调查事件有关的财产权登记、通讯记录等资料；⑤查阅、复制当事人和与被调查事件有关的单位和个人的证券交易记录、登记过户记录、财务会计资料及其他相关文件和资料；对可能被转移、隐匿或者毁损的文件和资料，可以予以封存；⑥查询当事人和与被调查事件有关的单位和个人的资金账户、证券账户和银行账户；对有证据证明已经或者可能转移或者隐匿违法资金、证券等涉案财产或者隐匿、伪造、毁损重要证据的，经国务院证券监督管理机构主要负责人批准，可以冻结或者查封；⑦在调查操纵证券市场、内幕交易等重大证券违法行为时，经国务院证券监督管理机构主要负责人批准，可以限制被调查事件当事人的证券买卖，但限制的期限不得超过 15 个交易日；案情复杂的，可以延长 15 个交易日。

最后，对证券监管的具体要求。根据《证券法》第 181～187 条的规定，对证券监管的具体要求主要包括四个方面：①监管程序应当合法。国务院证券监督管理机构依法履行职责，进行监督检查或者调查，其监督检查、调查的人员不得少于 2 人，并应当出示合法证件和监督检查、调查通知书。监督检查、调查的人员少于 2 人或者未出示合法证件和监督检查、调查通知书的，被检查、调查的单位有权拒绝。②监管人员必须遵守法律规定。国务院证券监督管理机构的人员不得在被监管的机构中任职。他们必须忠于职守，依法办事，公正廉洁，不得利用职务便利牟取不正当利益，不得泄露所知悉的有关单位和个人的商业秘密。③被调查者以及其他相关部门的配合义务。国务院证券监督管理机构依法履行职责，进行监督检查或者调查时，有关部门应当予以配合。如果发现证券违法行为涉嫌犯罪的，应当将案件移送司法机关处理。被检查、调查的单位和个人应当配合，如实提供有关文件和资料，不得拒绝、阻碍和隐瞒。国务院证券监督管理机构应当与国务院其他金融监督管理机构建立监督管理信息共享机制。④监管公开原则。国务院证券监督管理机构依法制定的规章、规则和监督管理工作制度应当公开。国务院证券监督管理机构依据调查结果，对证券违法行为作出的处罚决定，应当公开。

以下是中国证券监督管理委员会与监管有关的部门设置，我们可以从其中了解其所监管的事项。[1]

---

[1] 中国证监会部门设置的相关资料来源于中国证券监督管理委员会网站。根据 2008 年 5 月 1 起施行的《中国证券监督管理委员会证券期货监督管理信息公开办法》，中国证监会主动公开的信息包括证监会及其派出机构的机构设置、工作职责。

【拓展思考】 证券监管的国际化准则

2006 年 6 月 8 日，国际证监会组织（IOSCO）第三十一届年会在香港召开。中国证监会主席尚福林在年会上表示，中国证监会正在按照 IOSCO 的《证券监管的目标和原则》来完善内地资本市场的证券监管制度。在法律法规方面努力与《证券监管目标与原则》相衔接，并于 2005 年通过了《证券法》和《公司法》的修订案。此外，中国证监会注重在监管实际中遵循《证券监管的目标和原则》的基本内涵，[1] 于 2005 年 9 月设立了注册资本 63 亿元人民币的证券投资者保护基金，用于在防范和处置证券公司风险中保护证券投资者的利益。

IOSCO 制定的《证券监管的目标和原则》将保护投资者、确保市场公平、有效和透明以及减少系统风险作为监管的三项目标，为了实现该目标，规定了 30 项监管的原则，要求在相关法律框架下执行这 30 条原则。这些原则可分为八大类：

第一大类是与监管机构有关的原则，包括应明确、客观阐明监管机构的职

---

〔1〕 IOSCO："证券监管的目标和原则"，中国证监会国际部译，载《证券市场导报》2006 年 8 月 17 日。

责；监管机构在行使职权时应该独立、负责；监管机构应掌握足够的权力、适当的资源和能力来履行职能，行使职权；监管机构应采取明确、一致的监管步骤；监管人员应遵守包括适当保密准则在内的最高职业准则。

第二大类是自律原则，包括监管体制应根据市场规模和复杂程度，适当发挥自律组织对各自领域进行直接监管的职责；自律组织应接受监管机构的监督，在行使和代行使职责时应遵循公平和保密准则。

第三大类是证券监管的执法原则，包括监管机构应具备全面的巡视、调查和监督的权力；监管机构应具备全面执法的权力；监管体制应确保有效率、有诚信地使用巡视、调查、监督和执法权力以及实施（被监管机构）有效合规的举措。

第四大类是监管合作的原则，包括监管机构应有权与国内外同行分享公开或非公开的信息；监管机构应建立信息分享机制，阐明何时、如何与国内外同行分享公开或者非公开的信息；当外国监管机构因履行职责需要咨询时，监管体制应允许向其提供协助。

第五大类是发行人原则，包括应对投资者披露全部、及时和正确的财务状况及其他信息，以供其做投资决定；公正、公平对待公司的所有证券持有人；会计和审计准则必须高质量，为国际认可。

第六大类是集合投资计划（CIS）原则，包括监管体制应对希望推广或者运营集合投资计划方设立资格和监管标准；监管体制应就集合投资计划的法律形式和结构、客户资产的分离与保护等提供有关规定；正如对发行人原则所要求的，监管应该要求披露，这对于评估某一特定投资者集合投资计划的稳定性和投资者对该项目的兴趣非常必要；监管应确保集合投资计划的资产评估、定价和赎回在恰当、披露的基础上进行。

第七大类是市场中介原则，包括监管应为市场中介设定最低准入标准；应根据市场中介所承担的风险，提出相应的初始资本、持续资本及其他审慎要求；市场中介应遵循内部组织标准和运营操守，以保护客户的利益，确保合理控制风险以及管理层承担与此相应的主要责任；应确立处理市场中介倒闭的有关程序，以减少投资者损失和控制系统风险。

第八大类是二级市场原则，包括交易系统的建立（包括证券交易所）应该经过批准，接受监管；公平、公正的法则能适合平衡不同市场参与者的需求；对交易所和交易系统进行持续监管，以保证交易的健全；监管应促进交易的透明度；监管应发现并阻止操纵和其他不公平交易行为的发生；监管应确保对大额风险、倒闭风险和市场混乱等进行适当管理；证券交易的清算和结算系统应受到监管，并保证其公平、有成效、高效率和减少系统风险。

【法律法规链接】 《证券法》第 1、7 条，第十章"证券监督管理机构"。

案例点评

一、紫金矿业发行 0.1 元面值股票与股票的价值分析

紫金矿业发行 14 亿股 A 股，发行价为 7.13 元，股票面值仅 0.1 元，发行市盈率 40.69 倍。紫金矿业于 2008 年 4 月 25 日在上海证券交易所上市。当天，紫金矿业以 9.98 元开盘，上午走势平稳，盘面自午后起开始波动，到下午 13 时 15 分，累计成交量已达到 7.57 亿股，而上市首日的流通盘仅仅 10.5 亿股，表示超过 70% 的股票可能已经落入某个人或某个集团手中。此后，疯狂的吸筹行为吸引一些中小散户也跟风加入，紫金矿业从 10.2 元涨到 22 元，成交量达到 1.95 亿股，占到流通股总量的约 20%。因盘中涨幅过大，14 时 25 分上交所对其实施临时停牌。14 时 55 分复牌后，紫金矿业股价在两分钟内从 21.6 元最低跌至 12.5 元，跌幅超过 120%。据上交所数据，该股 25 日全天涨幅达 95.23%，换手率达到 92.53%，刷新 2007 年以来新股首日换手率纪录。

但是，紫金矿业随后两个跌停。28 日，在停牌一个小时后紫金矿业直接以跌停价 12.53 元开盘，很快堆在跌停板上的卖单就超过了 4 亿股，相当于紫金矿业流通盘的 40%。29 日，紫金矿业再次开盘即跌停，至收盘时仍有近 3.7 亿股卖盘挂在跌停价上。

三峡水利股份公司总经济师曾刚博士认为，"爆炒紫金矿业"现象有三大危害：①不利于大盘行情发展。该股发行价为每股 7.13 元，经折算高达每股 71.3 元，创下 A 股多年来发行价的新高，而其于 2003 年底在 H 股市场的发行价则远低于 A 股，折算后仅为每股 0.33 港元。在投机资金炒作下，该股价格又飞涨到 22 元，中间累积了大量泡沫，若该股出现连续跌停的现象，将拖累大盘。25 日的走势图显示出，当紫金矿业被爆炒至 20 元后，上证指数马上跳水。② 不利于市场理性投资观念的建立。本次大盘恢复性上涨才两天，是管理层持续出台几大利好消息后才出现的难得行情，而游资在此时不顾后果疯狂炒作，不利于股民树立正确的投资观。要使行情朝着"软起飞"的目标前进，市场参与各方都有责任对大盘行情给予充分爱护，不可再行投机歪风。③不利于未来红筹顺利回归。管理层本次以 0.1 元面值发行紫金矿业，其意在于以此为试点，为中国电信等大批红筹股回归作准备。事前就有分析人士担忧，由于 0.1 元和 1 元巨大的面值差异，可能引发市场游资进行疯狂炒作。努力使 A 股市场与国际接轨的

动机原本无可非议，但是，仍有部分中小股民无法看破 0.1 元面值背后的风险。[1]

二、从英国的"南海泡沫"和美国"黑色星期一"看证券市场信息的意义与监管需求

英国著名的"南海泡沫"事件最深刻体现了证券市场对于信息的敏感和监管的需求。由于 1701～1731 年的英西战争给英国政府带来了沉重的财政负担，为了促进国债销售，英国政府同意给予认购国债的企业商业特权。1718 年英国国王乔治一世出任南海公司的董事长，1720 年南海公司承诺接受全部国债，并从政府那里获得了奴隶贸易的垄断权和与西班牙殖民地的贸易权。人们对南海公司的前景看好，纷纷购买它的股票，使南海公司的股价迅速攀升，八个月内上涨了 1 000%。在南海公司的示范效应下，许多公司纷纷出现，股价也开始飙升。但这些公司仅仅是毫无经营业绩的"泡沫"而已。为了限制这些泡沫公司，英国国会制定了《泡沫公司法》，于 1720 年 6 月生效，许多名不副实的泡沫公司被指名解散，股价暴跌。最后殃及南海公司的股票，股价由 1 000 英镑最低跌至 124 英镑。著名的科学家牛顿也是这次泡沫事件的受害者，他曾感叹："我能算出恒星的运动，但算不出人类的疯狂。"[2]

近现代证券市场上体现监管需求的最著名的例子就是 1929 年 10 月 28 日发生在美国的"黑色星期一"事件。第一次世界大战后，美国经济发展迅速，市场繁荣，股票价格逐步上升。纽约证券交易所 1921 年的股票交易约为 1.7 亿股，股价指数 66.24 点，到 1929 年 9 月交易达到 21 亿股，股价指数达到 569.49 点。但证券市场实际被一小部分投机者控制，股价与实际价值脱节甚远。自 1929 年 10 月 28 日起股价狂跌不止，酿成了资本主义经济史上空前的经济危机。也直接导致了美国 1933 年《证券法》的出台。该法又称为"证券真实法"，其中规定了证券法的公开原则和具体要求，开近代证券监管的先河。1934 年美国又颁布了《证券交易法》，成立证券管理委员会，并要求全国性的证券交易所和证券商实行自律。

---

〔1〕 沈翀："'紫金矿业'上市即被恶炒"，载《经济参考报》2008 年 4 月 30 日。
〔2〕 ［德］韦伯：《韦伯作品集 XI——新教伦理与资本主义精神》，康乐、简惠美译，广西师范大学出版社 2007 年版，第 384～385 页。

第2章
证券公司和基金管理公司

内容摘要 证券公司是经营证券业务的商主体,在证券市场上具有相当重要的功能。国家对于证券公司采取特许制,无论是证券公司的设立、变更和终止,还是证券公司的各种业务类型,都必须经过中国证监会的审批。证券公司应当遵循稳健经营的原则,建立各种完善的风险控制制度。外部的监管对于证券公司的运营是非常必要的,而证券公司的自律也有重要的意义。基金管理公司担当基金管理人的责任,是目前证券市场上的另外一类证券经营商。基金管理人通过基金合同确立与投资者的关系,在接受监管和上市交易方面也适用《证券法》。

第一节 证券公司的设立、变更和终止

一、证券公司的设立

【基本理论】 证券公司设立的条件

证券公司是指依照《中华人民共和国公司法》和《中华人民共和国证券法》的规定设立的经营证券业务的有限责任公司和股份有限公司。实践中也被称为证券商或券商。

证券公司是一类重要的商主体,也是证券法中最重要的法律关系主体。从证券公司现实的地位来看,只有证券公司才被允许进入证券交易所开展证券交易,一般的投资者无权进入证券交易所。关于证券公司的具体作用,我国有学者认为,证券公司如同一架机器的传导系统将不同的市场要素联结在一起:一级市场的证券公司在证券发行者与投资者之间架设了一道桥梁,帮助证券发行者实现筹资目的,帮助投资者实现投资目的;二级市场的证券公司则是联结所有投资者的纽带,通过证券公司的中介,证券从一个投资者手中

流通到另一个投资者手中。正是由于证券公司在这两级市场上的作用，才使得整个证券市场得以协调运行。[1] 鉴于证券公司在证券法律关系中如此重要的法律作用，《证券法》对证券公司的设立规定了极为严格的条件。

首先，证券公司的设立采取特许制。按照《证券法》第122条的规定，设立证券公司，必须经国务院证券监督管理机构审查批准。未经国务院证券监督管理机构批准，任何单位和个人不得经营证券业务。证券公司必须在其名称中标明"证券有限责任公司"或者"证券股份有限公司"字样。证券业由此成为国家特许的营业类型。

其次，证券公司的营业范围受到严格的法律限制，不允许超越营业范围。商法对营业范围的限制可以理解为对商事能力的限制。尽管对于一般的商事主体，"越权行为"并不必然无效，但是，在证券公司特许制的前提下，证券公司经许可的营业范围不允许突破。我国《证券法》第125条规定："经国务院证券监督管理机构批准，证券公司可以经营下列部分或者全部业务：①证券经纪；②证券投资咨询；③与证券交易、证券投资活动有关的财务顾问；④证券承销与保荐；⑤证券自营；⑥证券资产管理；⑦其他证券业务。"这些业务类型都应当经过中国证监会的批准，证券公司只能在获批的范围内开展经营。按照国务院2008年4月23日公布、6月1日起施行的《证券公司监督管理条例》第12条的规定，证券公司设立时的业务范围应当与其财务状况、内部控制制度、合规制度和人力资源状况相适应；证券公司在经营过程中，经其申请，国务院证券监督管理机构可以根据其财务状况、内部控制水平、合规程度、高级管理人员业务管理能力、专业人员数量，对其业务范围进行调整。

最后，证券公司的设立适用严格的法定资本制。在我国，公司的资本制度被赋予保障债权人利益的基本功能。2005年修改的《公司法》对有限公司和采取发起方式设立的股份公司适用缓和的法定资本制，允许部分注册资本在公司成立后在法定期间内再缴足，但对募集设立的股份公司依然采用严格的法定资本制。尽管证券公司也可以采用有限公司或者发起设立股份公司的组织形式，但在注册资本方面，《证券法》依然要求证券公司采用严格的法定资本制，其注册资本不仅必须是实缴资本，而且还有法定的最低资本限额规定。《证券法》第127条按照证券公司从事的业务类型规定了不同的最低资本限额，采用了多元化的业务种类附加注册资本金的混合标准：证券公司经营证券经纪、证券投资咨询以及与证券交易、证券投资活动有关的财务顾问这三项业务的，注册资本最

---

[1]　李玉基、王肃元：《证券法论》，中国人民公安大学出版社2002年版，第149页。

低限额为人民币 5 000 万元；经营证券承销与保荐、证券自营、证券资产管理以及其他证券业务之一的，注册资本最低限额为人民币 1 亿元；经营证券承销与保荐、证券自营、证券资产管理以及其他证券业务中两项以上的，注册资本最低限额为人民币 5 亿元。国务院证券监督管理机构根据审慎监管原则和各项业务的风险程度，可以调整注册资本最低限额，但不得少于前款规定的限额。

实务界人士指出，对证券公司规定最低资本额有三大意义：[1] 一是有利于证券公司建立资本实力、内控水平与业务规模相适应的动态挂钩机制，改变以往以资本规模来确立证券公司业务模式的单一标准；二是有利于证券公司根据自身优势进行市场定位，丰富证券公司的组织类型，开展差异化服务；三是有利于通过设立专门从事某项证券业务的专业子公司方式分散风险，提高市场竞争力，并为推动证券公司集团化发展提供了法律依据。例如，证券公司可以根据业务特点分别设立证券经纪子公司、证券投资咨询子公司、财务顾问子公司、承销保荐子公司、证券自营子公司、资产管理子公司、融资融券子公司等多种子公司形态，形成新型的证券专业集团公司，既可以增强竞争力，实现协同效应和规模经济，也有助于在不同业务之间设立风险隔离机制，避免因为某一营业部的违法经营而毁掉一个证券公司的情况发生。

【实务指南】　证券公司的设立条件与程序

依据《证券法》第 124 条的规定，证券公司的设立条件如下：①有符合法律、行政法规规定的公司章程；②主要股东具有持续盈利能力，信誉良好，最近 3 年无重大违法违规记录，净资产不低于人民币 2 亿元；③有符合本法规定的注册资本；④董事、监事、高级管理人员具备任职资格，从业人员具有证券从业资格；⑤有完善的风险管理与内部控制制度；⑥有合格的经营场所和业务设施；⑦法律、行政法规规定的和经国务院批准的国务院证券监督管理机构规定的其他条件。我们对上述条件中的一些按照中国证监会的有关规定再行解释。

第一，主要股东情况。证券公司股东应当严格按照法律、行政法规和中国证监会的规定履行出资义务。证券公司不得直接或间接为股东出资提供融资或担保。证券公司股东存在虚假出资、出资不实、抽逃出资或变相抽逃出资等违法违规行为的，证券公司董事会应在 10 个工作日内向公司注册地及主要办事机构所在地中国证监会派出机构报告，并要求有关股东在 1 个月内纠正。证券公司的股东应当用货币或者证券公司经营必需的非货币财产出资。证券公司股东的非货币财产出资总额不得超过证券公司注册资本的 30%。证券公

---

[1]　蔡奕："《中华人民共和国证券法》重大修订条款解析"，载中国民商法律网，2008 年 3 月 10 日访问。

司股东的出资，应当经具有证券、期货相关业务资格的会计师事务所验资并出具证明；出资中的非货币财产，应当经具有证券相关业务资格的资产评估机构评估。

有下列情形之一的单位或者个人，不得成为持有证券公司5%以上股权的股东、实际控制人：①因故意犯罪被判处刑罚，刑罚执行完毕未逾3年；②净资产低于实收资本的50%，或者负债达到净资产的50%；③不能清偿到期债务；④国务院证券监督管理机构认定的其他情形。认购或者受让证券公司的股权后，其持股比例达到证券公司注册资本的5%或者以持有证券公司股东的股权或者其他方式，实际控制证券公司5%以上的股权的，都应当事先告知证券公司，由证券公司报国务院证券监督管理机构批准。

外资参股证券公司指境外股东与境内股东依法共同出资设立的证券公司以及境外投资者依法受让、认购内资证券公司股权，内资证券公司依法变更的证券公司。外资参股证券公司的境外股东，应当具备下列条件：①所在国家或者地区具有完善的证券法律和监管制度，已与中国证监会或者中国证监会认可的机构签订证券监管合作谅解备忘录，并保持着有效的监管合作关系；②在所在国家或者地区合法成立，至少有1名是具有合法的金融业务经营资格的机构；境外股东自参股之日起3年内不得转让所持有的外资参股证券公司股权；③持续经营5年以上，近3年未受到所在国家或者地区监管机构或者行政、司法机关的重大处罚；④近3年各项财务指标符合所在国家或者地区法律的规定和监管机构的要求；⑤具有完善的内部控制制度；⑥具有良好的声誉和经营业绩；⑦中国证监会规定的其他审慎性条件。境外股东持股比例或者在外资参股证券公司中拥有的权益比例，累计（包括直接持有和间接控制）不得超过1/3。单个境外投资者持有（包括直接持有和间接控制）上市内资证券公司股份的比例不得超过20%；全部境外投资者持有（包括直接持有和间接控制）上市内资证券公司股份的比例不得超过25%。

证券公司在设立子公司时，应当符合下列要求：①最近12个月各项风险控制指标持续符合规定标准，最近1年净资本不低于12亿元人民币；②具备较强的经营管理能力，设立子公司经营证券经纪、证券承销与保荐或者证券资产管理业务的，最近1年公司经营该业务的市场占有率不低于行业中等水平；③具备健全的公司治理结构、完善的风险管理制度和内部控制机制，能够有效防范证券公司与其子公司之间出现风险传递和利益冲突；④中国证监会的其他要求。证券公司与其子公司、受同一证券公司控制的子公司之间不得经营存在利益冲突或者竞争关系的同类业务。

第二，董事、监事、高级管理人员具备任职资格。证券公司董事、监事和高管人员应当在任职前取得中国证监会核准的任职资格。这些人员取得任职资格，总体上应当具备以下两个基本条件：①正直诚实，品行良好；②熟悉证券法律、行政法规、规章以及其他规范性文件，具备履行职责所必需的经营管理能力。

此外，取得董事、监事任职资格，还应当具备以下具体条件：①从事证券、金融、法律、会计工作3年以上或者经济工作5年以上；②具有大专以上学历。

取得独立董事任职资格，还应当具备以下条件：①从事证券、金融、法律、会计工作5年以上；②具有大学本科以上学历，并且具有学士以上学位；③有履行职责所必需的时间和精力。独立董事不得与证券公司存在关联关系、利益冲突或者其他可能妨碍独立客观判断的情形。

取得董事长、副董事长和监事会主席任职资格，还应当具备以下条件：①从事证券工作3年以上，或者金融、法律、会计工作5年以上，或者经济工作10年以上；②具有大学本科以上学历或取得学士以上学位；③通过中国证监会认可的资质测试。

取得总经理、副总经理、财务负责人、合规负责人、董事会秘书，以及证券公司管理委员会、执行委员会和类似机构的成员（以下简称经理层人员）任职资格，还应当具备以下条件：①从事证券工作3年以上，或者金融、法律、会计工作5年以上；②具有证券从业资格；③具有大学本科以上学历或取得学士以上学位；④曾担任证券机构部门负责人以上职务不少于2年，或者曾担任金融机构部门负责人以上职务不少于4年，或者具有相当职位管理工作经历；⑤通过中国证监会认可的资质测试。

取得分支机构负责人任职资格，除应当具备《证券公司董事、监事和高级管理人员任职资格监管办法》第8条规定的基本条件外，还应当具备以下条件：①从事证券工作3年以上或经济工作5年以上；②具有证券从业资格；③具有大学本科以上学历或取得学士以上学位。证券公司法定代表人应当具有证券从业资格。

有关规定还作出了董事、监事、高级管理人员的消极资格限制，具体包括：有《中华人民共和国公司法》第147条规定的情形或者下列情形之一的，不得担任证券公司的董事、监事、高级管理人员，这些情形包括：①因违法行为或者违纪行为被解除职务的证券交易所、证券登记结算机构的负责人或者证券公司的董事、监事、高级管理人员，自被解除职务之日起未逾5年；②因违法行为或者违纪行为被撤销资格的律师、注册会计师或者投资咨询机构、财务顾问机构、资信评级机构、资产评估机构、验证机构的专业人员，自被撤销资格之日起未逾5年；③因重大违法违规行为受到金融监管部门的行政处罚，执行期满未逾 3 年；④自被中国证监会撤销任职资格之日起未逾 3 年；⑤自被中国证监会认定为不适当人选之日起未逾 2 年；⑥中国证监会认定的其他情形。

第三，《证券法》要求证券公司具备完善的风险管理与内部控制制度。《证券法》第 136 条规定：“证券公司应当建立健全内部控制制度，采取有效隔离措施，防范公司与客户之间、不同客户之间的利益冲突。证券公司必须将其证券经纪业务、证券承销业务、证券自营业务和证券资产管理业务分开办理，不得混合操作。”这些制度具体包括证券投资者保护基金、资产负债比例管理制度、交易风险准备金制度和内部控制制度，详见本章第二节相关内容。

至于证券公司的设立程序，则比普通的公司要复杂得多。申请设立证券公司的申请人应当向中国证监会提交下列材料：①申请报告；②可行性报告；③筹建方案；④发起人协议；⑤股东名册及其出资额、出资方式、出资比例、背景材料及发起人上一年度经会计师事务所审计的财务报表；⑥公司章程（草案）；⑦筹建负责人名单及其简历；⑧中国证监会要求的其他材料。证券公司筹建报批前，应当依法办理公司名称预先核准。证券公司申请筹建分公司或者证券营业部，应当向中国证监会提交申请报告、可行性报告、筹建方案、筹建负责人名单、简历及资格证书、公司《经营证券业务许可证》正、副本及复印件以及其他材料。按照《证券法》第 128 条及相关法规的规定，国务院证券监督管理机构应当自受理证券公司设立申请之日起 6 个月内，依照法定条件和法定程序并根据审慎监管原则进行审查，作出批准或者不予批准的决定，并通知申请人。审查未通过的，中国证监会应当在书面通知中注明理由，并在 1 年内不再受理筹建申请。筹建申请人应当自中国证监会批准筹建之日起 6 个月内完成筹建工作，逾期未完成的，原批准文件自动失效。遇有特殊情况需要延长筹建期限的，应当书面报经中国证监会批准，但是延长期不得超过 3 个月。筹建申请人完成筹建工作并经中国证监会验收合格后，方可申请开业。证券公司设立申请获得批准的，申请人应当在规定的期限内向公司登记机关申请设立登记，领取营业执照。证券公司应当自领取营业执照之日起 15 日内，向国务院证券监督管理机构申请经营证券业务许可证。未取得经营证券业务许可证，证券公司不得经营证券业务。

【拓展思考】　对证券公司设立采用特许制的意义

《证券法》第 197 条规定：“未经批准，擅自设立证券公司或者非法经营证券业务的，由证券监督管理机构予以取缔，没收违法所得，并处以违法所得 1 倍以上 5 倍以下的罚款；没有违法所得或者违法所得不足 30 万元的，处以 30 万元以上 60 万元以下的罚款。对直接负责的主管人员和其他直接责任人员给予警告，并处以 3 万元以上 30 万元以下的罚款。”第 219 条规定：“证券公司违反本法规定，超出业务许可范围经营证券业务的，责令改正，没收违法所得，并处以违法所得 1 倍以上 5 倍以下的罚款；没有违法所得或者违法所得不足 30 万元的，处以 30 万元以上 60 万元以下罚款；情节严重的，责令关闭。对直接负责的主管人员和其他直接责任人员给予警告，撤销任职资格或者证券从业资格，并处以 3 万元以上 10 万元以下的罚款。"这些规定都是对证券公司设立采用特许制的体现。

对商法人的设立采用特许制，往往是由于国家需要对该种商法人进行特别的调控。由于证券公司在证券两级市场中的重要作用，其活动既涉及整个证券市场的宏观秩序，更涉及千千万万投资者的切身利益，因此必须立法对证券公司的资质予以特别规定和专门审查，防止不具备法定资格的证券公司进入证券市场，损害投资者的利益和证券市场的秩序。可见实行特许制是相当必要的。另外，采用特许制还能控制证券公司的数量。如果任由证券公司自由成立并进入证券市场，很可能使它们之间会产生恶性竞争，扰乱证券市场的秩序。不过，在有些市场经济发达的国家和地区，实行的则是证券公司的注册制，如美国和我国香港特别行政区。

【法律法规链接】　《证券法》第六章"证券公司"，中国证监会于 2004 年 1 月 15 日起施行的《证券公司治理准则（试行)》，国务院于 2008 年 4 月 23 日公布、6 月 1 日起施行的《证券公司监督管理条例》。

二、证券公司的变更和终止

【基本理论】　证券公司变更的事项和终止的原因

证券公司在设立后，还可能进行变更和终止。证券公司的变更是指公司登记事项的变更和组织形式的变更，终止是指法人资格的消灭。它们的含义与公司法中的公司变更和终止是一样的。与公司法中的公司变更和终止不同的是，证券公司的变更和终止同样延续了特许制的要求。《证券法》第 129 条规定："证券公司设立、收购或者撤销分支机构，变更业务范围或者注册资本，变更持有 5% 以上股权的股东、实际控制人，变更公司章程中的重要条款，合并、分立、变更公司形式、停业、解散、破产，必须经国务院证券监督管理机构批准。证券公司在境外设立、收购或者参股证券经营机构，必须经国务院证券监督管理机构批准。"其中"证券公司分支机构"是指从事业务经营活动的分公司、证券营业部等证券公司下属的非法人单位；"公司章程中的重要条款"，是指规定下列事项的条款：①证券公司的名称、住所；②证券公司的组织机构及其产生办法、职权、议事规则；③证券公司对外投资、对外提供担保的类型、金额和内部审批程序；④证券公司的解散事由与清算办法；⑤国务院证券监督管理机构要求证券公司章程规定的其他事项。任何单位或者个人有下列情形之一的，应当事先告知证券公司，由证券公司报国务院证券监督管理机构批准：①认购或者受让证券公司的股权后，其持股比例达到证券公司注册资本的5%；②以持有证券公司股东的股权或者其他方式，实际控制证券公司5%以上的股权。未经国务院证券监督管理机构批准，任何单位或者个人不得委托他人或者接受他人委托持有或者管理证券公司的股权。证券公司的股东不得违反国家规定，约定不按照出资比例行使表决权。

证券公司终止的原因主要有两类，即解散和破产。证券公司停业、解散或者破产的，应当经国务院证券监督管理机构批准，并按照有关规定安置客户、处理未了结的业务。解散有四种情形：①公司章程规定的营业期限届满或者出现其他解散事由；②股东会决议解散；③因公司合并或分立而解散；④证券公司因违法行为被责令关闭。责令关闭的情形比较多，如《证券法》第211、219、226条的规定。至于破产问题，2007年6月1日实施的《企业破产法》第134条规定，金融机构破产可由国务院制定具体的实施办法。

证券公司的变更和终止同样受到强制性法律责任的约束。《证券法》第218条规定："证券公司违反本法第129条的规定，擅自设立、收购、撤销分支机构，或者合并、分立、停业、解散、破产，或者在境外设立、收购、参股证券经营机构的，责令改正，没收违法所得，并处以违法所得1倍以上5倍以下的罚款；没有违法所得或者违法所得不足10万元的，处以10万元以上60万元以下的罚款。对直接负责的主管人员给予警告，并处以3万元以上10万元以下的罚款。证券公司违反本法第129条的规定，擅自变更有关事项的，责令改正，并处以10万元以上30万元以下的罚款。对直接负责的主管人员给予警告，并处以5万元以下的罚款。"

【实务指南】　证券公司变更与终止的具体规定

在商法理论上，公司的变更和终止都属于公司人格的变化。对证券公司而言，其变更和终止还必须遵守相关的行政性规则。国务院于2008年4月23日公布并施行了《证券公司风险处置条例》；《证券公司监督管理条例》于同日公布，2008年6月1日起施行。在这两部行政法规中，对证券公司变更和终止作出了详细规定。

对证券公司的变更问题，《证券公司监督管理条例》第13条规定："证券公司变更注册资本、业务范围、公司形式或者公司章程中的重要条款，合并、分立、设立、收购或者撤销境内分支机构，变更境内分支机构的营业场所，在境外设立、收购、参股证券经营机构，应当经国务院证券监督管理机构批准。"该条规定了须经中国证监会批准的证券公司变更事项。其中"公司章程中的重要条款"包括证券公司的名称、住所,证券公司的组织机构及其产生办法、职权、议事规则,证券公司对外投资、对外提供担保的类型、金额和内部审批程序,证券公司的解散事由与清算办法以及中国证监会要求证券公司章程规定的其他事项。在证券公司合并、分立时,如果存在涉及客户权益的重大资产转让,应当经具有证券相关业务资格的资产评估机构评估。该《条例》第16条还规定:"国务院证券监督管理机构应当对下列申请进行审查,并在下列期限内,做出批准或者不予批准的书面决定:①对在境内设立证券公司或者境外设立、收购或者参股证券经营机构的申请,自受理之日起6个月;②对变更注册资本、合并、分立或者要求审查股东、实际控制人资格的申请,自受理之日起3个月;③对变更业务范围、公司形式、公司章程中的重要条款或者要求审查高级管理人员任职资格的申请,自受理之日起45个工作日;④对设立、收购、撤销境内分支机构,变动境内分支机构营业场所,……自受理之日起30个工作日;……"当然,证券公司的变更同样也遵循我国《公司法》对公司变更登记的一般规定,根据《证券公司监督管理条例》第17条规定,公司登记机关应当依照法律、行政法规的规定,凭中国证监会的批准文件,办理证券公司及其境内分支机构的相关变更登记。

证券公司的终止涉及到投资者的实际利益以及证券市场的秩序,因此是一个相当重要和复杂的实务问题。国务院公布并施行的《证券公司风险处置条例》和《证券公司监督管理条例》对我国《证券法》和《企业破产法》的相关规定予以了细化,使证券公司的终止问题有了确定的法律依据。

在《证券公司风险处置条例》第三章规定了因"撤销"而使证券公司终止的具体情形、程序和后果。

证券公司具有以下情形的,中国证监会可以直接撤销该证券公司:①违法经营情节特别严重、存在巨大经营风险;②不能清偿到期债务,并且资产不足以清偿全部债务或者明显缺乏清偿能力;③需要动用证券投资者保护基金。此外,证券公司经停业整顿、托管、接管或者行政重组在规定的期限内仍达不到正常经营条件,并且不能清偿到期债务,并且资产不足以清偿全部债务或者明显缺乏清偿能力或者需要动用证券投资者保护基金,中国证监会应当撤销该证券公司。

撤销证券公司需经以下程序:①国务院证券监督管理机构应当做出撤销决定,并按照规定程序选择律师事务所、会计师事务所等专业机构成立行政清理组,对该证券公司进行行政清理。②公告撤销决定。公告日期为处置日,撤销决定自公告之时生效。证券公司的债权债务关系不因其被撤销而变化;自证券公司被撤销之日起,证券公司的债务停止计算利息。

撤销证券公司的后果就是进行行政清理。如果证券公司被国务院证券监督管理机构依法责令关闭，需要进行行政清理的，也适用这些行政清理的具体规则。行政清理主要包括以下几个方面的工作：

第一，行政清理工作的组织。按照《证券公司风险处置条例》的有关规定，行政清理期间不允许被撤销证券公司的股东自行组织清算，该公司股东也不得参与行政清理工作。行政清理的范围不仅包括被撤销的证券公司，对该证券公司所设立或实际控制的关联公司，其资产、人员、财务或者业务与被撤销证券公司混合的，经中国证监会审查批准，也应纳入行政清理的范围。行政清理的期限一般不超过12个月，如果满12个月，行政清理未完成的，中国证监会可以决定延长行政清理期限，但延长行政清理期限最长不得超过12个月。行政清理期间，行政清理组负责人行使被撤销证券公司法定代表人职权。

第二，行政清理组的职责。行政清理组履行下列职责：①管理证券公司的财产、印章和账簿、文书等资料；②清理账户，核实资产负债有关情况，对符合国家规定的债权进行登记；③协助甄别确认、收购符合国家规定的债权；④协助证券投资者保护基金管理机构弥补客户的交易结算资金；⑤按照客户自愿的原则安置客户；⑥转让证券类资产。证券类资产，是指证券公司为维持证券经纪业务正常进行所必需的计算机信息管理系统、交易系统、通信网络系统、交易席位等资产。行政清理组应当在具备证券业务经营资格的机构中，采用招标、公开询价等公开方式转让证券类资产。证券类资产转让方案应当报国务院证券监督管理机构批准。行政清理组不得转让证券类资产以外的资产，但经国务院证券监督管理机构批准，易贬损并可能遭受损失的资产或者确为保护客户和债权人利益的其他情形除外。⑦中国证监会要求履行的其他职责。

行政清理组不得对债务进行个别清偿，但为保护客户和债权人利益的下列情形除外：①因行政清理组请求对方当事人履行双方均未履行完毕的合同所产生的债务；②为维持业务正常进行而应当支付的职工劳动报酬和社会保险费用等正常支出；③行政清理组履行职责所产生的其他费用。行政清理费用，是指行政清理组管理、转让证券公司财产所需的费用、行政清理组履行职务和聘用专业机构的费用等。行政清理费用经国务院证券监督管理机构审核后，从被处置证券公司财产中随时清偿。

为保护债权人利益，经国务院证券监督管理机构批准，行政清理组可以向人民法院申请对处置前被采取查封、扣押、冻结等强制措施的证券类资产以及其他资产进行变现处置，变现后的资金应当予以冻结。

第三，行政清理期间证券经纪业务的处理。行政清理期间，被撤销证券公司的证券经纪等涉及客户的业务，由中国证监会按照规定程序选择证券公司等专业机构进行托管。

第四，行政清理期间对被撤销证券公司账户的清理、债权人的登记和国家收购。行政清理组清理被撤销证券公司账户的结果，应当经具有证券、期货相关业务资格的会计师事务所审计，并报国务院证券监督管理机构认定。行政清理组根据经国务院证券监督管理机构认定的账户清理结果，向证券投资者保护基金管理机构申请弥补客户的交易结算资金的资金。行政清理组应当自成立之日起10日内，将债权人需要登记的相关事项予以公告。符合国家有关规定的债权人应当自公告之日起90日内，持相关证明材料向行政清理组申报债权，行政清理组按照规定登记。无正当理由逾期申报的，不予登记。已登记债权经甄别确认符合国家收购规定的，行政清理组应当及时按照国家有关规定申请收购资金并协助收购；经甄别确认不符合国家收购规定的，行政清理组应当告知申报的债权人。

对证券公司的破产清算和重整问题，在《证券公司风险处置条例》第四章"破产清算和重整"中有具体的规定。证券公司的破产清算和重整有三种情形：①行政清理完成后的破产清算。证券公司被依法撤销、关闭时，有《企业破产法》第2条规定情形的，行政清理工作完成后，国务院证券监督管理机构或者其委托的行政清理组依照《企业破产法》的有关规定，可以向人民法院申请对被撤销、关闭证券公司进行破产清算。②中国证监会直接申请对证券公司进行重整。证券公司有《企业破产法》第2条规定情形的，国务院证券监督管理机构可以直接向人民法院申请对该证券公司进行重整。③证券公司或其债权人申请破产清算或重整。证券公司或者其债权人依照《企业破产法》的有关规定，可以向人民法院提出对证券公司进行破产清算或者重整的申请，但应当依照《证券法》第129条的规定报经中国证监会批准。对不需要动用证券投资者保护基金的证券公司，中国证监会应当在批准破产清算前撤销其证券业务许可。证券公司应当依照《证券公司风险处置条例》第18条的规定停止经营证券业务，安置客户。对需要动用证券投资者保护基金的证券公司，中国证监会对该证券公司或者其债权人的破产清算申请不予批准，并依照前述撤销和行政清理的规定处理。

人民法院裁定受理证券公司重整或者破产清算申请的，国务院证券监督管理机构可以向人民法院推荐管理人人选。

证券公司进行破产清算的，行政清理时已登记的不符合国家收购规定的债权，管理人可以直接予以登记。

人民法院裁定证券公司重整的，证券公司或者管理人应当同时向债权人会议、中国证监会和人民法院提交重整计划草案。自债权人会议各表决组通过重整计划草案之日起 10 日内，证券公司或者管理人应当向人民法院提出批准重整计划的申请。重整计划涉及《证券法》第 129 条规定相关事项的，证券公司或者管理人应当同时向中国证监会提出批准相关事项的申请，中国证监会应当自收到申请之日起 15 日内做出批准或者不予批准的决定。债权人会议部分表决组未通过重整计划草案，但重整计划草案符合《企业破产法》第 87 条第 2 款规定条件的，证券公司或者管理人可以申请人民法院批准重整计划草案。重整计划草案涉及《证券法》第 129 条规定相关事项的，证券公司或者管理人应当同时向中国证监会提出批准相关事项的申请，中国证监会应当自收到申请之日起 15 日内做出批准或者不予批准的决定。经批准的重整计划由证券公司执行，管理人负责监督。监督期届满，管理人应当向人民法院和中国证监会提交监督报告。

重整计划的相关事项未获中国证监会批准，或者重整计划未获人民法院批准的，人民法院裁定终止重整程序，并宣告证券公司破产。重整程序终止，人民法院宣告证券公司破产的，中国证监会应当对证券公司做出撤销决定，人民法院依照《企业破产法》的规定组织破产清算。涉及税收事项，依照《企业破产法》和《中华人民共和国税收征收管理法》的规定执行。

人民法院认为应当对证券公司进行行政清理的，中国证监会比照前述行政清理的规定成立行政清理组，负责清理账户，协助甄别确认、收购符合国家规定的债权，协助证券投资者保护基金管理机构弥补客户的交易结算资金，转让证券类资产等。

【拓展思考】　对证券公司终止的缓冲措施

对证券公司严密的行政监管是证券公司作为商主体与其他商主体的重大区别之一。例如《证券公司风险处置条例》第 6 条规定："国务院证券监督管理机构发现证券公司存在重大风险隐患，可以派出风险监控现场工作组对证券公司进行专项检查，对证券公司划拨资金、处置资产、调配人员、使用印章、订立以及履行合同等经营、管理活动进行监控，并及时向有关地方人民政府通报情况。"这些监管也包括对证券公司终止实施的缓冲措施。"缓冲措施"能够有效避免、缓解证券公司的直接解散给市场和投资者造成的冲击，维护证券市场的稳定并保护投资者的利益。

我国《证券法》第 153 条规定："证券公司违法经营或者出现重大风险，严重危害证券市场秩序、损害投资者利益的，国务院证券监督管理机构可以对该证券公司采取责令停业整顿、指定其他机构托管、接管或者撤销等监管措施。"在《证券公司风险处置条例》规定了"停业整顿、托管、接管、行政重组"共 4 种缓冲措施。证券公司风险控制指标不符合有关规定，在规定期限内未能完成整改的，中国证监会可以责令证券公司停止部分或者全部业务进行整顿。停业整顿的期限不超过 3 个月。托管是指由中国证监会委托其他的证券公司或专门的资产管理公司来接收和管理违法的证券公司的业务，通常需要签订托管协议。接管是由中国证监会直接接收和管理其业务。证券公司有下列情形之一的，中国证监会可以对其证券经纪等涉及客户的业务进行托管；情节严重的，可以对该证券公司进行接管：①治理混乱，管理失控；②挪用客户资产并且不能自行弥补；③在证券交易结算中多次发生交收违约或者交收违约数额较大；④风险控制指标不符合规定，发生重大财务危机；⑤其他可能影响证券公司持续经营的情形。证券公司出现重大风险，但具备下列条件的，可以直接向中国证监会申请进行行政重组：①财务信息真实、完整；②省级人民政府或者有关方面予以支持；③整改措施具体，有可行的重组计划。被停业整顿、托管、接管的证券公司，具备前款规定条件的，也可以向中国证监会申请进行行政重组。

　　【法律法规链接】　　《证券法》第 129、211、217、218 条，国务院于 2008 年 4 月 23 日公布并施行的《证券公司风险处置条例》，国务院于 2008 年 4 月 23 日公布、2008 年 6 月 1 日起施行的《证券公司监督管理条例》。

第二节　证券公司的运营与风险管理

一、证券公司的业务类型与运营要求

【基本理论】　　证券公司的业务类型与运营要求

证券公司的具体业务及运营要求如下：

第一，证券公司的经纪业务。证券公司办理经纪业务，不得接受客户的全权委托而决定证券买卖、选择证券种类、决定买卖数量或者买卖价格；不得以任何方式对客户证券买卖的收益或者赔偿证券买卖的损失作出承诺。证券公司应当置备统一制定的证券买卖委托书，供委托人使用。采取其他委托方式的，必须作出委托记录。客户的证券买卖委托，不论是否成交，其委托记录应当按照规定的期限，保存于证券公司。证券公司接受证券买卖的委托，应当根据委托书载明的证券名称、买卖数量、出价方式、价格幅度等，按照交易规则代理买卖证券，如实进行交易记录；买卖成交后，应当按照规定制作买卖成交报告单交付客户。证券交易中确认交易行为及其交易结果的对账单必须真实，并由交易经办人员以外的审核人员逐笔审核，保证账面证券余额与实际持有的证券相一致。

此外，证券公司从事证券经纪业务，应当对客户账户内的资金、证券是否充足进行审查。客户资金账户内的资金不足的，不得接受其买入委托；客户证券账户内的证券不足的，不得接受其卖出委托。从事证券经纪业务，证券公司

也可以委托证券公司以外的人员作为证券经纪人，代理其进行客户招揽、客户服务等活动。

证券经纪人应当具有证券从业资格。证券公司应当与接受委托的证券经纪人签订委托合同，颁发证券经纪人证书，明确对证券经纪人的授权范围，并对证券经纪人的执业行为进行监督。证券经纪人应当在证券公司的授权范围内从事业务，并应当向客户出示证券经纪人证书。证券经纪人应当遵守证券公司从业人员的管理规定，其在证券公司授权范围内的行为，由证券公司依法承担相应的法律责任；超出授权范围的行为，证券经纪人应当依法承担相应的法律责任。证券经纪人只能接受一家证券公司的委托，进行客户招揽、客户服务等活动。证券经纪人不得为客户办理证券认购、交易等事项。证券公司向客户收取证券交易费用，应当符合国家有关规定，并将收费项目、收费标准在营业场所的显著位置予以公示。

第二，证券公司的自营业务。证券公司从事证券自营业务，限于买卖依法公开发行的股票、债券、权证、证券投资基金或者国务院证券监督管理机构认可的其他证券。

从事证券自营业务，应当使用实名证券自营账户。证券公司的证券自营账户，应当自开户之日起3个交易日内报证券交易所备案。证券公司从事证券自营业务，不得有下列行为：①违反规定购买本证券公司控股股东或者与本证券公司有其他重大利害关系的发行人发行的证券；②违反规定委托他人代为买卖证券；③利用内幕信息买卖证券或者操纵证券市场；④法律、行政法规或者国务院证券监督管理机构禁止的其他行为。证券公司从事证券自营业务，自营证券总值与公司净资本的比例、持有一种证券的价值与公司净资本的比例、持有一种证券的数量与该证券发行总量的比例等风险控制指标，应当符合国务院证券监督管理机构的规定。

第三，资产管理业务。[1] 资产管理业务包括定向资产管理和集合资产管理两项业务。证券公司办理定向资产管理业务，应当与客户签订定向资产管理合同，接受单一客户委托，通过该客户的账户，为客户提供资产管理服务。证券公司为多个客户办理集合资产管理业务，应当设立集合资产管理计划并担任计划管理人，与客户签订集合资产管理合同，通过专门账户为客户提供资产管理服务。集合资产管理计划应当设定为均等份额，客户按其拥有的份额享有利益，承担风险。

---

[1]　参见中国证监会 2008 年 7 月 1 日起施行的《证券公司定向资产管理业务实施细则（试行）》和《证券公司集合资产管理业务实施细则（试行）》。

证券公司应当为客户提供适当的资产管理服务：一是证券公司要按照有关规则，了解客户身份、财产与收入状况、证券投资经验、风险认知与承受能力和投资偏好等，根据所了解的客户情况，推荐与客户风险承受能力相匹配、相适当的产品或者服务，引导客户审慎投资。二是证券公司要制作风险揭示书。三是证券公司营销活动中必须要向客户全面、准确地讲解资产管理合同内容和业务规则，对集合资产管理客户还要介绍集合计划的产品特点、投资方向、风险收益特征，讲解客户投资集合计划的操作方法等。要求证券公司要遵循公平、公正的原则从事资产管理业务，诚实守信，审慎尽责，避免利益冲突，禁止任何形式的利益输送。

证券公司要实现证券资产管理业务与证券自营业务、证券承销业务、证券经纪业务及其他证券业务之间的有效隔离，其定向、集合资产管理业务的投资主办人互相不得兼任。

第四，融资融券业务。融资融券业务，是指在证券交易所或者国务院批准的其他证券交易场所进行的证券交易中，证券公司向客户出借资金供其买入证券或者出借证券供其卖出，并由客户交存相应担保物的经营活动。

证券公司经营融资融券业务，应当具备下列条件：①证券公司治理结构健全，内部控制有效；②风险控制指标符合规定，财务状况、合规状况良好；③有经营融资融券业务所需的专业人员、技术条件、资金和证券；④有完善的融资融券业务管理制度和实施方案；⑤国务院证券监督管理机构规定的其他条件。

证券公司从事融资融券业务，应当与客户签订融资融券合同，并按照国务院证券监督管理机构的规定，以证券公司的名义在证券登记结算机构开立客户证券担保账户，在指定商业银行开立客户资金担保账户。客户资金担保账户内的资金应当参照《证券公司监督管理条例》第57条的规定进行管理。在以证券公司名义开立的客户证券担保账户和客户资金担保账户内，应当为每一客户单独开立授信账户。证券公司向客户融资，应当使用自有资金或者依法筹集的资金；向客户融券，应当使用自有证券或者依法取得处分权的证券。证券公司向客户融资融券时，客户应当交存一定比例的保证金。保证金可以用证券充抵。客户交存的保证金以及通过融资融券交易买入的全部证券和卖出证券所得的全部资金，均为对证券公司的担保物，应当存入证券公司客户证券担保账户或者客户资金担保账户并记入该客户授信账户。客户证券担保账户内的证券和客户资金担保账户内的资金为信托财产。证券公司不得违背受托义务侵占客户担保账户内的证券或者资金。证券公司从事融资融券业务，自有资金或者证券不足的，可以向证券金融公司借入。证券金融公司的设立和解散由国务院决定。

第二章

第五，承销保荐业务。证券承销是指由证券公司代证券发行人发行证券，是目前非常重要的证券发行方式，一般在证券公开发行时采用。保荐则是指由证券公司作为公司的上市推荐人辅导、确保其符合上市的规范性条件。保荐人由证券主承销商担任，因此这两项业务合称为"承销保荐"。

《证券法》第28条规定，发行人向不特定对象发行的证券，法律、行政法规规定应当由证券公司承销的，发行人应当同证券公司签订承销协议。承销协议分为代销和包销协议，应载明下列事项：当事人的名称、住所及法定代表人姓名；代销、包销证券的种类、数量、金额及发行价格；代销、包销的期限及起止日期；代销、包销的付款方式及日期；代销、包销的费用和结算办法；违约责任及国务院证券监督管理机构规定的其他事项。其中的代销、包销期限是承销协议中的必备条款而且是法定期限，最长不得超过90日。如果采用代销方式发行股票，应当在发行公告中披露发行失败后的处理措施。股票发行失败后，主承销商应当协助发行人按照发行价并加算银行同期存款利息返还股票认购人。保荐人资格有着比较严格的条件，《证券法》第11条规定："发行人申请公开发行股票、可转换为股票的公司债券，依法采取承销方式的，或者公开发行法律、行政法规规定实行保荐制度的其他证券的，应当聘请具有保荐资格的机构担任保荐人。保荐人应当遵守业务规则和行业规范，诚实守信，勤勉尽责，对发行人的申请文件和信息披露资料进行审慎核查，督导发行人规范运作。保荐人的资格及其管理办法由国务院证券监督管理机构规定。"

第六，财务顾问业务、咨询服务业务等。这两项业务详见本书第五章第三节。

【实务指南】 证券公司的业务类型

实务中的证券公司，业务类型是非常丰富的。我们可以通过两个例子来了解。

某证券股份有限公司在2007年修正后的公司章程中载明公司的业务范围包括：①证券（含境内上市外资股）的代理买卖；②代理证券的还本付息、分红派息；③证券代保管、鉴证；④代理登记开户；⑤证券的自营买卖；⑥证券（含境内上市外资股）的承销（含主承销）；⑦客户资产管理；⑧证券投资咨询（含财务顾问）；⑨中国证监会批准的其他业务。

某大型证券有限责任公司（含分支机构）的各项证券业务资格，也可以为我们展示一个实务中证券公司的业务类别。其报告称：公司目前的主要业务资格除营业执照中核定的经营范围以及作为创新试点券商可以从事的创新业务之外，包括但不限于以下单项业务资格：①经营证券业务资格；②经营股票承销业务资格；③证券业务外汇经营资格；④证券投资咨询业务资格；⑤客户资产管理业务资格；⑥国债承销团成员；⑦国债承购包销团成员；⑧开放式证券投资基金代销业务资格；⑨代办股份转让主办券商业务资格；⑩网上证券委托业务资格；⑪进入银行间同业拆借市场和债券市场资格；⑫电信与信息服务业务经营许可证（ICP 证）；⑬博士后科研工作站；⑭保险兼业代理资格（中国保险监督管理委员会批准有期限）；⑮短期融资券承销业务（有中国人民银行批文）；⑯上证基金、LOF 业务资格；⑰权证的一级交易商资格；⑱上证 50ETF 的一级交易商资格；⑲华安上证 180ETF 的一级交易商资格；⑳易方达深证 100ETF 的一级交易商资格；㉑开放式基金场内申购业务资格；㉒上交所固定收益证券综合电子平台协议交易资格；㉓上交所固定收益证券综合电子平台一级交易商资格；㉔中国证券登记结算公司甲类结算参与人资格。

【拓展思考】 证券公司运营中客户资产的保护

前述除了证券公司的证券自营业务外，其他业务运用的都是客户的资产，因此适用的是信托的基本原理，这就要求作为受信人的证券公司承担对客户的诚信义务。《证券公司监督管理条例》第 2 条规定："证券公司应当遵守法律、行政法规和国务院证券监督管理机构的规定，审慎经营，履行对客户的诚信义务。"

为了保护客户的资产，首先要求证券公司做到业务的隔离。按照《证券法》第 136 条规定，证券公司应当建立健全内部控制制度，采取有效隔离措施，防范公司与客户之间、不同客户之间的利益冲突。证券公司必须将其证券经纪业务、证券承销业务、证券自营业务和证券资产管理业务分开办理，不得混合操作。这种隔离义务是一种强制性义务，如果证券公司违反，按照《证券法》第 220 条的规定，相关机构要责令其改正，没收违法所得，并处以 30 万元以上 60 万元以下的罚款；情节严重的，撤销相关业务许可。对直接负责的主管人员和其他直接责任人员给予警告，并处以 3 万元以上 10 万元以下的罚款；情节严重的，撤销任职资格或者证券从业资格。

其次，要确保客户交易结算资金的独立性。客户的交易结算资金属于客户所有，目前由商业银行存管。证券公司的客户交易结算资金应当存放在商业银行，以每个客户的名义单独立户管理。具体办法和实施步骤由国务院规定。指定商业银行应当与证券公司及其客户签订客户的交易结算资金存管合同，约定客户的交易结算资金存取、划转、查询等事项，并按照证券交易净额结算、货银对付的要求，为证券公司开立客户的交易结算资金汇总账户。客户的交易结算资金的存取，应当通过指定商业银行办理。指定商业银行应当保证客户能够随时查询客户的交易结算资金的余额及变动情况。客户交易结算资金的独立性还体现在证券公司不得将客户的交易结算资金和证券归入其自有财产，交易结算资金应当与证券公司、指定商业银行、资产托管机构的自有资产相互独立、分别管理。禁止任何单位或者个人以任何形式挪用客户的交易结算资金和证券。证券公司破产或者清算时，客户的交易结算资金和证券不属于其破产财产或者清算财产。非因客户本身的债务或者法律规定的其他情形，不得查封、冻结、扣划或者强制执行客户的交易结算资金和证券。[1]

最后，客户交易结算资金的支配权属于客户。除了按客户的委托将交易结算资金用于证券交易，证券公司不得以证券经纪客户或者证券资产管理客户的资产向他人提供融资或者担保。任何单位或者个人不得强令、指使、协助、接受证券公司以其证券经纪客户或者证券资产管理客户的资产提供融资或者担保。

【法律法规链接】　《证券法》第 12 条。

二、证券公司的风险管理

【基本理论】　以净资本为核心的风险管理

从上述证券业务的类型中，我们发现证券公司的经营风险很大，因此稳健经营相当重要。这就需要运用风险管理制度来化解风险。通过风险管理，来维系证券公司的持续、安全运营和保护投资者利益。

证券公司的风险管理是指在证券公司对经营风险进行识别、估测、评价的基础上，优化组合各种风险管理技术，对风险实施有效的控制，妥善处理风险所致的结果。证券公司的经营以安全稳健为原则，具体的风险管理措施包括风险准备金制度、资产负债比例管理制度、证券投资者保护基金制度、风险隔离制度和客户资金管理制度。

《证券法》第 135 条规定："证券公司从每年的税后利润中提取交易风险准备金，用于弥补证券交易的损失，其提取的具体比例由国务院证券监督管理机构规定。"《证券法》第 130 条规定："国务院证券监督管理机构应当对证券公司的净资本，净资本与负债的比例，净资本与净资产的比例，净资本与自营、承销、资产管理等业务规模的比例，负债与净资产的比例，以及流动资产与流动

---

[1]　最高人民法院、最高人民检察院、公安部、证监会等 4 个单位联合发出、2008 年 3 月 1 日起施行的《关于查询、冻结、扣划证券和证券交易结算资金有关问题的通知》，要求人民法院、人民检察院、公安机关在查询、冻结、扣划证券和证券交易结算资金时，必须出具相关证件和有效法律文书；对于登记结算机构建立的集中收付账户内的证券和资金、登记结算机构收取的结算风险基金和结算互保金、新股发行验资专户和网下申购资金账户内的资金、登记结算机构在银行开立的结算备付金专用存款账户内的资金一律不得冻结和扣划；对于客户资金收付账户内的资金和证券公司的自营资金收付账户内最低限额自营结算备付金以及根据成交结果确定的应付资金也不得冻结和扣划。详见本书第五章。

负债的比例等风险控制指标作出规定。证券公司不得为其股东或者股东的关联人提供融资或者担保。"因此，证券公司的风险管理实际是以净资本为核心的监督体系。《证券公司风险控制指标管理办法》于 2006 年 11 月 1 日施行，中国证监会 2008 年 6 月 24 日对该《办法》进行修订。新《办法》于 2008 年 12 月 1 日施行。新《办法》将"风险准备"改为"风险资本准备"这一术语。风险资本准备是指证券公司开展各项业务，设立分支机构等存在可能导致净资本损失的风险，应当按一定标准计算风险资本准备并与净资本建立对应关系，确保各项风险资本准备有对立的净资本支撑。

第一，证券公司的净资本的含义。净资本是指根据证券公司的业务范围和公司资产负债的流动性特点，在净资产的基础上对资产负债等项目和有关业务进行风险调整后得出的综合性风险控制指标。净资本基本计算公式为：净资本 ＝ 净资产 － 金融资产的风险调整 － 其他资产的风险调整 － 或有负债的风险调整 － ／ ＋ 中国证监会认定或核准的其他调整项目。根据证券公司不同的业务类型，中国证监会在《证券公司风险控制指标管理办法》中规定了不同的净资本额：证券公司经营证券经纪业务的，其净资本不得低于人民币 2 000 万元。证券公司经营证券承销与保荐、证券自营、证券资产管理、其他证券业务等业务之一的，其净资本不得低于人民币 5 000 万元。证券公司经营证券经纪业务，同时经营证券承销与保荐、证券自营、证券资产管理、其他证券业务等业务之一的，其净资本不得低于人民币 1 亿元。证券公司经营证券承销与保荐、证券自营、证券资产管理、其他证券业务中两项及两项以上的，其净资本不得低于人民币 2 亿元。

第二，相关风险控制指标。证券公司必须持续符合下列风险控制指标标准：①净资本与各项风险准备之和的比例不得低于100%；②净资本与净资产的比例不得低于40%；③净资本与负债的比例不得低于8%；④净资产与负债的比例不得低于20%。

第三，证券公司经营证券自营业务的，必须符合下列规定：①自营权益类证券及证券衍生品的合计额不得超过净资本的100%；②自营固定收益类证券的合计额不得超过净资本的500%；③持有一种权益类证券的成本不得超过净资本的30%；④持有一种权益类证券的市值与其总市值的比例不得超过5%，但因包销导致的情形和中国证监会另有规定的除外。计算自营规模时，证券公司应当根据自营投资的类别按成本价和公允价值孰高原则计算。

第四，证券公司为客户买卖证券提供融资融券服务的，必须符合下列规定：①对单一客户融资业务规模不得超过净资本的5%；②对单一客户融券业务规模不得超过净资本的 5%；③接受单只担保股票的市值不得超过该股票总市值的 20%。融资业务规模，是指对客户融出资金的本金合计；融券业务规模，是指对客户融出证券在融出日的市值合计。

【实务指南】　　中国证监会对证券公司风险控制的监管和证券投资者保护基金

证券公司的风险控制并不是一个单纯自律的问题，而是存在严格的监管。在证券公司组织机构的设置中，董事会应当就风险管理、审计等事项设立专门委员会。审计委员会应当由独立董事担任召集人。《证券法》第 150 条规定："证券公司的净资本或者其他风险控制指标不符合规定的，国务院证券监督管理机构应当责令其限期改正；逾期未改正，或者其行为严重危及该证券公司的稳健运行、损害客户合法权益的，国务院证券监督管理机构可以区别情形，对其采取下列措施：①限制业务活动，责令暂停部分业务，停止批准新业务；②停止批准增设、收购营业性分支机构；③限制分配红利，限制向董事、监事、高级管理人员支付报酬、提供福利；④限制转让财产或者在财产上设定其他权利；⑤责令更换董事、监事、高级管理人员或者限制其权利；⑥责令控股股东转让股权或者限制有关股东行使股东权利；⑦撤销有关业务许可。"

证券公司应当在每月结束之日起 7 个工作日内，向中国证监会及其派出机构报送月度净资本计算表、风险资本准备表和风险控制指标监管报表。证券公司的净资本等风险控制指标与上月相比变化超过 20% 的，应当在该情形发生之日起 3 个工作日内，向中国证监会及其派出机构书面报告，说明基本情况和变化原因。证券公司的净资本等风险控制指标达到预警标准或者不符合规定标准的，应当分别在该情形发生之日起 3 个、1 个工作日内，向中国证监会及其派出机构书面报告，说明基本情况、问题成因以及解决问题的具体措施和期限。

证券公司应当聘请具有证券相关业务资格的会计师事务所对其年度净资本计算表和风险控制指标监管报表进行审计。会计师事务所及其注册会计师应当勤勉尽责，对证券公司净资本计算表和风险控制指标监管报表的真实性、准确性、完整性进行审计，并对审计报告的真实性、合法性负责。

此外，2005 年 7 月 1 日起施行的《证券投资者保护基金管理办法》也属于对证券公司的风险控制手段。该办法第 1 条规定："为建立防范和处置证券公司风险的长效机制，维护社会经济秩序和社会公共利益，保护证券投资者的合法权益，促进证券市场有序、健康发展，制定本办法。"证券投资者保护基金就是在防范和处置证券公司风险中用于保护证券投资者利益的资金。目前已经成立国有独资的中国证券投资者保护基金有限责任公司，负责基金的筹集、管理和使用。该基金的来源包括：①上海证券交易所、深圳证券交易所在风险基金分别达到规定的上限后，交易经手费的20%纳入基金；②所有在中国境内注册的证券公司，按其营业收入的0.5%～5%缴纳基金；经营管理、运作水平较差、风险较高的证券公司，应当按较高比例缴纳基金。各证券公司的具体缴纳比例由基金公司根据证券公司风险状况确定后，报中国证监会批准，并按年进行调整。证券公司缴纳的基金在其营业成本中列支；③发行股票、可转债等证券时，申购冻结资金的利息收入；④依法向有关责任方追偿所得和从证券公司破产清算中受偿收入；⑤国内外机构、组织及个人的捐赠；⑥其他合法收入。

　　证券公司应当缴纳的基金，按照证券公司佣金收入的一定比例预先提取，并由中国证券登记结算有限责任公司（以下简称结算公司）代扣代收。证券公司应在年度审计结束后，根据其审计后的收入和事先核定的比例确定需要缴纳的基金金额，并及时向基金公司申报清缴。不从事证券经纪业务的证券公司，应在每季后10个工作日内按该季营业收入和事先核定的比例预缴。每年度审计结束后，确定年度需要缴纳的基金金额并及时向基金公司申报清缴。基金的资金运用限于银行存款、购买国债、中央银行债券（包括中央银行票据）和中央级金融机构发行的金融债券以及国务院批准的其他资金运用形式。

　　证券投资者保护基金的用途有两个：一是证券公司被撤销、关闭和破产或被中国证监会实施行政接管、托管经营等强制性监管措施时，按照国家有关政策规定对债权人予以偿付；二是国务院批准的其他用途。

　　【拓展思考】　对证券公司的分类监管

　　2007年6月27日，中国证监会发布实施《证券公司分类监管工作指引（试行）》的通知，启动证券公司首次评价与分类工作。分类监管思路是"以证券公司风险管理能力为基础，结合公司市场影响力"，在证券公司风险管理能力方面确定了证券公司资本实力、客户权益保护、合规管理、法人治理、内部控制和公司透明度6类共69个评价指标。根据证券公司风险管理能力评分的高低，将证券公司分为A（AAA、AA、A）、B（BBB、BB、B）、C（CCC、CC、C）、D、E 5大类11个级别。目前，所有证券公司的分类评审工作已基本完成。此次104家证券公司分类评审结果呈现两头小、中间大的格局，被评为A类的公司仅17家，B类和C类公司占了较大比重。其中，A类证券公司基本拥有现行所有业务牌照的申请资格，并分别视AAA、AA、A三个不同的级别予以考量。包括将来的证券公司直接股权投资等创新业务，都可能先在这一等级证券公司中试点。B 类证券公司则不能开展融资融券、QDII 等创新类业务。而 C、D 类证券公司业务可能主要局限于经纪业务。至于 E 类证券公司，由于公司潜在风险已经变为现实风险，因而被依法采取责令停业整顿、指定其他机构托管、接管等风险处置措施。例如监管部门根据分类结果实行差别比例要求证券公司缴纳投资者保护基金，那些风险控制好，市场影响力大的证券公司，缴纳投资者保护基金的比例低；相反，风险大，市场影响力小的证券公司，缴纳投资者保护基金的比例高。因此，对证券公司的分类监管一方面推动证券公司控制风险的能力，扩大市场影响力；另一方面，也会加剧行业内的分化重组，加速国内证券业整合，促进优势证券公司做大做强，提高本土证券公司的竞争力。

【法律法规链接】 《证券法》第 130、135 条；中国证监会于 2008 年 6 月 24 日修订、2008 年 12 月 1 日起施行的《证券公司风险控制指标管理办法》。

三、证券公司的自律

【基本理论】 证券公司自律的意义和内容

证券业是一个特殊的行业，专业性强、业务复杂，仅仅靠国家的监管还不足以全面维护证券市场的正常运行，还需要证券从业者的高度自律，进行自我约束、自我管理。如果说政府对证券业的监管是从外部行为角度来强制约束从业者的话，那么，"自律"就是要将这种"强制"转化为从业者"心甘情愿"依从的行为规则。如果有人违反"自律"要求，就必须被清理出局；让他再也没有机会来从事利润丰厚的证券业。

根据我国《证券法》第九章以及相关规定，证券业协会是证券业的自律性组织，它是社会团体法人，接受中国证监会和中华人民共和国民政部的业务指导、监督管理。依法设立的证券公司和基金管理公司应当加入证券业协会；依法设立并经中国证监会许可从事证券有关业务的金融资产管理公司、证券投资咨询机构、财务顾问机构、资信评级机构等证券服务机构，可以申请加入协会。证券交易所、证券登记结算机构、证券投资者保护基金、地方性证券社团组织等有关机构可以申请加入协会，成为证券业协会的特别会员。

证券业协会的权力机构为由全体会员组成的会员大会；设理事会；理事会成员依章程的规定由选举产生；证券业协会的章程由会员大会制定，并报国务院证券监督管理机构备案。

中国证券业协会的组织结构图：

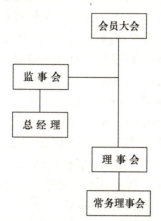

【实务指南】 证券业协会的职责：自律、服务、传导

《中国证券业协会章程》第 2 条规定："协会的宗旨是：在国家对证券业实行集中统一监督管理的前提下，进行证券业自律管理；发挥政府与证券行业间的桥梁和纽带作用；为会员服务，维护会员的合法权益；维持证券业的正当竞争秩序，促进证券市场的公开、公平、公正，推动证券市场的健康稳定发展。"在中国证券业协会的网站上有这样三句话："自律：自律是市场监管体系的有机组成部分，也是行业保护共同利益的必然要求"；"服务：协会的权威性和公信力应当依靠为会员的服务来赢得"；"传导：在政府与市场之间、行业与社会之间以及行业内部起到桥梁作用，是协会实行自律职能和服务职能的关键"。可见，"自律、服务、传导"是对中国证券业协会功能的精辟概括。

中国证券业协会 2007 年章程所载的协会职能包括以下三个层次：[1]

根据《证券法》的有关规定，行使下列职责：教育和组织会员遵守证券法律、行政法规；依法维护会员的合法权益，向中国证监会反映会员的建议和要求；收集整理证券信息，为会员提供服务；制定会员应遵守的规则，组织会员单位的从业人员的业务培训，开展会员间的业务交流；对会员之间、会员与客户之间发生的证券业务纠纷进行调解；组织会员就证券业的发展、运作及有关内容进行研究；监督、检查会员行为，对违反法律、行政法规或者协会章程的，按照规定给予纪律处分。

依据行政法规、中国证监会规范性文件规定，行使下列职责：制定自律规则、执业标准和业务规范，对会员及其从业人员进行自律管理；负责证券业从业人员资格考试、认定和执业注册管理；负责组织证券公司高级管理人员资质

---

[1] 参见中国证券业协会网站，2008 年 5 月 1 日访问。

测试和保荐代表人胜任能力考试，并对其进行持续教育和培训；负责做好证券信息技术的交流和培训工作，组织、协调会员做好信息安全保障工作，对证券公司重要信息系统进行信息安全风险评估，组织对交易系统事故的调查和鉴定；负责制定代办股份转让系统运行规则，监督证券公司代办股份转让业务活动和信息披露等事项；行政法规、中国证监会规范性文件规定的其他职责。

依据行业规范发展的需要，行使其他涉及自律、服务、传导的自律管理职责：推动行业诚信建设，督促会员依法履行公告义务，对会员信息披露的诚信状况进行评估和检查；制定证券从业人员职业标准，组织证券从业人员水平考试和水平认证；组织开展证券业国际交流与合作，代表中国证券业加入相关国际组织，推动相关资质互认；其他自律、服务、传导职责。

【拓展思考】　证券业协会的法律地位

中国证券业协会目前有四类正式会员：证券公司、基金管理公司、投资咨询公司和证券评级机构。会员都要遵守有关的自律规则。

自律也是一种管理。当代商业社会中，各种行业协会的作用都很大。在立法允许设立行业协会的前提下，行业协会有能力获得各种所需的信息，也有能力满足成员的各种要求，当然也有能力按照法律的要求对成员进行监管。这样在事实上就减少了国家对于商主体的直接管制，增加了商主体自我约束的主动性。中国证券业协会在法律地位上属于独立的社团法人，它是由证券公司参加的自律组织，也就是证券业的行业协会或商会。在该自律组织中，证券公司等会员享有一定的权利，也接受该协会在中国证监会统一监管前提下的直接管理。比较而言，如果说中国证监会的监管是一种来自外部的、带有行政色彩的监管的话，那么中国证券业协会的自律则是证券公司的内在的、自我的约束。证券业是一种高风险的特殊营业，从业者通过加入这种自律组织也获得了同行业的认同和话语权。

**【法律法规链接】　**《证券法》第九章"证券业协会"。

第三节　基金管理公司

一、证券投资基金概述

【基本理论】　证券投资基金的法律机理

基金是来自多数人的金钱的聚合，往往有固定的目的或用途。证券投资基金是一种利益共享、风险共担的集合证券投资方式，即通过发行基金单位，集中投资者的资金，由基金托管人托管，由基金管理人管理和运用资金，从事股票、债券投资，以获得投资收益和资本增值。

按照我国《证券投资基金法》第 2 条规定，在中华人民共和国境内，通过公开发售基金份额募集证券投资基金，由基金管理人管理，基金托管人托管，为基金份额持有人的利益，以资产组合方式进行证券投资活动，适用本法；本法未规定的，适用《中华人民共和国信托法》、《中华人民共和国证券法》和其他有关法律、行政法规的规定。资产的组合包括封闭式基金、开放式基金、社保组合、企业年金、特定客户资产管理组合等。证券投资基金是一种长期投资工具，其主要功能是由专业基金管理人集合资金进行分散投资，使某些股票跌价造成的损失可以用其他股票涨价的盈利来弥补，因此能够有效地分散投资者的风险。

基金管理人如果能够成功募集基金，就可以将基金财产投资于上市交易的股票、债券和国务院证券监督管理机构规定的其他证券品种。基金份额持有人自己并不直接去买卖证券，而是由基金管理人用投资者的财产去进行证券投资，所以才称"证券投资基金"为间接的证券投资方式。从这种基金的成立基础来看，其运用的就是信托的原理：投资者基于对基金管理人的信任，才将自己的钱交给基金管理人来买卖证券。其中的基金管理人、基金托管人履行的是受托人职责；基金份额持有人按所持份额享受收益和承担风险，他既是委托人，也是收益人，因此相当于信托制度中的自益信托。基金财产来自投资者的投资，相当于信托财产，它独立于基金管理人和基金托管人的固有财产，基金管理人、基金托管人也不得将基金财产归入其固有财产。基金管理人、基金托管人因基金财产的管理、运用或者其他情形而取得的财产和收益，归入基金财产。基金管理人、基金托管人因解散、被依法撤销或者被依法宣告破产等原因进行清算的，基金财产不属于其清算财产。基金财产的债权，不得与基金管理人、基金托管人固有财产的债务相抵销；不同基金财产的债权债务，不得相互抵销。非因基金财产本身承担的债务，不得对基金财产强制执行。《证券投资基金法》还规定基金管理人、基金托管人管理、运用基金财产，应当恪尽职守，履行诚实信用、谨慎勤勉的义务。这种规定已经比较接近信托受托人的"受信义务"标准。可见，基金管理人和基金托管人共同承担了受托责任。证券投资基金运作的原理如图：

证券投资基金法律关系涉及三方主体，通过基金合同，围绕着基金财产将三者联结起来。

第一，基金管理人。证券投资基金的基金资产由专业的基金管理人负责管理。基金管理人在我国是基金管理公司，都配备大量的专业证券投资专家。基金管理公司的治理应当遵循基金份额持有人利益优先的基本原则。公司章程、规章制度、工作流程、议事规则等的制定，公司各级组织机构的职权行使和公司员工的从业行为，都应当以保护基金份额持有人利益为根本出发点。公司、股东以及公司员工的利益与基金份额持有人的利益发生冲突时，应当优先保障基金份额持有人的

第
二
章

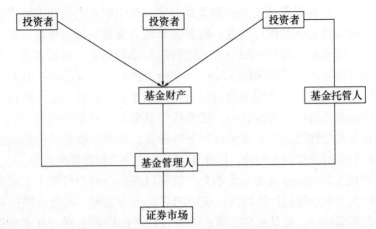

利益。基金管理人利润的来源主要是收取固定的基金管理费。《证券投资基金法》第 19 条规定基金管理人应当履行下列职责：①依法募集基金，办理或者委托经国务院证券监督管理机构认定的其他机构代为办理基金份额的发售、申购、赎回和登记事宜；②办理基金备案手续；③对所管理的不同基金财产分别管理、分别记账，进行证券投资；④按照基金合同的约定确定基金收益分配方案，及时向基金份额持有人分配收益；⑤进行基金会计核算并编制基金财务会计报告；⑥编制中期和年度基金报告；⑦计算并公告基金资产净值，确定基金份额申购、赎回价格；⑧办理与基金财产管理业务活动有关的信息披露事项；⑨召集基金份额持有人大会；⑩保存基金财产管理业务活动的记录、账册、报表和其他相关资料；⑪以基金管理人名义，代表基金份额持有人利益行使诉讼权利或者实施其他法律行为；⑫国务院证券监督管理机构规定的其他职责。

基金管理人不得有下列行为：①将其固有财产或者他人财产混同于基金财产从事证券投资；②不公平地对待其管理的不同基金财产；③利用基金财产为基金份额持有人以外的第三人牟取利益；④向基金份额持有人违规承诺收益或者承担损失；⑤依照法律、行政法规有关规定，由国务院证券监督管理机构规定禁止的其他行为。

基金被禁止用于以下目的：承销证券；向他人贷款或者提供担保；从事承担无限责任的投资；买卖其他基金份额，但是国务院另有规定的除外；向其基金管理人、基金托管人出资或者买卖其基金管理人、基金托管人发行的股票或者债券；买卖与其基金管理人、基金托管人有控股关系的股东或者与其基金管理人、基金托管人有其他重大利害关系的公司发行的证券或者承销期内承销的证券；从事内幕交易、操纵证券交易价格及其他不正当的证券交易活动以及由国务院证券监督管理机构规定禁止的其他活动。

第二，基金份额持有人。即基金购买人或投资者。证券投资基金是一种间接的证券投资方式，投资者是通过购买基金而间接投资于证券市场的。与购买股票相比，投资者并不享有对公司的管理权，而仅仅享有利润分配请求权，也可能承担基金投资所带来的损失。基金份额持有人的权利具体包括：①分享基金财产收益；②参与分配清算后的剩余基金财产；③依法转让或者申请赎回其持有的基金份额；④按照规定要求召开基金份额持有人大会；⑤对基金份额持有人大会审议事项行使表决权；⑥查阅或者复制公开披露的基金信息资料；⑦对基金管理人、基金托管人、基金份额发售机构损害其合法权益的行为依法提起诉讼；⑧基金合同约定的其他权利。

第三，基金托管人。基金托管人由依法设立并取得基金托管资格的商业银行担任。基金托管人与基金管理人不得为同一人，不得相互出资或者持有股份。基金托管人的责任包括安全保管基金财产；按照规定开设基金财产的资金账户和证券账户；对所托管的不同基金财产分别设置账户，确保基金财产的完整与独立；保存基金托管业务活动的记录、账册、报表和其他相关资料；按照基金合同的约定，根据基金管理人的投资指令，及时办理清算、交割事宜；办理与基金托管业务活动有关的信息披露事项；对基金财务会计报告、中期和年度基金报告出具意见；复核、审查基金管理人计算的基金资产净值和基金份额申购、赎回价格；按照规定召集基金份额持有人大会以及监督基金管理人的投资运作。

【实务指南】　证券投资基金的类型、基金的募集与信息披露

实务中常根据不同标准将投资基金划分为以下几类：

第一，根据基金的运作方式将其分为开放式基金和封闭式基金。这种分类也是我国《证券投资基金法》所规定的分类。采用开放式运作方式的基金（以下简称开放式基金），是指基金份额总额不固定，基金份额可以在基金合同约定的时间和场所申购或者赎回的基金。采用封闭式运作方式的基金（以下简称封闭式基金），是指经核准的基金份额总额在基金合同期限内固定不变，基金份额可以在依法设立的证券交易场所交易，但基金份额持有人不得申请赎回的基金。

投资者投资开放式基金的获利方式有两个：①净值增长。由于开放式基金所投资的股票或债券升值或获取红利、股息、利息等，导致基金单位净值的增长；而基金单位净值上涨以后，投资者卖出基金单位数时所得到的净值差价，也就是投资的毛利；再把毛利扣掉买卖基金时的申购费和赎回费用，就是真正的投资收益。②分红收益。根据国家法律法规和基金契约的规定，基金会定期进行收益分配。投资者获得的这部分分红也是获利的组成部分。开放式基金年收益率 =（年末基金净值 - 年初基金净值）/（年初基金净值 - 年初分红）×100％。封闭式基

金在证券交易所上市，投资者不可以向基金管理公司赎回，而只能在证券市场按市场价格转让。封闭式基金的发起人在设立基金时，事先确定发行总额，筹集到这个总额的80%以上时，基金即宣告成立，并进行封闭，在封闭期内不再接受新的投资。例如，在深交所上市的基金开元，于1998年设立，发行额为20亿基金份额，存续期限（封闭期）15年。也就是说，基金开元从1998年开始运作期限为15年，运作的额度20亿，在此期限内，投资者不能要求退回资金、基金也不能增加新的份额。

在交易方式方面，开放式基金的交易以基金单位的申购和赎回来体现。基金的申购程序包括开立账户、确定申购金额、支付款项、申购确认阶段。基金销售机构在接到客户的开户及申购请求后，要完成客户资料存档、确认付款、确认基金单位数等工作。基金赎回是基金申购的反向过程，即卖出基金单位收回现金。基金赎回过程与申购过程一样，投资者可以直接或通过代销机构向基金管理公司发出赎回指令，其中的主要工作有发出赎回指令、赎回价格基准、领取赎回款等。封闭式基金成立后，基金管理公司可以向证券交易所提出上市申请，经证券交易所批准挂牌交易，投资者可以像股票一样进行转让。我国的封闭式基金上市交易，与股票的交易方式有许多相似之处，具体包括开户、委托、成交、清算、交割、过户等环节。

在交易价格方面，开放式基金的交易价格决定于基金的资产净值，其价值是基金申购和赎回价格的总称，由基金管理公司每天根据资产净值计算申购与赎回价格，并对外公开报价，基金投资者依据公布的价格申购或赎回基金单位。封闭式基金交易价格除由基金资产净值决定外，还受市场供求关系的影响。封闭式基金在证券交易所上市交易后，基金买卖双方通过公开竞价的方式进行交易，由此形成的价格就是交易价格。

开放式基金和封闭式基金的区别如下表：

品种	规模的可变性	期　限	买卖途径	交易价格	交易费用
开放式	规模不固定	无固定期限	申购赎回通过基金公司或证券公司等代销机构，不上市交易	价格以基金单位对应的资产净值为基础	认购费、申购费、赎回费
封闭式	规模固定	一般5~15年	类似于股票，在交易所上市交易	由基金资产净值决定，受市场供求关系的影响	交易佣金

第二，根据组织形态的不同，投资基金可分为公司型投资基金和契约型投资基金。公司型投资基金是具有共同投资目标的投资者组成以营利为目的的股

份制投资公司，并将资产投资于特定对象的投资基金；契约型投资基金也称信托型投资基金，是指基金发起人依据其与基金管理人、基金托管人订立的基金契约，发行基金单位而组建的投资基金。我国《证券投资基金法》规定的开放式基金和封闭式基金都是契约型基金。

第三，根据投资风险与收益的不同，投资基金可分为成长型投资基金、收入型投资基金和平衡型投资基金。成长型投资基金是指把追求资本的长期成长作为其投资目的的投资基金；收入型基金是指以能为投资者带来高水平的当期收入为目的的投资基金；平衡型投资基金是指以支付当期收入和追求资本的长期成长为目的的投资基金。一家基金管理公司可能管理数只基金，在发售时都会说明自己的投资重点和倾向性，从而满足不同风险偏好的投资者需求。

第四，按照是否向社会不特定公众发行或公开发行证券的不同，投资基金可分为公募基金和私募基金。我国《证券投资基金法》中规定的开放式基金和封闭式基金都是向社会公众公开发行的公募基金。而私募基金的销售和赎回都是通过基金管理人与投资者私下协商来进行的，因此它又被称为向特定对象募集的基金。

第五，根据投资对象风险的不同，投资基金可分为股票基金、债券基金、货币市场基金、期货基金、期权基金、指数基金和认股权证基金等。股票基金是指以股票为投资对象的投资基金；债券基金是指以债券为投资对象的投资基金；货币市场基金是指以国库券、大额银行可转让存单、商业票据、公司债券等货币市场短期有价证券为投资对象的投资基金；期货基金是指以各类期货品种为主要投资对象的投资基金；期权基金是指以能分配股利的股票期权为投资对象的投资基金；指数基金是指以某种证券市场的价格指数为投资对象的投资基金；认股权证基金是指以认股权证为投资对象的投资基金。如 ETF（Exchange Traded Fund）是"交易型开放式指数证券投资基金"，又称"交易所交易基金"，是一种跟踪"标的指数"变化、且在证券交易所上市交易的基金。ETF 通常由基金管理公司管理，基金资产为一揽子股票组合，组合中的股票种类与某一特定指数（如上证 50 指数）包含的成份股票相同，股票数量比例与该指数的成份股构成比例一致。

	偏股型基金	指数基金	偏债型基金	货币市场基金
风险收益	高	较高	较低	低
适合人群	能承担相当风险，但没时间和精力进行股票投资，追求资本增值的投资者	有较强的大势研判能力，但选股能力相对较弱，追求市场整体价格水平上升带来的收益的投资者	厌恶风险，对本金的安全性要求较高的投资者	极度厌恶风险，对本金安全性和资产流动性要求都较高的投资者

第二章

基金的募集问题，可以从实体和程序两个方面来说明。募集基金首先需要合格的基金管理人、基金托管人。拟任基金管理人、基金托管人应具备下列条件：拟任基金管理人为依法设立的基金管理公司，拟任基金托管人为具有基金托管资格的商业银行；有符合中国证监会规定的、与管理和托管基金相适应的基金经理等业务人员；基金的投资管理、销售、登记和估值等业务环节制度健全，行为规范，不存在影响基金正常运作、损害或者可能损害基金份额持有人合法利益的情形；最近1年内没有因违法违规行为受到行政处罚或者刑事处罚；没有因违法违规行为正在被监管机构调查，或者正处于整改期间；不存在对基金运作已经造成或可能造成不良影响的重大变更事项，或者诉讼、仲裁等其他重大事项；不存在公司治理不健全、经营管理混乱、内部控制和风险管理制度无法得到有效执行、财务状况恶化等重大经营风险；拟任基金管理人前只获准募集的基金，基金合同已经生效，或者募集期限届满以及中国证监会根据审慎监管原则规定的其他条件。

拟募集基金应当具备的条件包括：有明确合法的投资方向；有明确的基金运作方式；符合中国证监会关于基金品种的规定；不与拟任基金管理人已管理的基金雷同；基金合同、招募说明书等法律文件草案符合法律法规和中国证监会的规定；基金名称表明基金的类别和投资特征以及中国证监会根据审慎原则规定的其他条件。

我国的《证券投资基金法》和其他相关立法规定了基金募集的程序。这些程序包括：

第一，申请。由基金管理人向中国证监会报送申请募集文件。文件主要包括：申请报告；基金合同草案；基金托管协议草案；招募说明书草案；基金管理人和基金托管人的资格证明文件；经会计师事务所审计的基金管理人和基金托管人最近3年或者成立以来的财务会计报告；律师事务所出具的法律意见书；中国证监会规定提交的其他文件。如申请期间申请资料涉及的事项发生重大变化的，基金管理人应当自变化发生之日起5个工作日内提交更新材料。

第二，由中国证监会核准。中国证监会应当自基金募集申请之日起6个月内作出予以核准或者不予以核准的决定；中国证监会根据审慎监管原则，可以组织专家评审会对基金募集申请进行评审。

第三，基金募集申请经中国证监会核准后，方可发售基金份额。基金份额的发售，由基金管理人负责办理；基金管理人可以委托经中国证监会认定的其他机构（如证券公司）代为办理；基金管理人应当自收到核准文件6个月内进行基金募集；基金募集期限自基金份额发售之日起不得超过3个月；基金管理人应当在基金份额发售的 3 日前公布招募说明书、基金合同及其他文件；基金募集期间募集的资金应当存入专门账户，在基金募集行为结束前任何人不得动用。

第四，基金募集期限届满，募集的基金份额总额符合法定条件的，基金管理人应当依法办理验资和基金备案手续。其中的"法定条件"为：封闭式基金募集的基金份额达到核准规模的 80% 以上，开放式基金募集的基金份额总额超过核定的最低募集份额总额（法定最低募集份额总额为不少于 2 亿份、基金募集金额为不少于 2 亿元人民币），并且基金份额持有人的人数不少于 200 人。中国证监会自收到基金管理人验资报告和备案材料之日起 3 个工作日内予以书面确认。自书面确认之日起，基金备案手续办理完毕，基金合同生效。基金管理人应当自收到确认文件的次日予以公告。

基金募集中的信息公开，是一个非常重要的问题，涉及投资者对基金的价值判断和权利保护。基金信息的披露主要包括以下三大类披露形式：

第一，基金募集信息的披露。基金募集信息披露是指基金发行人在基金募集过程中应当披露首次募集信息和存续期募集信息。其应披露的主要信息内容有：①基金合同。基金合同是约定基金管理人、托管人和基金份额持有人的法律协议。基金合同主要包含了以下两部分信息：基金投资和基金运作信息，如基金运作方式，基金发售、交易、申购、赎回事项，基金财产的投资方向和投资限制等；特别事项，如基金当事人的权利与义务，基金持有人大会，基金合同终止的事由、程序以及基金财产清算等。②基金招募说明书。基金招募说明书是基金管理人制作的，就本次基金募集的相关事宜作出说明的规范性文件。招募说明书包括了以下信息：基金管理人、基金托管人情况，基金运作方式，基金份额的发售、交易、申购、赎回等约定，基金投资目标、投资范围、投资策略、业绩比较基准、风险收益特征、投资限制等，基金风险提示等。③基金托管协议。基金托管协议是由基金管理人和基金托管人就基金财产的保管、相互监督等事项签订的协议。基金托管协议包括的信息有：基金管理人与基金托管人之间的相互监督和核查，及有关基金持有人的利益事项等。

基金募集信息应当按法定要求披露，如基金管理人应当在募集申请核准后、基金份额发售 3 日前，将基金招募说明书、基金合同摘要登载在指定报刊和网站；应当就基金份额的具体发售事宜编制基金份额发售公告，并在披露招募说明书的当日登载在指定的报刊和网站；应当在基金合同生效的次日在指定报刊和网站登载基金合同生效公告。

第二，基金运作信息的披露。基金运作信息披露是指基金合同生效后至基金合同终止前，有关信息披露义务人应披露的上市交易、投资运作、经营业绩等信息。主要内容包括：基金净值公告，基金季度报告，基金半年度报告，基金年度报告，基金上市交易公告书等。对基金运作信息披露的法定要求是：①基金份额获准在交易所上市交易的，基金管理人应当在基金份额上市交易的3个工作日前，将基金份额上市交易公告书登载在指定报刊和网站。②开放式基金的基金合同生效后，在开始办理基金份额申购或者赎回前应当至少每周公告一次基金资产净值和基金份额净值。应当在每个开放日的次日，披露开放日基金份额净值和基金份额累计净值。③基金管理人应当在每年结束之日起90日内，编制完成基金年度报告；在上半年结束之日起60日内，编制完成基金半年度报告；在每个季度结束之日起15个工作日内，编制完成基金季度报告。有关报告登载在指定报刊或网站。

第三，基金临时信息的披露。基金临时信息披露是指在基金存续期，当发生重大事件或误导性信息，可能对基金持有人权益或基金份额价格产生重大影响时，基金信息披露义务人应披露的临时报告或澄清公告。重大事件包括：基金份额持有人大会的召开；提前终止基金合同；基金扩募；延长基金合同期限；转换基金运作方式；更换基金管理人、基金托管人；基金募集期延长；重大关联交易事项；基金收益分配事项等。

【实务指南】　　中国证券投资基金的实践发展

1991年8月珠海国际信托投资公司发起设立了我国最早的投资基金——珠信基金。同年10月武汉证券投资基金和深圳南山风险投资基金分别在武汉和深圳成立。而淄博乡镇企业投资基金则成为由中国人民银行总行于1992年11月批准的第一家较规范的投资基金。该基金为公司型封闭式基金，募集规模为1亿元人民币，其中60%投向淄博的乡镇企业，40%投向上市公司。淄博基金的出现，启动了我国早期的基金募集实践，截至1997年底共设立基金75支，筹资规模达58亿元人民币。早期的基金募集实践缺乏可遵循的法律规范和行业规则；也不是典型的证券投资基金，很多基金不仅投资证券，还同时投资实业；并且基金规模过小，抗风险能力和风险控制能力普遍较弱。

1997年11月14日经国务院批准，国务院证券委颁布了《证券投资基金管理暂行办法》。该《暂行办法》虽然规定"基金发起人可以设立开放式基金，也可以设立封闭式基金"，但其主要条款均为对封闭式基金的规定。1998年经中国证监会批准，新成立的南方基金管理公司和国泰基金管理公司分别发起设立了规模为20亿元的两只封闭式基金，分别叫"基金开元"和"基金金泰"，由此开始了我国封闭式基金的发展阶段。到2001年9月我国共有封闭式基金47只。

鉴于基金尚处于改革试点阶段，为了保持基金市场的稳定，实践中不允许发行开放式基金，而只能发行封闭式基金。此阶段由于基金市场要素还远未成熟，故基金并未获得长足的发展，特别是 2000 年所谓的"基金黑幕"被媒体揭露，基金运作中的一些违法违规行为因此曝光，更使基金的发展雪上加霜。[1]

2000 年 10 月 8 日中国证监会发布了《开放式证券投资基金试点办法》，2001 年 9 月我国第一只开放式基金——"华安创新"发行，标志着我国开放式基金的发行实践正式启动。开放式基金在 2004 年 6 月 1 日《证券投资基金法》生效以后，特别是 2006 年下半年股市发生巨大上涨行情以后获得了飞速的发展，到 2007 年 9 月 21 日，我国已批准设立基金管理公司 59 家，已发行基金 341 只，基金总规模约为 3.9 万亿份。[2] 此阶段不仅是我国的基金立法大力发展的阶段，同时也是我国基金发行超常发展阶段，表现在：①基金品种日益丰富，除股票基金外，债券式基金、货币式基金、上市开放式基金（LOF）、交易型开放式基金（ETF）等基金品种均陆续发行；②基金管理人迅速成为股票市场的重要机构投资者。据有关统计，2000 年末基金持股市值比例为 3.73%，但到 2007 年第三季度末基金持股市值比例达 30%；③基金发行受到社会公众异乎寻常的热捧，竟出现 400 亿的基金发行额度一天被抢购一空的极端情况，数据显示 2007 年 9 月已有 11 家基金管理公司管理的资产规模超千亿。

但是，基金业的发展也面临如下问题：①基金作为一种证券发行常态和集合理财工具尚未获得平稳健康的发展。目前我国基金的发行受到股票市场涨落的极大影响。当股票市场上涨时基金供不应求；而当股票市场下跌时，基金又无人问津。②基金发行仍受到较强的行政控制。由于实行基金发行的核准制度，故基金发行的节奏不是由市场调节而是由政府调节。当股市上涨过快时，证券监管机构往往暂停审批新基金发行；而当股市低迷时，又会加速新基金的发行。这种对基金发行节奏的行政性调节，虽有其一定的积极意义，但从长远来看不利于基金市场发行机制的培育。③基金产品创新仍显不足。目前所发行的基金还限于契约型的公募基金。也就是说公司型基金和私募基金尚未得到立法的确认。这就导致基金投资风格趋同，基金同质化严重。许多基金管理人推出的新基金只是名称不同，投资风格并无实质区别，甚至有的基金管理人推出的是基金的复制和分拆。④影响基金发行的其他消极因素依然存在。目前我国基金发

---

[1] 例如，《财经》2000 年 10 月号发表了"基金黑幕——关于基金行为的研究报告解析"一文。文章对基金的一些违法违规行为，如"对倒"、"倒仓"、"净值游戏"等进行了披露和解析，引起了社会对基金违法违规行为的极大关注。

[2] 周斌："十年三万亿——中国基金变更三重奏"，载《21 世纪经济报道》2007 年 10 月 15 日。

展中的各种制度性缺陷还不同程度地影响着基金的有效发行。如基金违规操作问题，基金管理人的治理问题，基金经理的诚信问题，基金份额持有人的利益保护问题，基金管理人的监管问题等。

【拓展思考】　基金管理人的投资决策

按照证券投资基金的原理，这种投资方式中最富有吸引力和最有优势的地方是由专业的理财专家来投资，从而避免普通投资者因知识经验欠缺带来的损失。但是证券投资基金法并没有如信托原理那样，抽象地要求受托人尽到较高的注意义务，而是制定了详细的、对基金管理人投资决策的要求。例如在2008年3月2日中国证监会发布的《证券投资基金管理公司公平交易制度指导意见》中，为了避免同一公司管理的不同投资组合受到不公平对待，保护投资者合法权益，就要求证券投资基金管理公司提高投资决策的科学性和客观性，确保各投资组合享有公平的投资决策机会，建立公平交易的制度环境。基金管理公司应将投资管理职能和交易执行职能相隔离，实行集中交易制度，建立和完善公平的交易分配制度，确保各投资组合享有公平的交易执行机会。如果投资风格相似的不同投资组合对于同一证券有相同的交易需求，公司应保证这些投资组合在交易时机上的公平性，以获得相同或相近的交易价格。

【法律法规链接】　《证券投资基金法》第一章"总则"，第二章"基金管理人"，第三章"基金托管人"，第四章"基金的募集"，第五章"基金份额的交易"，第六章"基金份额的申购与赎回"，第七章"基金的运作与信息披露"，第八章"基金合同的变更、终止与基金财产清算"，第九章"基金份额持有人权利及其行使"。

二、基金管理公司的设立

【基本理论】　基金管理公司的设立条件和公司治理

担任基金管理人，应当经国务院证券监督管理机构核准。基金管理人由依法设立的基金管理公司担任。一个基金管理公司可能管理数只基金，在每只基金中，基金管理公司都是基金管理人，一般会委派基金经理负责某只基金的具体运作。

设立基金管理公司，应当具备下列条件，并经国务院证券监督管理机构批准：①有符合《中华人民共和国证券投资基金法》和《中华人民共和国公司法》规定的章程。②注册资本不低于1亿元人民币，且必须为实缴货币资本，股东必须以货币资金实缴出资，境外股东应当以可自由兑换货币出资。③有符合条件的股东和主要股东。基金管理公司的主要股东是指出资额占基金管理公司注册资本的比例最高，且不低于25%的股东。要求主要股东从事证券经营、证券投资咨询、信托资产管理或者其他金融资产管理；注册资本不低于 3 亿元人民币；具有较好的经营业绩，资产质量良好，持续经营 3 个以上完整的会计年度，公司治理健全，内部监控制度完善；没有挪用客户资产等损害客户利益的行为；没有因违法违规行为正在被监管机构调查；具有良好的社会信誉，最近 3 年在税务、工商等行政机关，以及金融监管、自律管理、商业银行等机构无不良记录。基金管理公司除主要股东外的其他股东，注册资本、净资产应当不低于 1 亿元人民币且资产质量良好，其他的条件要求与主要股东相同。④取得基金从业资格的人员达到法定人数。有符合法律、行政法规和中国证监会规定的拟任高级管理人员以及从事研究、投资、估值、营销等业务的人员，拟任高级管理人员、业务人员不少于 15 人，并应当取得基金从业资格。⑤有符合要求的营业场所、安全防范设施和与基金管理业务有关的其他设施。⑥有完善的内部稽核监控制度和风险控制制度。⑦法律、行政法规规定的和经国务院批准的国务院证券监督管理机构规定的其他条件。在基金管理公司的存续期间，上述条件必须得到维持，否则将被中国证监会责令整顿，或者取消基金管理资格。[1]

申请设立基金管理公司，申请人应当按照中国证监会的规定报送设立申请材料。主要股东应当组织、协调设立基金管理公司的相关事宜，对申请材料的真实性、完整性负主要责任。中国证监会依照《行政许可法》和《证券投资基金法》第 14 条第 1 款的规定，受理基金管理公司设立申请，并进行审查，作出决定。中国证监会审查基金管理公司设立申请，可以采取下列方式：①征求相关机构和部门关于股东条件等方面的意见；②采取专家评审、核查等方式对申请材料的内容进行审查；③自受理之日起 5 个月内现场检查基金管理公司设立准备情况。中国证监会批准设立基金管理公司的，申请人应当自收到批准文件之日起 30 日内向工商行政管理机关办理注册登记手续；凭工商行政管理机关核发的《企业法人营业执照》向中国证监会领取《基金管理资格证书》。中外合资基金管理公司还应当按照法律、行政法规的规定，申领《外商投资企业批准证书》，并开设外汇资本金账户。基金管理公司应当自工商注册登记手续办理完毕之日起 10 日内，在中国证监会指定的报刊上将公司成立事项予以公告。

基金管理公司应当具备完善的公司治理结构，必须设立股东会和董事会，可以设立监事会或执行监事。基金管理公司还应当建立独立董事制度，独立董事应当保证独立性，以基金份额持有人利益最大化为出发点，对基金财产运作

---

[1] 《中华人民共和国证券投资基金法》第 21 条："国务院证券监督管理机构对有下列情形之一的基金管理人，依据职权责令整顿，或者取消基金管理资格：①有重大违法违规行为；②不再具备本法第 13 条规定的条件；③法律、行政法规规定的其他情形。"

等事项独立作出客观、公正的专业判断，不得服从于某一股东、董事和他人的意志。独立董事的人数和比例应当符合中国证监会的有关规定。股东应当依法严格履行出资义务，不得以任何方式虚假出资、抽逃或者变相抽逃出资，不得以任何形式占有、转移公司资产。股东不得要求公司为其提供融资、担保及进行不正当关联交易，公司不得直接或者间接为股东提供融资或者担保。股东应当直接持有公司股权，不得为其他机构和个人代为持有股权，不得委托其他机构和个人代为持有公司股权。股东应当审慎审议、签署股东协议、公司章程等法律文件，按照约定认真履行义务，履行对公司和其他股东的诚信义务。股东转让股权，受让方应当是实际出资人，股东和受让方均不得通过信托、托管、质押、秘密协议、代为持有等形式转让或者变相转让股权。基金管理公司股权转让期间，董事会和管理层应当依法履行职责，恪尽职守，对股权转让期间风险防范作出安排，保证公司正常经营，基金份额持有人利益不受损害。为了避免基金管理公司股东变动过于频繁，按照有关规定，出让基金管理公司股权未满3年的机构，证监会不受理其设立基金管理公司或受让基金管理公司股权的申请。董事应当关注公司经营状况，对监督公司合规运作负有勤勉尽责义务。较为特殊的是，基金管理公司还应当设立督察长，负责监督检查基金和公司运作的合法合规情况及公司内部风险控制情况，行使法律、行政法规及中国证监会和公司章程规定的职权。督察长履行职责，应当坚持原则、独立客观，以保护基金份额持有人利益为根本出发点，公平对待全体投资人。[1]

【实务指南】　　基金管理人的风险控制

基金在投资运作过程中可能面临各种风险，既包括市场风险，也包括基金自身的管理风险、技术风险和合规风险等。例如巨额赎回风险是开放式基金所特有的一种风险，即当单个交易日基金的净赎回申请超过基金总份额的10%时，投资人将可能无法及时赎回持有的全部基金份额。不过，如同立法要求证券公司按照一定的财务指标建立风险控制制度一样，对基金管理人也要求其建立完善的风险管理制度。

基金管理公司应当每月从基金管理费收入中计提风险准备金，计提比例不低于基金管理费收入的5%。风险准备金余额达到基金资产净值的1%时可以不再提取。风险准备金使用后余额低于基金资产净值1%的，基金管理公司应当继续提取，直至达到基金资产净值的1%。风险准备金用于赔偿因基金管理公司违法违规、违反基金合同、技术故障、操作错误等给基金财产或者基金份额持有

〔1〕　参见中国证监会2006年6月15日施行的《证券投资基金管理公司治理准则（试行）》。

人造成的损失，以及证监会规定的其他用途。风险准备金不足以赔偿上述损失的，基金管理公司应当使用其他自有财产进行赔偿。基金管理公司应当从本公司所管理基金的基金托管银行中选定一家开立风险准备金专户，用于风险准备金的存放与支付，并在开立后2个工作日内报告证监会。基金管理公司应当建立风险准备金管理制度，对风险准备金的提取、划转、使用、支付等方面的程序进行规定，经董事会批准后，报证监会备案。基金管理公司应当将风险准备金专户及风险准备金的提取、划转等程序告知相关基金托管银行。相关基金托管银行应当于每月支付基金管理公司管理费用的同时，将计提的风险准备金划入各公司的风险准备金专户。专户托管行不应对风险准备金收取托管费用。风险准备金由基金管理公司进行管理，可以投资于国债等高流动性低风险的资产。风险准备金产生的利息收入和投资损益，应纳入风险准备金管理。风险准备金被人民法院依法查封、扣押、冻结或强制执行的，基金管理公司和专户托管行应当立即报告证监会。由此影响风险准备金的使用或者风险准备金减少的，基金管理公司应在5个工作日内予以补足。基金管理公司发生需要支付风险准备金的情形时，应当告知相关基金托管银行并由其进行复核，由专户托管行办理，并在使用风险准备金后2个工作日内将相关情况书面报告证监会，在监察稽核报告中予以说明。风险准备金专户托管行应当对基金管理公司提取、管理和使用风险准备金进行监督，确保风险准备金存放安全、使用符合程序。基金管理公司、专户托管行应当于每年1月20日前向证监会提交上一年度的风险准备金提取、管理和使用的专项报告。基金管理公司解散、清算和终止时，风险准备金余额按照基金管理公司的资产处置。对没有按照规定提取或使用风险准备金的基金管理公司，证监会可以采取相应监管措施。

【拓展思考】　对基金管理公司的监管

依信托原理构造的基金管理人、基金托管人和基金份额持有人之间的关系，要求基金管理人、基金托管人运用基金财产时应当恪尽职守，履行诚实信用、谨慎勤勉的义务。法律对基金管理公司的监管，目前已经涵盖基金管理公司的设立、变更和终止的动态过程，以及基金管理公司的治理结构、风险控制和具体营业行为。如果基金管理公司违反法律、行政法规、中国证监会的规定或者存在较大经营风险的，中国证监会可以责令其整改，暂停办理相关业务；对直接负责的主管人员和其他直接责任人员，可以采取监管谈话、出具警示函、记入诚信档案、暂停履行职务、认定为不适宜担任相关职务者等行政监管措施。

除了对基金管理公司进行行为约束，监管还包括要求基金从业人员依法取得基金从业资格，遵守法律、行政法规，恪守职业道德和行为规范。

应当说，基金财产是一种典型的目的财产，应当按照基金份额持有人利益最大化的原则用于投资上市交易的股票、债券和国务院证券监督管理机构规定的其他证券品种。围绕着这个目的，对基金管理公司形成了一系列严密的监管制度，要求基金管理公司承担相当重的信息公开义务。

【法律法规链接】　《证券投资基金法》第二章"基金管理人"，中国证监会于 2006 年 6 月 15 日起施行的《证券投资基金管理公司治理准则（试行）》。

三、私募基金管理人的法律问题

【基本理论】　私募基金的含义和地位

私募基金是相对于公募基金的、向特定对象发行的基金。与公募基金相比，私募基金最大的特点首先在于按非公开方式发行，购买私募基金的是特定的机构、单位或个人；而公募基金则是面向社会不特定人的、采用广告等公开媒体来招徕客户。正是由于这种非公开方式的募集方法，对于私募基金的购买人往往存在比较高的要求，人数也比较少，一般不超过 200 人，而不是像公募基金那样根本不限制购买人的资质和数量。私募基金管理人自己也购买一定的基金份额，从而形成与购买人的风险共担局面，也可以说私募基金管理人与购买人存在一定的人身信任性，这种信任比公募基金中的信任程度要高。私募基金受到的监管比较少，公募基金从发行到基金管理人都存在严格的监管措施。

目前，私募基金按基金的投向大体分为私募证券投资和私募股权投资。私募证券投资是将基金用于在证券交易市场已经上市的股票以及其他金融衍生工具的投资；私募股权投资则是通过定向募集，将资金投向未上市的公司。私募基金大多运用了有限合伙的原理。基金管理人是普通合伙人，他不仅负责基金的管理事项，本身也出资，例如出资 1%，再加上期权激励，大约能拿到 20% 的收益，同时基金管理人还承担无限连带责任；投资者投资 99%，承担有限责任，但不参与管理，最后能拿到总收益的 80%。这种权力结构既满足了投资者获得较高回报和较低风险的需求，又使基金管理人的个人才华得到彰显和丰裕的物质回报。正如德国学者所指出的，经济生活中的有限合伙吸引人的地方在于，它可以使人们成为只负有限责任的合伙人，尽管由于这个原因，有限合伙的信用度要普遍低于普通商事合伙。[1]

【实务指南】　我国的私募基金及法律控制

近年来，中国私募基金的发展非常迅速，成功的案例也很多。据报道，我

---

〔1〕　［德］罗伯特·霍恩等：《德国民商法导论》，楚建、谢怀栻译，中国大百科全书出版社 1996 年版，第 275 页。

国国内现有私募基金性质的资金总量至少在 2 000 亿元以上，其中大多数已经运用美国相关的市场规定和管理章程进行规范运作，并且聚集了一大批业界精英和经济学家。私募基金在未来的发展潜力很大。

但是，如同资本市场上的其他投资方式一样，私募基金同样存在很大的经营风险。私募证券投资是将基金用于在证券交易市场的证券以及其他金融衍生工具的投资，在我国证券市场发展早期，民间的私募证券投资基金成了"庄家"的代称，这种基金至今也没有取得合法的地位；不过基金公司和证券公司并没有被禁止从事私募证券业务，而是走向了规范化的道路。例如 2006 年，证监会下发了有关专户理财试点办法征求意见稿，规定基金公司为单一客户办理特定资产管理业务的，每笔业务的资产不得低于 5 000 万元，基金公司最多可从所管理资产净收益中分成 20%。由于专户理财只向特定客户开放，且有进入门槛、不能在媒体上具体推介，事实上就如同基金公司的私募证券业务。2008 年 7 月 1 日施行的《证券公司定向资产管理业务实施细则（试行）》和《证券公司集合资产管理业务实施细则（试行）》也允许证券公司以自有资金参与集合计划，不过应当符合法律、行政法规和中国证监会的规定，获得公司股东会、董事会或者其他授权程序的批准。证券公司参与一个集合计划的自有资金，不得超过计划成立规模的 5%，并且不得超过 2 亿元；参与多个集合计划的自有资金总额，不得超过证券公司净资本的 15%。集合计划存续期间，证券公司不得收回参与的自有资金。据了解，全国有 54 家证券公司取得证券资产管理业务许可，17 家证券公司试点开展了集合资产管理业务，20 家证券公司开展了定向资产管理业务。截至 2008 年 4 月底，中国证监会批准设立了 35 只集合资产管理计划，其中 4 只集合计划到期清算，存续的 31 只集合计划受托金额 619 亿元；定向资产管理业务受托金额 205 亿元。

私募股权投资则是以私募基金形成基金资产，交由基金托管人托管和基金管理人管理，由基金管理人对非上市的企业进行投资，投资者按其出资份额分享投资收益，承担投资风险。私募股权基金一般有 3～5 年的投资期限，非常适宜于对中小企业的风险投资，能切实解决这些非上市企业的融资需求。其操作方法为：先选择成长性好、有上市可能的企业投资，待该企业上市之后，私募股权基金则通过转让股权而获利退出。私募股权投资也可以投资其他项目，例如专门用于上市公司收购。私募基金不像公募基金那样受到严格监管，而是更看中当事人之间的协议，有比较大的自由度；投资也比较隐秘，获利机遇大。私募股权基金在国际上已经有 30 多年的发展历史，是仅次于银行贷款和上市融资的重要融资方式，比较著名的私募股权公司（机构）包括黑石、KKR、凯雷、高盛等。

2006 年我国《合伙企业法》修改时，"为鼓励推动风险投资事业发展，草案增加'有限合伙的特殊规定'一章，主要规定了有限合伙人的权利与义务，有限合伙的事务执行，以及有限合伙不同于普通合伙的特殊规定等内容。"该法专门规定的"有限合伙企业"，为境内私募股权投资基金的发展提供了基础性的法律框架。[1] 具体包括：

第一，立法认可了有限合伙的合法地位。《合伙企业法》第 2 条规定："本法所称合伙企业，是指自然人、法人和其他组织依照本法在中国境内设立的普通合伙企业和有限合伙企业。……有限合伙企业由普通合伙人和有限合伙人组成，普通合伙人对合伙企业债务承担无限连带责任，有限合伙人以其认缴的出资额为限对合伙企业债务承担责任。"因此，私募基金可以采用有限合伙这种组织形式来组建。不过，由于我国欠缺民商事合伙的区分，现行《合伙企业法》（第 9 条）对有限合伙的定位仍是一种需要经过商业登记的商事"企业"，这似乎并没有为私募基金进行最准确的定位；私募基金其实更接近于民法中的有限合伙合同。

第二，有限合伙中的合伙人有合法的利益实现机制和退出机制。《合伙企业法》第 69 条规定："有限合伙企业不得将全部利润分配给部分合伙人；但是，合伙协议另有约定的除外。"如果私募股权基金采取有限合伙形式，那么当事人可以通过订立合伙协议约定合伙人取得全部的投资利润。此外还可以约定多种退伙途径，从而为合伙人设立了充足、便利的退出机制。

第三，仅合伙人缴纳所得税，合伙企业并不缴纳所得税。《合伙企业法》第 6 条规定："合伙企业的生产经营所得和其他所得，按照国家有关税收规定，由合伙人分别缴纳所得税。"因此，以有限合伙方式来设立私募基金，就比公司制的私募基金要经济。

第四，允许法人和其他组织成为有限合伙人。《合伙企业法》第 3 条规定："国有独资公司、国有企业、上市公司以及公益性的事业单位、社会团体不得成为普通合伙人。"因此，未被限制的公司和其他组织都可以作为有限合伙人投资私募股权基金。

当然，也正如学者所指出，以有限合伙来规范私募股权投资，还是一种比较理想化的思路。现实中还需要国家风险投资政策、多层次资本市场的建立、

---

[1] 李建伟："私募股权投资基金的中国发展路径与有限合伙制度"，载《公司法评论》2006 年第 4 期，人民法院出版社 2007 年版，第 45～49 页。

基金托管制度以及有限合伙的登记制度等相关措施的配合。[1]

【拓展思考】 私募基金的意义

私募基金的用途实际非常广泛。我们已经不能将私募基金中的"私"仅仅理解为"私下"或非法。"私"的准确含义是非公开或定向募集基金。私募基金将有三个发展方向：①有创投背景的私募基金可转型为风险投资基金，即投资于成长性好的中小企业；②纯投机型的私募基金将向对冲基金的方向转变，这主要指前述私募证券基金；③专门用于上市公司收购的私募基金，目的是获得上市公司的控制权。私募基金的管理人受到的外部监管比较少，也无须承担繁重的信息公开义务，因此投资者获得的法律保障将更多来自于对基金管理人的信任和相互间协议的约束。这种协议的约束，更深刻体现了私法自治的效能，特别是商业社会诚实信用原则的意义。当然，对于私募基金的发展，同样需要来自法律的、外在的规范。

【法律法规链接】 中国证监会于2008年7月1日起施行的《证券公司定向资产管理业务实施细则（试行）》和《证券公司集合资产管理业务实施细则（试行）》，《中华人民共和国合伙企业法》第二章第六节"特殊的普通合伙企业"。

案例点评

一、德恒证券的行政托管

经中国证监会认定，德恒证券有限公司在经营过程中存在挪用客户交易结算资金、挪用客户托管国债进行回购、透支、制作虚假的交易记录、超范围经营等行为，且性质严重，严重违反了我国《证券法》的规定。中国证监会2005年8月5日下令取消德恒证券的证券业务许可，并责令关闭。

早在2004年5月，德恒证券的风险集中爆发后，中国证监会就作出了《关于委托中国华融资产管理公司托管经营德恒、恒信、中富证券有限责任公司的决定》，并要求协调各方密切合作，全力维护德恒证券各个营业部经营活动的正常开展，很快就完成了托管工作的交接，维护了证券市场的稳定。托管组、清算组均由华融公司担任。2006年底清算工作完成。

2007年，中国证监会同意华融证券股份有限公司筹建方案，2007年9月华融证券正式成立。2007年12月20日，华融证券公司在《中国证券报》上刊发

---

[1] 李建伟："私募股权投资基金的中国发展路径与有限合伙制度"，载《公司法评论》2006年第4期，人民法院出版社2007年版，第49页。

《对华融证券股份有限公司接收的原德恒证券有限责任公司、原恒信证券有限责任公司不合格账户清理及处置公告》，称"根据 2007 年 5 月 25 日中国证监会《关于同意德恒证券有限责任公司证券类资产转让方案函》（证监发〔2007〕70号），德恒证券有限责任公司清算组将德恒证券名下的证券类资产转让给华融证券。此次证券类资产转让对在原德恒证券营业网点进行证券投资的正常经纪类客户不产生影响"，并对有关不合格账户进行规范管理。

本案背景比较复杂，德恒证券的前身是 2000 年成立的重庆证券，后被德隆系操纵，从事了一系列包括非法吸储在内的违法行为。德隆危机爆发后，德恒证券因违法行为导致被行政关闭，之后由中国证监会组织的行政托管、行政清算都很好地维护了客户的利益。德隆系同时还操纵数家上市公司，影响很大；后来通过艰难的资产重组，基本都摆脱了困境。而华融资产管理公司也完成了早期作为国有资产管理公司向综合金融公司的转型。

二、对唐建违法行为的行政处罚

中国证监会 2008 年 4 月 8 日作出行政处罚决定书，认定以下事实：2006 年 3 月，唐建任职上投摩根研究员兼阿尔法基金经理助理，在执行职务活动，向有关基金二级股票池和阿尔法基金推荐买入"新疆众和"股票的过程中，使用自己控制的中信建投证券上海福山路营业部（以下简称福山路营业部）"唐金龙"证券账户先于阿尔法基金买入"新疆众和"股票，并在其后连续买卖该股。期间，唐建还利用职务权限，多次查询上投摩根阿尔法基金投资"新疆众和"股票的信息，充分掌握了该基金的投资情况。截至 2006 年 4 月 6 日全部卖出前，"唐金龙"证券账户累计买入"新疆众和"股票 60 903 股，累计买入金额 76.49 万元；全部卖出所得金额 105.45 万元，获利 28.96 万元。此外，2006 年 4 月至 5 月，唐建还利用福山路营业部"唐金龙"资金账户下挂的"李成军"证券账户、东方证券上海浦东南路营业部"李成军"证券账户连续买卖"新疆众和"股票的机会，为自己及他人非法获利 123.76 万元。

中国证监会认为，唐建利用职务便利，通过"唐金龙"及其关联证券账户多次交易"新疆众和"股票并获利的违法行为成立，并对唐建作出如下处罚：取消唐建基金从业资格；没收唐建违法所得 152.72 万元，并处 50 万元罚款。

对于本案需注意，在证券投资基金活动中，基金管理人与基金份额持有人之间是一种信托关系，基金管理人及其基金从业人员对基金和基金份额持有人负有忠实义务，必须恪尽职守，履行诚实信用、谨慎勤勉的义务，不得从事利益冲突的行为，不得将自身利益置于基金财产和基金份额持有人的利益之上，更不得在执行职务或办理业务过程中利用所处地位或优势牟取私利。

第3章

证券的发行

内容摘要　证券发行是发行人作成证券并交付给相对人的行为。证券承销是证券发行中重要的发行方式，保荐制度是某些证券发行中必须采用的制度。保荐人承担法定的职责。不同的发行方式需要不同的条件和程序，不同类型的证券在发行和程序方面也有所不同。法律法规对于证券发行条件的规定是为了执行证券市场的准入制度，而程序的控制则是为了贯彻信息公开原则，以确保投资者的利益得到维护。

第一节　证券发行

一、证券发行方式概述

【基本理论】　证券发行的类型

证券发行是指发行人以筹集资金或者调整股权为目的，作成证券并交付于相对人的行为。证券发行的类型比较丰富，不同的发行方式所引起的法律关系是不同的。各种发行方式在证券法中都有相当重要的实际意义。

按照发行证券的类型可以将证券发行分为股票的发行、公司债券的发行和其他证券的发行。我国《证券法》第2条第1款规定："在中华人民共和国境内，股票、公司债券和国务院依法认定的其他证券的发行和交易，适用本法；本法未规定的，适用《中华人民共和国公司法》和其他法律、行政法规的规定。"对于政府债券和证券投资基金份额的发行并不适用证券法，而是有专门的法规或法律，但政府债券、证券投资基金份额的上市交易适用《证券法》。中国证监会对于不同的证券规定了不同的发行规则。

按照证券发行的阶段可以将证券发行分为设立发行和增资发行。设立发行是指为了设立公司而发行证券，例如《证券法》第12条规定的"设立股份有限公司公开发行股票"；增资发行是指已经成立的股份有限公司为追加资本而发行股份，也称新股发行，如《证券法》第13条和第14条规定的"公司公开发行新股"。增资发行包括向原股东派发股票（配股）和向社会公众投资者发售新股票（增发）。增资发行的目的很灵活，有的是为了扩大生产经营需要，有的是为了分配利润，有的是为了改变公司的股权结构。增资发行也是上市公司在证券市场上持续融资的方式。

　　按照证券发行价格和证券票面金额的关系可以将证券发行分为平价发行、溢价发行。《证券法》第 34 条规定："股票发行采取溢价发行的，其发行价格由发行人与承销的证券公司协商确定。"

　　按照发行对象可以将证券发行分为公开发行和非公开发行，这是证券法中非常重要的证券发行类型。证券公开发行是指以社会上的公众投资者或 200 人以上的特定者为发行对象。公开发行证券受到证券法和中国证监会的严格监管，未经核准不得进行。我国《证券法》第 10 条规定，公开发行证券，必须符合法律、行政法规规定的条件，并依法报经国务院证券监督管理机构或者国务院授权的部门核准；未经依法核准，任何单位和个人不得公开发行证券。至于公开发行的情形，则应当符合以下情形之一：①向不特定对象发行证券；②向累计超过 200 人的特定对象发行证券；③法律、行政法规规定的其他发行行为。非公开发行指以 200 人以下的特定投资者为发行对象。非公开发行证券，不得采用广告、公开劝诱和变相公开方式。如图所示：

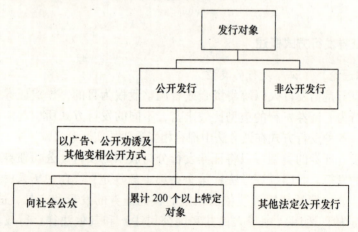

　　按照发行是否借助于证券中介机构可以将证券发行分为直接发行和间接发行。前者是指不通过证券承销机构而由自己承担发行事务和风险的发行方式，例如发行人直接向现有股东发行股票，债券直接向特定投资人出售等；后者系通过证券承销机构发行证券的方式，即证券承销，可以分为证券代销和证券包销。《证券法》第 28 条规定："发行人向不特定对象公开发行的证券，法律、行政法规规定应当由证券公司承销的，发行人应当同证券公司签订承销协议。证券承销业务采取代销或者包销方式。证券代销是指证券公司代发行人发售证券，在承销期结束时，将未售出的证券全部退还给发行人的承销方式。证券包销是指证券公司将发行人的证券按照协议全部购入或者在承销期结束时将售后剩余证券全部自行购入的承销方式。"第 32 条规定："向不特定对象公开发行的证券票面总值超过人民币5 000万元的，应当由承销团承销。承销团应当由主承销和参与承销的证券公司组成。"第 33 条规定："证券的代销、包销期限最长不得超过 90 日。证券公司在代销、包销期内，对所代销、包销的证券应当保证先行出售给认购人，证券公司不得为本公司预留所代销的证券和预先购入并留存所包销的证券。"在我国，除了向社会公众公开首次发行股票必须采用承销方式发行外，其他情况是否采用承销方式发行要视具体情况来决定。比如向原股东配售就是采用直接发行的方式而无须承销。直接发行的优点比较多，比如发行人自己就能够控制发行的过程，发行的费用也比较低；但是缺点也比较明显，如发行持续时间比较长，并且发行的风险也比较大。而间接发行即由证券公司担任承销商来发行，则能够借助承销商的发行渠道和经验，使发行更为顺利；如果采用包销的方式来发行还能将发行失败的风险转移给承销商。不过间接发行的费用比较高。证券公司的承销业务是证券公司利润的重要来源之一。

　　直接发行和间接发行的分类如图所示：

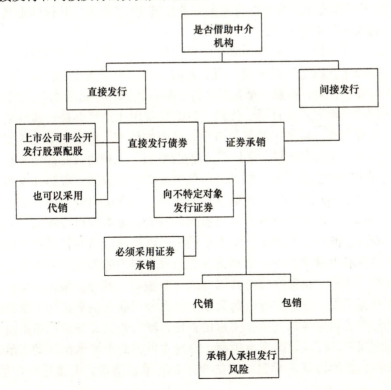

第
三
章

【实务指南】 证券发行中的承销

证券承销是证券公司的业务之一。实务中需要掌握以下几个问题：

第一，需要采用承销方式发行的具体情形。《证券法》第 28 条规定，发行人向不特定对象公开发行的证券，法律、行政法规规定应当由证券公司承销的，发行人应当同证券公司签订承销协议。该法第 32 条规定："向不特定对象公开发行的证券票面总值超过人民币5 000万元的，应当由承销团承销。承销团应当由主承销和参与承销的证券公司组成。"按照 2006 年 5 月 8 日施行的《上市公司证券发行管理办法》第 49 条规定："上市公司发行证券，应当由证券公司承销；非公开发行股票，发行对象均属于原前 10 名股东的，可以由上市公司自行销售。"2006 年 9 月 19 日施行的中国证监会《证券发行与承销管理办法》第 2 条第 1 款规定："发行人在境内发行股票或者可转换公司债券、证券公司在境内承销证券，以及投资者认购境内发行的证券，适用本办法。"第 39 条规定："证券公司承销证券，应当依照《中华人民共和国证券法》第 28 条的规定采用包销或者代销方式。上市公司非公开发行股票未采用自行销售方式或者上市公司配股的，应当采用代销方式。"因此，必须适用承销的情形包括：上市公司公开发行证券（包括股票、公司债券、可转换公司债券、分离交易的可转换公司债券），上市公司非公开发行但发行对象并非原前 10 名股东。其他情形是否采用承销由发行人自行决定。

第二，承销（团）协议的内容。证券公司承销证券，应当同发行人签订代销或者包销协议，载明下列事项：当事人的名称、住所及法定代表人姓名；代销、包销证券的种类、数量、金额及发行价格；代销、包销的期限及起止日期；代销、包销的付款方式及日期；代销、包销的费用和结算办法；违约责任及国务院证券监督管理机构规定的其他事项。其中的代销、包销期限是承销协议中的必备条款而且是法定期限，最长不得超过 90 日。承销协议是确定发行人与证券公司权利义务的基本依据。如果采用代销方式发行股票，应当在发行公告中披露发行失败后的处理措施。股票发行失败后，主承销商应当协助发行人按照发行价并加算银行同期存款利息返还股票认购人。证券发行依照法律、行政法规的规定应当由承销团承销的，组成承销团的承销商应当签订承销团协议，由主承销商负责组织承销工作。主承销商应当设立专门的部门或者机构，协调公司投资银行、研究、销售等部门共同完成信息披露、推介、簿记、定价、配售和资金清算等工作。证券发行由两家以上证券公司联合主承销的，所有担任主承销商的证券公司应当共同承担主承销责任，履行相关义务。承销团由三家以上承销商组成的，可以设副主承销商，协助主承销商组织承销活动。承销团成员应当按照承销团协议及承销协议的规定进行承销活动，不得进行虚假承销。

承销协议和承销团协议可以在发行价格确定后签订。

第三，承销商的义务。我国《证券法》所规定承销商的法定义务主要有以下四项：

1. 禁止从事不正当竞争的义务。公开发行证券的发行人有权依法自主选择承销的证券公司，证券公司不得以不正当竞争手段招揽证券承销业务。不正当竞争手段如不当许诺、诋毁同行、借助行政干预等；也不得以提供透支、回扣或证监会认定的其他不正当手段诱使他人认购股票。证券公司实施证券承销前，应当向中国证监会报送发行与承销方案。

2. 承担与发行有关的信息公开义务和保密义务。包括：证券经营机构在承销过程中，公告的信息不得与经证监会所审定的内容有任何不同；证券公司应当对公开发行募集文件的真实性、准确性、完整性进行核查，发现含有虚假记载、误导性陈述或者重大遗漏的，不得进行销售活动；已经销售的，必须立即停止销售活动，并采取纠正措施。此外，从事股票承销业务时承销商不得透露未依法披露的招股说明书、公告前的发行方案以及承销过程中有关认购数量、预计中签率等非公开信息。

3. 承销商对认购人的诚信义务。证券公司在代销、包销期内，对所代销、包销的证券应当保证先行出售给认购人，证券公司不得为本公司预留所代销的证券和预先购入并留存所包销的证券。承销团成员应当按照承销团协议及承销协议的规定进行承销活动，不得进行虚假承销。

4. 主承销商履行的程序义务。具体包括投资者申购缴款结束后，主承销商应当聘请具有证券相关业务资格的会计师事务所对申购资金进行验证，并出具验资报告；首次公开发行股票的，还应当聘请律师事务所对向战略投资者、询价对象的询价和配售行为是否符合法律、行政法规及本办法的规定等进行见证，并出具专项法律意见书；公开发行证券的，主承销商应当在证券上市后 10 日内向中国证监会报备承销总结报告，总结说明发行期间的基本情况及新股上市后的表现，并提供下列文件：①募集说明书单行本；②承销协议及承销团协议；③律师见证意见（限于首次公开发行）；④会计师事务所验资报告；⑤中国证监会要求的其他文件。上市公司非公开发行股票的，发行人及其主承销商应当在发行完成后向中国证监会报送下列文件：①发行情况报告书；②主承销商关于本次发行过程和认购对象合规性的报告；③发行人律师关于本次发行过程和认购对象合规性的见证意见；④会计师事务所验资报告；⑤中国证监会要求的其他文件。

【拓展思考】　证券发行中的信息如何公开

证券发行市场又被称为证券一级市场，因此，面向公众发行的证券，就必须承担严格的信息公开义务。除了股票的公开首次发行应当有严格的信息公开义务外，按照中国证监会 2006 年 5 月 8 日施行的《上市公司证券发行管理办法》，上市公司发行证券同样应当履行严格的信息公开义务。在公开证券发行信息的方式上，要求上市公司应当按照中国证监会规定的程序、内容和格式，编制公开募集证券说明书和其他信息披露文件，依法履行信息披露义务。

在 2007 年 1 月 30 日起施行的《上市公司信息披露管理办法》中，对于证券发行中涉及的招股说明书和债券的募集说明书作出了规定。要求发行人申请首次公开发行股票和募集债券时，在中国证监会受理申请文件后，发行审核委员会审核前，发行人应当将招股说明书、募集说明书的申报稿在中国证监会网站预先披露。预先披露的招股说明书、募集说明书申报稿不是发行人发行股票的正式文件，不能含有价格信息，发行人不得据此发行股票。证券发行申请经中国证监会核准后至发行结束前，发生重要事项的，发行人应当向中国证监会书面说明，并经中国证监会同意后，修改招股说明书或者作相应的补充公告。招股说明书、上市公告书引用保荐人、证券服务机构的专业意见或者报告的，相关内容应当与保荐人、证券服务机构出具的文件内容一致，确保引用保荐人、证券服务机构的意见不会产生误导。上市公司在非公开发行新股后，应当依法披露发行情况报告书。

在信息披露的及时性和充分性方面，《上市公司证券发行管理办法》和《上市公司信息披露管理办法》的规定也非常具体，例如规定：中国证监会规定的内容是信息披露的最低要求，凡对投资者投资决策有重大影响的信息，上市公司均应充分披露；再如要求上市公司证券发行议案经董事会表决通过后，应当在 2 个工作日内报告证券交易所，公告召开股东大会的通知。使用募集资金收购资产或者股权的，应当在公告召开股东大会通知的同时，披露该资产或者股权的基本情况、交易价格、定价依据以及是否与公司股东或其他关联人存在利害关系。股东大会通过本次发行议案之日起 2 个工作日内，上市公司应当公布股东大会决议。上市公司收到中国证监会关于本次发行申请的下列决定后，应当在次一工作日予以公告：①不予受理或者终止审查；②不予核准或者予以核准。上市公司决定撤回证券发行申请的，应当在撤回申请文件的次一工作日予以公告。甚至于还要求公告所使用的文字应当简洁、平实、易懂。上市公司全体董事、监事、高级管理人员应当在公开募集证券说明书上签字，保证不存在虚假记载、误导性陈述或者重大遗漏，并声明承担个别和连带的法律责任。发行人、上市公司的董事、监事、高级管理人员应当忠实、勤勉地履行职责，保证披露信息的真实、准确、完整、及时、公平。这样的规定等于在证券发行的每一个环节上，都必须公告并要求发行人向社会承担保证责任。在这种严密到有些繁琐的"公告"要求中，我们不得不承认，为了开拓证券市场，维持发行市场的信息公开、公平和公正是何等的重要。

【法律法规链接】　《证券法》第二章"证券发行"。

二、证券发行的保荐制度

【基本理论】　证券发行保荐制度的基本内容

我国《证券法》第11条规定："发行人申请公开发行股票、可转换为股票的公司债券，依法采取承销方式的，或者公开发行法律、行政法规规定实行保荐制度的其他证券的，应当聘请具有保荐资格的机构担任保荐人。保荐人应当遵守业务规则和行业规范，诚实守信，勤勉尽责，对发行人的申请文件和信息披露资料进行审慎核查，督导发行人规范运作。保荐人的资格及其管理办法由国务院证券监督管理机构规定。"该规定确立了我国的证券保荐制度。依据该规定，证券发行的保荐制度主要包括以下内容：

第一，适用保荐制度的情形。《证券法》第11条规定，发行人申请公开发行股票、可转换为股票的公司债券，依法采取承销方式的，或者公开发行法律、行政法规规定实行保荐制度的其他证券的，应当聘请具有保荐资格的机构担任保荐人。按照2004年2月1日起施行的《证券发行上市保荐制度暂行办法》，适用保荐制度的具体情形包括股份有限公司首次公开发行股票和上市公司发行新股、可转换公司债券三种。按照2006年5月8日施行的《上市公司证券发行管理办法》第45条第1款规定："上市公司申请公开发行证券或者非公开发行新股，应当由保荐人保荐，并向中国证监会申报。"所以，适用保荐制度的情形有两种：上市公司申请公开发行证券（包括股票、公司债券、可转换公司债券、分离交易的可转换公司债券）以及非公开发行新股。

第二，保荐人资格。依法注册登记的保荐机构才有资格担任保荐人；保荐机构是履行保荐职责的证券经营机构。保荐机构履行保荐职责应当指定保荐代表人具体负责保荐工作。中国证券业协会或者其他机构经中国证监会认可，可以组织保荐代表人胜任能力考试。证券经营机构有下列情形之一的，不得注册登记为保荐机构：①保荐代表人数量少于2名；②公司治理结构存在重大缺陷，风险控制制度不健全或者未有效执行；③最近24个月因违法违规被中国证监会从名单中去除；④中国证监会规定的其他情形。个人申请注册登记为保荐代表人的应当具有证券从业资格、取得执业证书且符合下列要求，通过所任职的保荐机构向中国证监会提出申请，并提交有关证明文件和声明：①具备中国证监会规定的投资银行业务经历；②参加中国证监会认可的保荐代表人胜任能力考试且成绩合格；③所任职保荐机构出具由董事长或者总经理签名的推荐函；

④未负有数额较大到期未清偿的债务；⑤最近36个月未因违法违规被中国证监会从名单中去除或者受到中国证监会行政处罚；⑥中国证监会规定的其他要求。

第三，保荐机构的职责。主要包括以下几项：

1. 公开首次发行的辅导义务。保荐机构在推荐发行人首次公开发行股票前，应当按照中国证监会的规定对发行人进行辅导。发行人经辅导符合下列要求的，保荐机构方可推荐其股票发行：①符合证券公开发行上市的条件和有关规定，具备持续发展能力；②与发起人、大股东、实际控制人之间在业务、资产、人员、机构、财务等方面相互独立，不存在同业竞争、显失公允的关联交易以及影响发行人独立运作的其他行为；③公司治理、财务和会计制度等不存在可能妨碍持续规范运作的重大缺陷；④高管人员已掌握进入证券市场所必备的法律、行政法规和相关知识，知悉上市公司及其高管人员的法定义务和责任，具备足够的诚信水准和管理上市公司的能力及经验；⑤中国证监会规定的其他要求。

2. 尽职调查，审慎核查义务。保荐机构推荐发行人证券发行上市，应当按照法律、行政法规和中国证监会的规定，对发行人及其发起人、大股东、实际控制人进行尽职调查、审慎核查，根据发行人的委托，组织编制申请文件并出具推荐文件。保荐机构对发行人公开发行募集文件中无中介机构及其签名人员专业意见支持的内容，应当进行充分、广泛、合理的调查，对发行人提供的资料和披露的内容进行独立判断，并有充分理由确信所作的判断与发行人公开发行募集文件的内容不存在实质性差异。保荐机构对发行人公开发行募集文件中有中介机构及其签名人员出具专业意见的内容，应当进行审慎核查，对发行人提供的资料和披露的内容进行独立判断。

3. 承诺义务。保荐机构应当在推荐文件中就下列事项作出承诺：①有充分理由确信发行人符合发行的要求，且其证券适合在证券交易所上市、交易；②有充分理由确信发行人申请文件和公开发行募集文件不存在虚假记载、误导性陈述或者重大遗漏；③有充分理由确信发行人及其董事在公开发行募集文件中表达意见的依据充分合理；④有充分理由确信与其他中介机构发表的意见不存在实质性差异；⑤保证所指定的保荐代表人及本保荐机构的相关人员已勤勉尽责，对发行人申请文件进行了尽职调查、审慎核查；⑥保证推荐文件、与履行保荐职责有关的其他文件不存在虚假记载、误导性陈述或者重大遗漏；⑦保证对发行人提供的专业服务和出具的专业意见符合法律、行政法规、中国证监会的规定和行业规范；⑧自愿接受中国证监会依照《证券发行上市保荐制度暂行办法》采取的监管措施以及中国证监会规定的其他事项。

4. 持续督导义务。保荐机构应当针对发行人具体情况确定持续督导的内容和重点，并承担下列工作：①督导发行人有效执行并完善防止大股东、其他关联方违规占用发行人资源的制度；②督导发行人有效执行并完善防止高管人员利用职务之便损害发行人利益的内控制度；③督导发行人有效执行并完善保障关联交易公允性和合规性的制度，并对关联交易发表意见；④督导发行人履行信息披露的义务，审阅信息披露文件及向中国证监会、证券交易所提交的其他文件；⑤持续关注发行人募集资金的使用、投资项目的实施等承诺事项；⑥持续关注发行人为他人提供担保等事项，并发表意见。⑦中国证监会规定及保荐协议约定的其他工作。首次公开发行股票的，持续督导的期间为证券上市当年剩余时间及其后两个完整会计年度；上市公司发行新股、可转换公司债券的，持续督导的期间为证券上市当年剩余时间及其后一个完整会计年度。持续督导的期间自证券上市之日起计算。

【实务指南】　中国证监会对保荐机构和保荐代表人的执业监管

保荐人在担任主承销商的同时，还负责上市公司的辅导和确保其持续地符合上市条件。中国证监会则负责对保荐人的监管。如果保荐人和保荐代表人违反规定则会受到"不受理其推荐"、"不再受理其推荐"乃至于"除名"的制裁。从法律效果来分析，这种监管主要是执业监管；而保荐机构和保荐代表人对投资者的民事赔偿和其他法律责任应当属于另外的法律关系。中国证监会的执业监管具体包括以下内容：

第一，持续动态的注册登记管理制度。中国证监会建立保荐信用监管系统，对保荐机构和保荐代表人进行持续动态的注册登记管理，将其执业情况、违法违规行为、其他不良行为以及对其采取的监管措施等记录予以公布。如果提交的保荐机构注册登记申请文件存在虚假记载、误导性陈述或者重大遗漏的，中国证监会不予注册登记；已注册登记的，从名单中去除。保荐代表人注册登记申请文件存在虚假记载、误导性陈述或者重大遗漏的，中国证监会对个人不予注册登记；已注册登记的，从名单中去除，自去除之日起 6 个月内不再受理该保荐机构推荐的保荐代表人注册登记申请。

第二，中国证监会对保荐机构和保荐代表人违法的执业活动的惩裁措施。自保荐机构向中国证监会提交推荐文件之日起，保荐机构及其保荐代表人承担相应的责任。具体包括四种情况：

1. 保荐机构向中国证监会、证券交易所提交的与保荐工作相关的文件存在虚假记载、误导性陈述或重大遗漏，或者唆使、协助、参与发行人及其中介机构提供存在虚假记载、误导性陈述或重大遗漏的文件，中国证监会自确认之日起 6 个月内不再受理保荐机构的推荐；12 个月内不受理相关保荐代表人具体负责的推荐，已受理的责令保荐机构更换保荐代表人。情节严重的，中国证监会将保荐机构及相关保荐代表人从名单中去除。

2. 保荐机构、保荐代表人违反法律、行政法规的规定，唆使、协助或参与发行人干扰中国证监会及其股票发行审核委员会的审核工作，中国证监会自确认之日起 3 个月内不再受理保荐机构的推荐；6 个月内不受理相关保荐代表人具体负责的推荐，已受理的责令保荐机构更换保荐代表人。情节严重的，中国证监会将保荐机构及相关保荐代表人从名单中去除。

3. 保荐机构未按规定建立保荐工作档案或者保荐工作档案存在虚假记载、重大遗漏的，中国证监会自确认之日起 3 个月内不再受理保荐机构的推荐，6 个月内不再受理相关保荐代表人具体负责的推荐。

4. 保荐机构、保荐代表人因投资银行业务涉嫌违法违规处于立案调查期间的，中国证监会暂不再受理保荐机构的推荐；暂不再受理相关保荐代表人具体负责的推荐。

第三，保荐机构和保荐代表人违反对发行人担保义务也应受到相应惩戒，具体包括以下四种情形：

1. 发行人出现下列情形之一的，中国证监会自确认之日起 3 个月内不再受理保荐机构的推荐，将相关保荐代表人从名单中去除：①公开发行募集文件等申请文件存在虚假记载、误导性陈述或者重大遗漏；②证券上市当年即亏损；③持续督导期间信息披露文件存在虚假记载、误导性陈述或者重大遗漏。

2. 发行人如果在持续督导期间出现下列情形之一的，中国证监会自确认之日起 3 个月内不再受理相关保荐代表人具体负责的推荐：①证券上市当年累计 50% 以上募集资金的用途与承诺不符；②证券上市当年主营业务利润比上年下滑 50% 以上；③证券上市之日起 12 个月内大股东或者实际控制人发生变更；④首次公开发行股票之日起 12 个月内累计 50% 以上资产或者主营业务发生重组；⑤上市公司发行新股、可转换公司债券之日起 12 个月内累计 50% 以上资产或者主营业务发生重组，且未在公开发行募集文件中披露；⑥中国证监会规定的其他情形。1 个自然年度内发生 2 次以上上述情形且排名前 10 位的，中国证监会自确认之日起 12 个月内不受理相关保荐代表人具体负责的推荐，已受理的责令保荐机构更换保荐代表人。

3. 发行人在持续督导期间出现下列情形之一的，中国证监会自确认之日起 3 个月内不再受理相关保荐代表人具体负责的推荐：①实际盈利低于盈利预测达 20% 以上；②关联交易显失公允或程序违规，涉及金额超过前 1 年末经审计净资产 5%，或者影响损益超过前 1 年经审计净利润 10%；③大股东、实际控制人或其他关联方违规占用发行人资源，涉及金额超过前 1 年末经审计净资产 5%，或者影响损益超过前 1 年经审计净利润 10%；④违规为他人提供担保涉及金额超过前 1 年末经审计净资产 10%，或者影响损益超过前 1 年经审计净利润 10%；

⑤违规购买或出售资产、借款、委托资产管理等，涉及金额超过前 1 年末经审计净资产 10%，或者影响损益超过前 1 年经审计净利润 10%；⑥高管人员侵占发行人利益受到行政处罚或者被追究刑事责任；⑦中国证监会规定的其他情形。1 个自然年度内发生 2 次以上上述情形且排名前 10 位的，中国证监会自确认之日起 6 个月内不受理相关保荐代表人具体负责的推荐，已受理的责令保荐机构更换保荐代表人。

4. 如果发行人在持续督导期间出现下列违反信息公开义务的情形，中国证监会自确认之日起 3 个月内不再受理相关保荐代表人具体负责的推荐：未在法定期限内披露定期报告；未按规定披露业绩重大变化或者亏损事项；未按规定披露资产购买或者出售事项；未按规定披露关联交易事项；未按规定披露对损益影响超过前 1 年经审计净利润 10% 的担保损失、意外灾害、资产减值准备计提和转回、政府补贴、诉讼赔偿等事项；未按规定披露有关股权质押、实际控制人变化等事项；未按规定披露诉讼、担保、重大合同、募集资金变更等事项；中国证监会规定的其他情形。

第四，累积式的"责令其撤销推荐"措施。在 1 个自然年度内，保荐机构指定的保荐代表人受到不受理或不再受理监管措施的次数超过 3 次，或者累计时间超过 12 个月，且累计时间与该保荐机构当年末所保荐的发行人家数之比排名前 3 位的，中国证监会自确认之日起 3 个月内不受理其推荐，已受理的责令其撤销推荐。

【拓展思考】　证券保荐制度的意义

由证券公司担任保荐人来辅导和确保证券发行人具备、维持合格的发行条件，具备深远的意义。在证券保荐制度施行之前，我国的证券发行由地方政府推荐，行政色彩很浓，无法确保信息的真实并杜绝其他欺骗市场行为。而当前将保荐作为证券公司的一项业务，要求保荐机构和保荐代表人符合严格的资质条件，承担持续性的监督和担保责任，实质上将上市推荐的职责交给了专业的人士，他们的评判标准更加严格、也更符合市场化规律。上述中国证监会对于保荐机构和保荐代表人的执业监管，显然有利于证券保荐的规范性和保荐目的的实现，从而进一步规范证券发行行为，确保发行证券的信用，增强证券市场的吸引力。

【法律法规链接】　《证券法》第 11 条，中国证监会于 2004 年 2 月 1 日起施行的《证券发行上市保荐制度暂行办法》。

第
三
章

第二节　公司债券的发行

一、发行公司债券的基本条件

【基本理论】　公司债券的意义与发行条件

公司债券，是指公司依照法定程序发行、约定在 1 年以上期限内还本付息的有价证券。实践中公司债券的分类相当丰富，能满足发行人的多种需要。目前股份公司和有限公司都可以发行公司债券，但发行条件和审批（核准）机关不同。股份公司中的上市公司在发行公司债券时有特别的要求。从法律关系上看，公司债券属于一种典型的借款法律关系。相对股票来说，传统的公司债券能够比较固定地获得本金和利息，持券人一般并不参与公司的管理和其他内部事务；但公司债券的风险依然比较大。公司债券的发行增加了发行人的长期债务负担，提高了资产负债率。

根据《证券法》第 16 条的规定，公开发行公司债券，应当符合下列条件：①股份有限公司的净资产不低于人民币 3 000 万元，有限责任公司的净资产不低于人民币 6 000 万元；②累计债券余额不超过公司净资产的 40%；③最近 3 年平均可分配利润足以支付公司债券 1 年的利息；④筹集的资金投向符合国家产业政策；⑤债券的利率不超过国务院限定的利率水平；⑥国务院规定的其他条件。这是《证券法》对公开发行公司债券的总体要求，适用于所有发行公司债券的情形。

对于上市公司来说，以下三种情况还有特别规定：

第一，上市公司发行公司债券的条件。根据《公司债券发行试点办法》第 7 条，上市公司发行公司债券应当符合下列规定：①公司的生产经营符合法律、行政法规和公司章程的规定，符合国家产业政策；②公司内部控制制度健全，内部控制制度的完整性、合理性、有效性不存在重大缺陷；③经资信评级机构评级，债券信用级别良好。公司债券的信用评级，应当委托经中国证监会认定、具有从事证券服务业务资格的资信评级机构进行。公司与资信评级机构应当约定，在债券有效存续期间，资信评级机构每年至少公告 1 次跟踪评级报告。④公司最近一期末经审计的净资产额应符合法律、行政法规和中国证监会的有关规定；⑤最近 3 个会计年度实现的年均可分配利润不少于公司债券 1 年的利息；⑥本次发行后累计公司债券余额不超过最近一期末净资产额的 40%；金融类公司的累计公司债券余额按金融企业的有关规定计算。存在下列情形之一的，不得发行公司债券：①最近 36 月内公司财务会计文件存在虚假记载，或公司存在其他重大违法行为；②本次发行申请文件存在虚假记载、误导性陈述或者重大遗漏；③对已发行的公司债券或者其他债务有违约或者迟延支付本息的事实，仍处于继续状态；④严重损害投资者合法权益和社会公共利益的其他情形。

第二，上市公司可以发行可转换的公司债券。可转换公司债券是指发行公司依法发行、在一定期间内依据约定的条件可以转换成股份的公司债券。《证券法》第 16 条规定，上市公司发行可转换为股票的公司债券，除应当符合前述关于公开发行公司债券的条件外，还应当符合关于公开发行股票的条件，并报国务院证券监督管理机构核准。《公司法》第 162、163 条分别规定："上市公司经股东大会决议可以发行可转换为股票的公司债券，并在公司债券募集办法中规定具体的转换办法。上市公司发行可转换为股票的公司债券，应当报国务院证券监督管理机构核准。发行可转换为股票的公司债券，应当在债券上标明可转换公司债券字样，并在公司债券存根簿上载明可转换公司债券的数额。""发行可转换为股票的公司债券的，公司应当按照其转换办法向债券持有人换发股票，但债券持有人对转换股票或者不转换股票有选择权。"2006 年 5 月 8 日起施行《上市公司证券发行管理办法》第 14 条规定，公开发行可转换公司债券的公司，还应当符合下列规定：①最近 3 个会计年度加权平均净资产收益率平均不低于6%。扣除非经常性损益后的净利润与扣除前的净利润相比，以低者作为加权平均净资产收益率的计算依据；②本次发行后累计公司债券余额不超过最近一期末净资产额的 40%；③最近 3 个会计年度实现的年均可分配利润不少于公司债券 1 年的利息。可转换公司债券的期限最短为 1 年，最长为 6 年。可转换公司债券每张面值 100 元。可转换公司债券的利率由发行公司与主承销商协商确定，但必须符合国家的有关规定。

第三，上市公司可以发行分离交易的可转换公司债券。这是公司债券与认股权证的组合发行方式，全称为"认股权和债券分离交易的可转换公司债券"，简称"分离交易的可转换公司债券"。分离交易的可转换公司债券是指公司在发行一定期限债券的同时，按比例向债券认购人附送一定数量的认股权证，约定在未来某一时间（例如在权证上市满 24 个月的前 5 个交易日内）行权，认股权证持有人有权按照事先约定的价格认购公司的股份。公司债券和认股权分别符合证券交易所上市条件的，应当分别上市交易。在分离交易的可转换公司债券发行时，投资者需要出资认购债券；而如果投资者行权（权证到期时公司股价高于行权价时），会再次出资认购股票。这种可转换公司债等于是发行人一次捆绑发行的公司债券和认股权证的两种交易品种，一次发行却可能两次融资。认股权证行权后其债券仍会存在，也就是说分离式可转债行权并不妨碍持有债券的投资者继续获得债券存续期内各种债券利息。发行分离交易的可转换公司债券的条件是：①公司最近一期末经审计的净资产不低于人民币15亿元；②最近3个会计年度实现的年均可分配利润不少于公司债券1年的利息；③最近3个会计年度经营活动产生的现金流量净额平均不少于公司债券1年的利息，符合"最近3个会计年度加权平均净资产收益率平均不低于6%。扣除非经常性损益后的净利润与扣除前的净利润相比，以低者作为加权平均净资产收益率的计算依据"的公司除外；④本次发行后累计公司债券余额不超过最近一期末净资产额的40%，预计所附认股权全部行权后募集的资金总量不超过拟发行公司债券金额。

【实务指南】　上市公司发行公司债券和可转换公司债券的特殊规定

总的说来，上市公司申请发行公司债券，应当符合《证券法》、《公司法》和其他规定，还必须经中国证监会核准。2007年8月14日施行的《公司债券发行试点办法》适用于在沪深证券交易所上市的公司及发行境外上市外资股的境内股份有限公司。上市公司发行公司债券时，具体还涉及以下几个问题：

第一，公司债券发行价格的确定。《公司债券发行试点办法》第9条规定，上市公司发行公司债券每张面值100元，发行价格由发行人与保荐人通过市场询价确定。公司债券的信用评级，应当委托经中国证监会认定、具有从事证券服务业务资格的资信评级机构进行。公司与资信评级机构应当约定，在债券有效存续期间，资信评级机构每年至少公告1次跟踪评级报告。

第二，公司债券的担保。《公司债券发行试点办法》第11条规定，为公司债券提供担保的，应当符合下列规定：①担保范围包括债券的本金及利息、违约金、损害赔偿金和实现债权的费用；②以保证方式提供担保的，应当为连带责任保证，且保证人资产质量良好；③设定担保的，担保财产权属应当清晰，尚未被设定担保或者采取保全措施，且担保财产的价值经有资格的资产评估机构评估不低于担保金额；④符合《物权法》、《担保法》和其他有关法律、法规的规定。

第三，公司债券发行应当由保荐人保荐。发行公司债券，应当由保荐人保荐，并向中国证监会申报。保荐人应当按照中国证监会的有关规定编制和报送募集说明书和发行申请文件。保荐人应当对债券募集说明书的内容进行尽职调查，并由相关责任人签字，确认不存在虚假记载、误导性陈述或者重大遗漏，并声明承担相应的法律责任。

第四，相关人员的信息真实义务。与其他公开发行证券一样，申请发行公司债券，必须真实、准确、完整、及时、公平地披露或者提供信息，不得有虚假记载、误导性陈述或者重大遗漏。公司应当诚实信用，维护债券持有人享有的法定权利和债券募集说明书约定的权利。除此以外，公司全体董事、监事、高级管理人员应当在债券募集说明书上签字，保证不存在虚假记载、误导性陈述或者重大遗漏，并声明承担个别和连带的法律责任。为债券发行出具专项文件的注册会计师、资产评估人员、资信评级人员、律师及其所在机构，应当按照依法制定的业务规则、行业公认的业务标准和道德规范出具文件，并声明对所出具文件的真实性、准确性和完整性承担责任。

上市公司发行可转换公司债券涉及以下几个问题：①可转换公司债券每张面值100元，其利率由发行公司与主承销商协商确定，但必须符合国家的有关规定。可转换公司债券的期限最短为1年，最长为6年。上市公司应当在可转换公司债券期满后5个工作日内办理完毕偿还债券余额本息的事项。②公开发行可转换公司债券，应当委托具有资格的资信评级机构进行信用评级和跟踪评级；资信评级机构每年至少公告1次跟踪评级报告。③可转换公司债券的担保问题。公开发行可转换公司债券，应当提供担保，但最近一期末经审计的净资产不低于人民币15亿元的公司除外。提供担保的，应当为全额担保，担保范围包括债券的本金及利息、违约金、损害赔偿金和实现债权的费用。以保证方式提供担保的，应当为连带责任担保，且保证人最近一期经审计的净资产额应不低于其累计对外担保的金额。证券公司或上市公司不得作为发行可转债的担保人，但上市商业银行除外。设定抵押或质押的，抵押或质押财产的估值应不低于担保金额。估值应经有资格的资产评估机构评估。④转股问题。可转换公司债券自发行结束之日起6个月后方可转换为公司股票，转股期限由公司根据可转换公司债券的存续期限及公司财务状况确定。债券持有人对转换股票或者不转换股票有选择权，并于转股的次日成为发行公司的股东。转股价格应不低于募集说明书公告日前20个交易日该公司股票交易均价和前一交易日的均价。⑤赎回和回售问题。募集说明书可以约定赎回条款，规定上市公司可按事先约定的条件和价格赎回尚未转股的可转换公司债券。募集说明书应当约定，上市公司改变公告的募集资金用途的，赋予债券持有人1次回售的权利，即规定债券持有人可按事先约定的条件和价格将所持债券回售给上市公司。⑥转股价格的修正问题。募集说明书应当约定转股价格调整的原则及方式。发行可转换公司债券后，因配股、增发、送股、派息、分立及其他原因引起上市公司股份变动的，应当同时调整转股价格。募集说明书约定转股价格向下修正条款的，应当同时约定：转股价格修正方案须提交公司股东大会表决，且须经出席会议的股东所持表决权的2/3以上同意。股东大会进行表决时，持有公司可转换债券的股东应当回避；修正后的转股价格不低于前项规定的股东大会召开日前20个交易日该公司股票交易均价和前一交易日的均价。

上市公司发行分离交易的可转换公司债券的面值、利率、信用评级、偿还

第三章

本息与一般的可转换公司债券相同，但不存在赎回、回售条款（特别回售条款除外）、转股价向下修正条款这几个问题。分离交易的可转换公司债券的期限最短为 1 年。担保问题则没有强制要求发行人提供，发行人如果提供，则适用与一般可转换公司债券相同的规则，包括全额担保、连带责任担保和担保物的估值要求。

【拓展思考】　分离交易的可转换公司债券

前述分离交易的可转换公司债券是包含一个认股权证的公司债券。认股权证和备兑权证是目前比较主要的权证，也是近期证券市场上的热点。权证的问题我们将在后面介绍。在此先看看分离交易的可转换公司债券，它没有传统可转债的复杂期权组合以及博弈关系，一般没有赎回、回售条款（特别回售条款除外）、转股价特别向下修正条款。对发行人而言，与传统的可转债相比，分离交易债最大的优点是"二次融资"。而且由于有权证部分，分离交易债的债券部分票面利率可以远低于普通可转债，亦即其整体的融资成本相当低廉。分离债的认股权证持有人有权在权证上市满 24 个月之日的前 5 个交易日内行权。由于分离交易可转债自身的特点，债券与权证分离交易后，债券的交易价格会低于债券面值；此外，在权证行权期，不排除权证可能会因为权证行权价格高于公司股票价格而无法行权的情况出现。分离交易的可转换公司债券巧妙地将期权与公司债券结合在了一起，成为一种新型的公司债券。

【法律法规链接】　《证券法》第 16 ~ 18 条，中国证监会于 2007 年 8 月 14 日起施行的《公司债券发行试点办法》。

二、公司债券发行的程序

【基本理论】　公司债券发行的程序

公司债券的发行程序大致分为以下五个步骤：

第一，应当由公司董事会制定公司债券发行的方案，交由股东会决议。申请发行公司债券，由股东会或股东大会对下列事项作出决议：①发行债券的数量；②向公司股东配售的安排；③债券期限；④募集资金的用途；⑤决议的有效期；⑥对董事会的授权事项；⑦其他需要明确的事项。发行公司债券募集的资金，必须符合股东会或股东大会核准的用途，且符合国家产业政策。根据《公司法》第 104 条，股东出席股东大会会议，所持每一股份有一表决权。但是，公司持有的本公司股份没有表决权。股东大会作出决议，必须经出席会议的股东所持表决权过半数通过。但是，股东大会作出修改公司章程、增加或者减少注册资本的决议，以及公司合并、分立、解散或者变更公司形式的决议，必须经出席会议的股东所持表决权的 2/3 以上通过。至于有限责任公司，按照《公司法》第 44 条的规定："股东会的议事方式和表决程序，除本法有规定的外，由公司章程规定。股东会会议作出修改公司章程、增加或者减少注册资本的决议，以及公司合并、分立、解散或者变更公司形式的决议，必须经代表 2/3 以上表决权的股东通过。"对发行公司债券事宜应当按公司章程规定的议事方式和表决程序决定。

不过，尽管《公司法》并不要求出席会议的股东所持表决权的 2/3 以上通过，而是过半数通过即可。[1] 但是，2006 年 5 月 8 日施行的《上市公司证券发行管理办法》第 44 条规定："股东大会就发行证券事项作出决议，必须经出席会议的股东所持表决权的 2/3 以上通过。"因此上市公司发行包括公司债券在内的各种证券，都需要经出席会议的股东所持表决权的 2/3 以上通过。在《上市公司证券发行管理办法》中还详细规定了上市公司的董事会所作出的关于发行公司债券并提交股东大会的决议，应当包括本次证券发行的方案、本次募集资金使用的可行性报告、前次募集资金使用的报告以及其他必须明确的事项。上市公司发行可转换的公司债券所作决议应当包括发行股票所要求的各项内容，包括本次发行证券的种类和数量；发行方式、发行对象及向原股东配售的安排；定价方式或价格区间；募集资金用途；决议的有效期；对董事会办理本次发行具体事宜的授权；其他必须明确的事项。还应当包括债券利率、债券期限、担保事项、回售条款、还本付息的期限和方式、转股期和转股价格的确定和修正等。上市公司发行分离交易的可转换公司债券，股东大会应当就以下事项作出决议：本次证券发行的方案、本次募集资金使用的可行性报告、前次募集资金使用的报告、债券利率、债券期限、担保事项、回售条款、还本付息的期限和方式以及认股权证的行权价格、认股权证的存续期限、认股权证的行权期间或行权日。上市公司向本公司特定的股东及其关联人发行证券的，股东大会就发行方案进行表决时，关联股东应当回避。上市公司就发行证券事项召开股东大会，应当提供网络或者其他方式为股东参加股东大会提供便利。

第二，提出发行申请。《证券法》第 17 条规定，申请公开发行公司债券，应当向国务院授权的部门或者国务院证券监督管理机构报送下列文件：①公司营业执照；②公司章程；③公司债券募集办法；④资产评估报告和验资报告；⑤国务院授权的部门或者国务院证券监督管理机构规定的其他文件。聘请保荐人的，还应当报送保荐人出具的发行保荐书。发行人依法申请核准发行证券所

〔1〕　李东方主编：《证券法学》，中国政法大学出版社 2007 年版，第 80 页。

报送的申请文件的格式、报送方式，由依法负责核准的机构或者部门规定。发行人向国务院证券监督管理机构或者国务院授权的部门报送的证券发行申请文件，必须真实、准确、完整。为证券发行出具有关文件的证券服务机构和人员，必须严格履行法定职责，保证其所出具文件的真实性、准确性和完整性。

第三，审核。国务院证券监督管理机构或者国务院授权的部门应当自受理证券发行申请文件之日起 3 个月内，依照法定条件和法定程序作出予以核准或者不予核准的决定，发行人根据要求补充、修改发行申请文件的时间不计算在内；不予核准的，应当说明理由。上市公司发行公司债券由中国证监会进行审核；其他有限公司和股份公司发行公司债券则由国务院授权的部门决定是否核准。中国证监会依照下列程序审核上市公司发行公司债券的申请：①收到申请文件后，5 个工作日内决定是否受理；②中国证监会受理后，对申请文件进行初审；③发行审核委员会按照《中国证券监督管理委员会发行审核委员会办法》规定的特别程序审核申请文件。发行审核委员会由国务院证券监督管理机构的专业人员和所聘请的该机构外的有关专家组成，以投票方式对股票发行申请进行表决，提出审核意见；④中国证监会作出核准或者不予核准的决定。不过，需要注意的是，核准仅仅是一种行政程序，不表明该证券的投资价值或者由审核者对投资者的收益作出实质性判断或者保证。因上市公司经营与收益的变化引致的投资风险，由认购证券的投资者自行负责。

第四，公告公司债券募集办法。《公司法》第 155 条规定："发行公司债券的申请经国务院授权的部门核准后，应当公告公司债券募集办法。公司债券募集办法中应当载明下列主要事项：①公司名称；②债券募集资金的用途；③债券总额和债券的票面金额；④债券利率的确定方式；⑤还本付息的期限和方式；⑥债券担保情况；⑦债券的发行价格、发行的起止日期；⑧公司净资产额；⑨已发行的尚未到期的公司债券总额；⑩公司债券的承销机构。"《证券法》第 25 条规定："证券发行申请经核准，发行人应当依照法律、行政法规的规定，在证券公开发行前，公告公开发行募集文件，并将该文件置备于指定场所供公众查阅。发行证券的信息依法公开前，任何知情人不得公开或者泄露该信息。发行人不得在公告公开发行募集文件前发行证券。"《公司债券发行试点办法》第 22 条规定："公司应当在发行公司债券前的 2 至 5 个工作日内，将经中国证监会核准的债券募集说明书摘要刊登在至少 1 种中国证监会指定的报刊，同时将其全文刊登在中国证监会指定的互联网网站。"

第五，发行公司债券。公司债券，可以为记名债券，也可以为无记名债券。公司发行公司债券应当置备公司债券存根簿。发行记名公司债券的，应当在公司债券存根簿上载明下列事项：①债券持有人的姓名或者名称及住所；②债券持有人取得债券的日期及债券的编号；③债券总额、债券的票面金额、利率、还本付息的期限和方式；④债券的发行日期。记名公司债券的登记结算机构应当建立债券登记、存管、付息、兑付等相关制度。发行无记名公司债券的，应当在公司债券存根簿上载明债券总额、利率、偿还期限和方式、发行日期及债券的编号。上市公司发行公司债券可以申请一次核准，分期发行。自中国证监会核准发行之日起，公司应在 6 个月内首期发行，剩余数量应当在 24 个月内发行完毕。超过核准文件限定的时效未发行的，须重新经中国证监会核准后方可发行。首期发行数量应当不少于总发行数量的50%，剩余各期发行的数量由公司自行确定，每期发行完毕后 5 个工作日内报中国证监会备案。

【实务指南】 公司债券发行中债券持有人的利益保障

公司债券的发行虽然产生了持有人和发行人之间的债权债务关系，但公司债券持有人却不能参与公司的经营，持有人的利益将被动地由公司经营状况决定。如果不能很好地保护公司债券持有人的合法利益，那么必然影响公司债券的发行效果。所以，实务中公司债券持有人的利益保护就是公司债券发行中的一个重要问题。在中国证监会下发的、适用于上市公司的《上市公司证券发行管理办法》和《公司债券发行试点办法》中对债券持有人的利益保障除了为债券设定担保（仅一般的可转换公司债券必须提供，其他证券的发行可以提供，也可以不提供）、进行信用评级、保荐、信息公开等措施外，还包括以下几项：

第一，规定债券受托管理人。公司应当为债券持有人聘请债券受托管理人，并订立债券受托管理协议；在债券存续期限内，由债券受托管理人依照协议的约定维护债券持有人的利益。债券受托管理人应当履行下列职责：①持续关注公司和保证人的资信状况，出现可能影响债券持有人重大权益的事项时，召集债券持有人会议；②公司为债券设定担保的，债券受托管理协议应当约定担保财产为信托财产，债券受托管理人应在债券发行前取得担保的权利证明或其他有关文件，并在担保期间妥善保管；③在债券持续期内勤勉处理债券持有人与公司之间的谈判或者诉讼事务；④预计公司不能偿还债务时，要求公司追加担保，或者依法申请法定机关采取财产保全措施；⑤公司不能偿还债务时，受托参与整顿、和解、重组或者破产的法律程序；⑥债券受托管理协议约定的其他重要义务。公司应当在债券募集说明书中约定，投资者认购本期债券视作同意债券受托管理协议。债券受托管理人由本次发行的保荐人或者其他经中国证监会认可的机构担任。为本次发行提供担保的机构不得担任本次债券发行的受托管理人。债券受托管理人应当为债券持有人的最大利益行事，不得与债券持有人存在利益冲突。

第二，召开债券持有人会议。存在下列情况的，应当召开债券持有人会议：①拟变更债券募集说明书的约定；②拟变更债券受托管理人；③公司不能按期支付本息；④公司减资、合并、分立、解散或者申请破产；⑤保证人或者担保物发生重大变化；⑥发生对债券持有人权益有重大影响的事项。公司应当与债券受托管理人制定债券持有人会议规则，约定债券持有人通过债券持有人会议行使权利的范围、程序和其他重要事项。公司应当在债券募集说明书中约定，投资者认购本期债券视作同意债券持有人会议规则。

第三，中国证监会进行债券发行的监管。公司如果存在不履行信息披露义务，或者不按照约定召集债券持有人会议，损害债券持有人权益等行为的，中国证监会可以责令整改；对其直接负责的主管人员和其他直接责任人员，可以采取监管谈话、认定为不适当人选等行政监管措施，记入诚信档案并公布。保荐人出具有虚假记载、误导性陈述或者重大遗漏的发行保荐书，保荐人或其相关人员伪造或变造签字、盖章，或者不履行其他法定职责的，依照《证券法》和保荐制度的有关规定处理。为公司债券发行出具审计报告、法律意见、资产评估报告、资信评级报告及其他专项文件的证券服务机构和人员，在其出具的专项文件中存在虚假记载、误导性陈述或者重大遗漏的，依照《证券法》和中国证监会的有关规定处理。债券受托管理人违反《公司债券发行试点办法》规定，未能履行债券受托管理协议约定的职责，损害债券持有人权益的，中国证监会可以责令整改；对其直接负责的主管人员和其他直接责任人员，可以采取监管谈话、认定为不适当人选等行政监管措施，记入诚信档案并公布。

【拓展思考】　上市公司债券发行的程序控制

上市公司发行公司债券是非常重要的融资行为，往往会引起证券市场的巨大波动。目前，上市公司债券的发行已经与股票发行的程序得到了统一，都由中国证监会来审核；其他发行主体发行的公司债券才由国务院授权的部门来审核。在以前的旧体制下，上市公司债券的发行也是由国务院授权部门来审批的。这种改变对于上市公司来说，是统一了融资的审批权，使其能根据市场规则决定是通过发行公司债券还是新股来进行融资。对于作为证券监督管理机构的中国证监会来说，则不仅可以把握债券发行的实体条件，规范上市公司的治理结构，还能对发行的程序进行严格的控制，从而更好地规范公司债券的发行行为，维护投资者利益和证券市场的公平性。

【法律法规链接】　《证券法》第16~18条，《公司法》第155条，中国证监会于 2006 年 5 月 8 日起施行的《上市公司证券发行管理办法》，中国证监会于 2007 年 8 月 14 日起施行的《公司债券发行试点办法》。

第三节 股票的发行

一、首次公开发行股票的条件

【基本理论】 股票发行的含义、种类

股票的发行可以分为两大类：首次公开发行股票（即 IPO）和上市公司发行新股。这两种发行的含义和法律规定不尽相同。

首次公开发行股票由《证券法》第 12 条以及《公司法》规定。《证券法》第 12 条规定："设立股份有限公司公开发行股票，应当符合《中华人民共和国公司法》规定的条件和经国务院批准的国务院证券监督管理机构规定的其他条件，向国务院证券监督管理机构报送募股申请和下列文件：①公司章程；②发起人协议；③发起人姓名或者名称，发起人认购的股份数、出资种类及验资证明；④招股说明书；⑤代收股款银行的名称及地址；⑥承销机构名称及有关的协议。依照本法规定聘请保荐人的，还应当报送保荐人出具的发行保荐书。法律、行政法规规定设立公司必须报经批准的，还应当提交相应的批准文件。"

【实务指南】 首次公开发行股票的具体条件

公开发行股票的条件主要围绕着发行人的资格、独立性、公司治理的规范性以及募集资金的用途和财务会计报告的真实性展开。这些条件对于公司是否能够进行首次公开发行股票起着至关重要的作用：

第一，发行人的资格条件。①要求发行人具备法定的发行主体资格。发行人应当是依法设立且合法存续的股份有限公司。经国务院批准，有限责任公司在依法变更为股份有限公司时，可以采取募集设立方式公开发行股票。②要求发行人具备经营的持续性。发行人自股份有限公司成立后，持续经营时间应当在 3 年以上，但经国务院批准的除外。有限责任公司按原账面净资产值折股整体变更为股份有限公司的，持续经营时间可以从有限责任公司成立之日起计算。③发行人实行严格的法定资本制。要求发行人的注册资本已足额缴纳，发起人或者股东用作出资的资产的财产权转移手续已办理完毕，发行人的主要资产不存在重大权属纠纷。④要求发行人经营的合法性。发行人的生产经营符合法律、行政法规和公司章程的规定，符合国家产业政策。⑤要求发行人经营和公司治理结构的稳定性。发行人最近 3 年内主营业务和董事、高级管理人员没有发生重大变化，实际控制人没有发生变更。发行人的股权清晰，控股股东和受控股股东、实际控制人支配的股东持有的发行人股份不存在重大权属纠纷。

第二，发行人"独立性"的要求。总的说来，要求发行人应当具有完整的业务体系和直接面向市场独立经营的能力。具体包括：①发行人的资产完整。生产型企业应当具备与生产经营有关的生产系统、辅助生产系统和配套设施，合法拥有与生产经营有关的土地、厂房、机器设备以及商标、专利、非专利技术的所有权或者使用权，具有独立的原料采购和产品销售系统；非生产型企业应当具备与经营有关的业务体系及相关资产。②发行人的人员独立。发行人的总经理、副总经理、财务负责人和董事会秘书等高级管理人员不得在控股股东、实际控制人及其控制的其他企业中担任除董事、监事以外的其他职务，不得在控股股东、实际控制人及其控制的其他企业领薪；发行人的财务人员不得在控股股东、实际控制人及其控制的其他企业中兼职。③发行人的财务独立。发行人应当建立独立的财务核算体系，能够独立作出财务决策，具有规范的财务会计制度和对分公司、子公司的财务管理制度；发行人不得与控股股东、实际控制人及其控制的其他企业共用银行账户。④发行人的机构独立。发行人应当建立健全内部经营管理机构，独立行使经营管理职权，与控股股东、实际控制人及其控制的其他企业间不得有机构混同的情形。⑤发行人的业务独立。发行人的业务应当独立于控股股东、实际控制人及其控制的其他企业，与控股股东、实际控制人及其控制的其他企业间不得有同业竞争或者显失公平的关联交易。此外，发行人在独立性方面不得有其他严重缺陷。

第三，发行人应当规范运行。①在组织机构方面，发行人已经依法建立健全股东大会、董事会、监事会、独立董事、董事会秘书制度，相关机构和人员能够依法履行职责。②对发行人的董事、监事和高级管理人员知悉法律以及资格要求。发行人的董事、监事和高级管理人员已经了解与股票发行上市有关的法律法规，知悉上市公司及其董事、监事和高级管理人员的法定义务和责任。发行人的董事、监事和高级管理人员符合法律、行政法规和规章规定的任职资格，且不得有下列情形：被中国证监会采取证券市场禁入措施尚在禁入期的；最近36个月内受到中国证监会行政处罚，或者最近12个月内受到证券交易所公开谴责；因涉嫌犯罪被司法机关立案侦查或者涉嫌违法违规被中国证监会立案调查，尚未有明确结论意见。③发行人有健全的内部控制制度。发行人的内部控制制度健全且被有效执行，能够合理保证财务报告的可靠性、生产经营的合法性、营运的效率与效果。④持续合法经营的要求。发行人不得有下列情形：最近36个月内未经法定机关核准，擅自公开或者变相公开发行过证券；或者有关违法行为虽然发生在36个月前，但目前仍处于持续状态；最近36个月内违反工商、税收、土地、环保、海关以及其他法律、行政法规，受到行政处罚，且情节严重；最近36个月内曾向中国证监会提出发行申请，但报送的发行申请文件有虚假记载、误导性陈述或重大遗漏；或者不符合发行条件，以欺骗手段骗取发行核准；或者以不正当手段干扰中国证监会及其发行审核委员会审核工作；或者伪造、变造发行人或其董事、监事、高级管理人员的签字、盖章；本次报送的发行申请文件有虚假记载、误导性陈述或者重大遗漏；涉嫌犯罪被司法机关立案侦查，尚未有明确结论意见；严重损害投资者合法权益和社会公共利益的其他情形。⑤在处理与控制股东的关系方面，发行人的公司章程中已明确对外担保的审批权限和审议程序，不存在为控股股东、实际控制人及其控制的其他企业进行违规担保的情形。发行人有严格的资金管理制度，不得有资金被控股股东、实际控制人及其控制的其他企业以借款、代偿债务、代垫款项或者其他方式占用的情形。

第四，财务与会计。发行人资产质量良好，资产负债结构合理，盈利能力较强，现金流量正常。发行人的内部控制在所有重大方面是有效的，并由注册会计师出具了无保留意见的内部控制鉴证报告。发行人会计基础工作规范，财务报表的编制符合企业会计准则和相关会计制度的规定，在所有重大方面公允地反映了发行人的财务状况、经营成果和现金流量，并由注册会计师出具了无保留意见的审计报告。发行人编制财务报表应以实际发生的交易或者事项为依据；在进行会计确认、计量和报告时应当保持应有的谨慎；对相同或者相似的经济业务，应选用一致的会计政策，不得随意变更。发行人应完整披露关联方关系并按重要性原则恰当披露关联交易。关联交易价格公允，不存在通过关联交易操纵利润的情形。发行人应当符合下列条件：①最近3个会计年度净利润均为正数且累计超过人民币3 000万元，净利润以扣除非经常性损益前后较低者为计算依据；②最近3个会计年度经营活动产生的现金流量净额累计超过人民币5 000万元；或者最近3个会计年度营业收入累计超过人民币3亿元；③发行前股本总额不少于人民币3 000万元；④最近一期末无形资产占净资产的比例不高于20%；⑤最近一期末不存在未弥补亏损。发行人依法纳税，各项税收优惠符合相关法律法规的规定。发行人的经营成果对税收优惠不存在严重依赖。发行人不存在重大偿债风险，不存在影响持续经营的担保、诉讼以及仲裁等重大或有事项。发行人申报文件中不得有下列情形：①故意遗漏或虚构交易、事项或者其他重要信息；②滥用会计政策或者会计估计；③操纵、伪造或篡改编制财务报表所依据的会计记录或者相关凭证。发行人不得有下列影响持续盈利能力的情形：发行人的经营模式、产品或服务的品种结构已经或者将发生重大变化，并对发行人的持续盈利能力构成重大不利影响；发行人的行业地位或发行人所处行业的经营环境已经或者将发生重大变化，并对发行人的持续盈利能力构成重大不利影响；发行人最近 1 个会计年度的营业收入或净利润对关联方或者存在重大不确定性的客户存在重大依赖；发行人最近 1 个会计年度的净利润主要来自合并财务报表范围以外的投资收益；发行人在用的商标、专利、专有技术以及特许经营权等重要资产或技术的取得或者使用存在重大不利变化的风险；其他可能对发行人持续盈利能力构成重大不利影响的情形。

第五，募集资金运用。募集资金应当有明确的使用方向，原则上应当用于主营业务。除金融类企业外，募集资金使用项目不得为持有交易性金融资产和可供出售的金融资产、借予他人、委托理财等财务性投资，不得直接或者间接投资于以买卖有价证券为主要业务的公司。募集资金数额和投资项目应当与发行人现有生产经营规模、财务状况、技术水平和管理能力等相适应。募集资金投资项目应当符合国家产业政策、投资管理、环境保护、土地管理以及其他法律、法规和规章的规定。发行人董事会应当对募集资金投资项目的可行性进行认真分析，确信投资项目具有较好的市场前景和盈利能力，有效防范投资风险，提高募集资金使用效益。募集资金投资项目实施后，不会产生同业竞争或者对发行人的独立性产生不利影响。发行人应当建立募集资金专项存储制度，募集资金应当存放于董事会决定的专项账户。

【拓展思考】 对首次公开发行股票的条件严格性的分析

据中国证监会对第九届发审委 2007 年 5 月至 2008 年 3 月 31 日召开发审委会议情况的统计，该届发审委共召开发审委会议 192 次，审核公司共 361 家次，通过发审委会议的公司共 314 家，通过率为 87.22%，未通过发审委会议的公司共 46 家，否决率为 12.78%。发审委会议召开次数、审核企业家数分别比上届委员同期增加 71 次会议和 143 家企业，分别增长了 58.68% 和 65.60%。第九届专职委员平均每人参会 92 次，审核企业申请文件 120 家。

IPO 成功意味着能够成为上市公司，享受上市公司的一系列"待遇"，特别是能在证券市场上方便地融资。我们可以把 IPO 条件的严格性理解为上市公司的市场准入问题。中国证监会自身并不保证符合上述条件就一定能获得 IPO。是否允许 IPO 也是国家对于经济和证券市场进行宏观调控的重要手段。所以 IPO 本身具有很大的不确定性，当前因环保、股权结构等问题都可能否决 IPO。IPO 对于企业而言也是一项成本巨大的支出。对企业自身来说，能够如愿地获得 IPO，除了宏观因素外，关键取决于是否按 IPO 的条件进行了规范化的运作。从上述 IPO 的具体条件来看，都非常专业和严格。对企业在 IPO 之前有至少有 3 年规范化的运作要求，特别是财务会计报告、经营独立性和公司治理结构的规范性。因此，实践中，准备 IPO 的过程必然需要专业、熟练的会计师和律师对企业进行帮助。这样看来，无论从哪个角度看，严格的 IPO 都促使了商事主体的规范化运作，对于整个社会的经济发展和安全都是有利的。

【法律法规链接】 《证券法》第12条，《公司法》第86~89条，中国证监会于2006年5月18日起施行的《首次公开发行股票并上市管理办法》。

二、首次公开发行股票的程序

【基本理论】 首次公开发行股票的基本程序

首次公开发行股票应当分为以下几个步骤：

第一，董事会和股东会决议。发行人董事会应当依法就本次股票发行的具体方案、本次募集资金使用的可行性及其他必须明确的事项作出决议，并提请股东大会批准。发行人股东大会就本次发行股票作出的决议，至少应当包括下列事项：本次发行股票的种类和数量；发行对象；价格区间或者定价方式；募集资金用途；发行前滚存利润的分配方案；决议的有效期；对董事会办理本次发行具体事宜的授权以及其他必须明确的事项。

第二，向中国证监会提出申请，保荐人保荐。发行人应当按照中国证监会的有关规定制作申请文件，由保荐人保荐并向中国证监会申报。特定行业的发行人应当提供管理部门的相关意见。

第三，中国证监会受理、预先披露和审核。中国证监会收到申请文件后，在5个工作日内作出是否受理的决定。中国证监会受理申请文件后，由相关职能部门对发行人的申请文件进行初审，并由发行审核委员会审核。中国证监会在初审过程中，将征求发行人注册地省级人民政府是否同意发行人发行股票的意见，并就发行人的募集资金投资项目是否符合国家产业政策和投资管理的规定征求国家发展和改革委员会的意见。中国证监会依照法定条件对发行人的发行申请作出予以核准或者不予核准的决定，并出具相关文件。申请文件受理后、发行审核委员会审核前，发行人应当将招股说明书（申报稿）在中国证监会网站预先披露。发行人可以将招股说明书（申报稿）刊登于其企业网站，但披露内容应当完全一致，且不得早于在中国证监会网站的披露时间。发行人及其全体董事、监事和高级管理人员应当保证预先披露的招股说明书（申报稿）的内容真实、准确、完整。预先披露的招股说明书（申报稿）不是发行人发行股票的正式文件，不能含有价格信息，发行人不得据此发行股票。发行人应当在预先披露的招股说明书（申报稿）的显要位置声明："本公司的发行申请尚未得到中国证监会核准。本招股说明书（申报稿）不具有据以发行股票的法律效力，仅供预先披露之用。投资者应当以正式公告的招股说明书全文作为作出投资决定的依据。"

股票发行申请未获核准的，自中国证监会作出不予核准决定之日起 6 个月后，发行人可再次提出股票发行申请。

对首次公开发行的审核，由中国证监会内设的发行审核委员会（发审委）审核。发审委的职责除了审核发行人股票发行申请（首次公开发行、增发、配股）外，还审核可转换公司债券以及中国证监会认可的其他证券（如证券投资基金）的发行申请。发审委委员由中国证监会的专业人员和中国证监会外的专家组成，由中国证监会聘任，发审委委员为 25 名，部分发审委委员可以为专职。其中中国证监会的人员 5 名，中国证监会以外的人员 20 名。发审委设会议召集人 5 名。发审委的职责是：根据有关法律、行政法规和中国证监会的规定，审核股票发行申请是否符合相关条件；审核保荐人、会计师事务所、律师事务所、资产评估机构等证券服务机构及相关人员为股票发行所出具的有关材料及意见书；审核中国证监会有关职能部门出具的初审报告；依法对股票发行申请提出审核意见。发审委委员以个人身份出席发审委会议，依法履行职责，独立发表审核意见并行使表决权。发审委通过召开发审委会议进行审核工作。发审委会议表决采取记名投票方式。表决票设同意票和反对票，发审委委员不得弃权。发审委委员在投票时应当在表决票上说明理由。发审委会议对发行人的股票发行申请只进行一次审核。出现发审委会议审核意见与表决结果有明显差异或者发审委会议表决结果显失公正情况的，中国证监会可以进行调查，并依法作出核准或者不予核准的决定。

发审委会议采取两种审核程序。一是普通程序。如果是审核发行人公开发行股票申请和可转换公司债券等中国证监会认可的其他公开发行证券申请，适用普通程序。每次参加发审委会议的发审委委员为 7 名。表决投票时同意票数达到 5 票为通过，同意票数未达到 5 票为未通过。二是特别程序。发审委审核上市公司非公开发行股票申请和中国证监会认可的其他非公开发行证券申请，适用特别程序。每次参加发审委会议的委员为 5 名。表决投票时同意票数达到 3 票为通过，同意票数未达到 3 票为未通过。特别程序中委员不得提议暂缓表决。

第四，公告募集文件、发行公告和发售。《证券法》第 25 条规定："证券发行申请经核准，发行人应当依照法律、行政法规的规定，在证券公开发行前，公告公开发行募集文件，并将该文件置备于指定场所供公众查阅。"首次公开发行所要公告的募集文件主要是招股说明书、招股说明书的摘要和备查文件。凡是对投资者作出投资决策有重大影响的信息，均应当在招股说明书中予以披露。发行人及其全体董事、监事和高级管理人员应当在招股说明书上签字、盖章，保证招股说明书的内容真实、准确、完整。保荐人及其保荐代表人应当对招股说明书的真实性、准确性、完整性进行核查，并在核查意见上签字、盖章。招

第三章

股说明书中引用的财务报表在其最近一期截止日后 6 个月内有效。特别情况下发行人可申请适当延长，但至多不超过 1 个月。财务报表应当以年度末、半年度末或者季度末为截止日。招股说明书的有效期为 6 个月，自中国证监会核准发行申请前招股说明书最后一次签署之日起计算。发行人应当在发行前将招股说明书摘要刊登于至少 1 种中国证监会指定的报刊，同时将招股说明书全文刊登于中国证监会指定的网站，并将招股说明书全文置备于发行人住所、拟上市证券交易所、保荐人、主承销商和其他承销机构的住所，以备公众查阅。保荐人出具的发行保荐书、证券服务机构出具的有关文件应当作为招股说明书的备查文件，在中国证监会指定的网站上披露，并置备于发行人住所、拟上市证券交易所、保荐人、主承销商和其他承销机构的住所，以备公众查阅。发行人可以将招股说明书摘要、招股说明书全文、有关备查文件刊登于其他报刊和网站，但披露内容应当完全一致，且不得早于在中国证监会指定报刊和网站的披露时间。

自中国证监会核准发行之日起，发行人应在 6 个月内发行股票；超过 6 个月未发行的，核准文件失效，须重新经中国证监会核准后方可发行。发行申请核准后、股票发行结束前，发行人发生重大事项的，应当暂缓或者暂停发行，并及时报告中国证监会，同时履行信息披露义务。影响发行条件的，应当重新履行核准程序。发行应当发布发行公告，之后就可以向证券市场推介、询价来确定股票的价格，并通过网上发行和网下配售、战略投资者配售的方法来发售股票。询价、定价和发售则是一个非常典型的实务问题，以下详细介绍。

【实务指南】 首次公开发行股票的询价、定价与配售

首次公开发行被核准后的具体的发售程序，按照 2006 年 9 月 19 日施行的《证券发行与承销管理办法》的规定，应当经过询价和定价，之后再向市场发售。综合看来，可以用下页图表展示这个过程及相关制度规则。

通过询价、报价，基金等机构投资者可以参与新股发行定价过程，这就使市场供需双方直接协商，按企业质量、市场状况定价，并将部分股票配售给参与询价的机构，将其利益与风险同发行价格直接挂钩，防止随意报价，使新股发行价格能够准确反映企业的价值和市场的实际需求，达到维护广大公众投资者利益的目的。如果是上市后发行证券，则既可以通过询价的方式确定发行价格，也可以与主承销商协商确定发行价格。关于首次公开发行股票的询价与定价主要涉及以下几个问题：

第一，询价对象。询价对象即特定机构投资者，是指符合规定条件的证券投资基金管理公司、证券公司、信托投资公司、财务公司、保险机构投资者、合格境外机构投资者（QFII），以及经中国证监会认可的其他机构投资者。询价

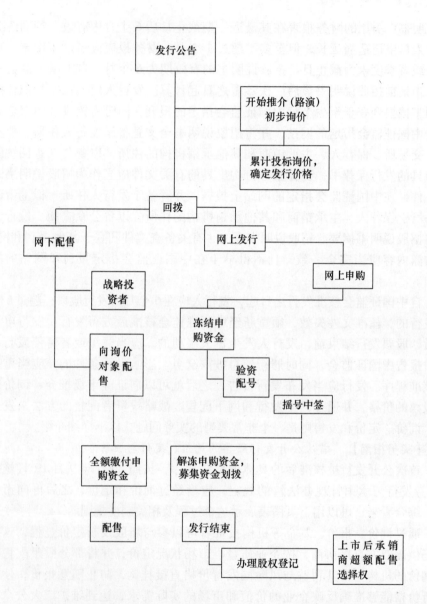

对象及其管理的证券投资产品（也称股票配售对象）应当在中国证券业协会登记备案，接受中国证券业协会的自律管理。询价对象应当为其管理的股票配售对象分别指定资金账户和证券账户，专门用于累计投标询价和网下配售。指定账户应当在中国证监会、中国证券业协会和证券登记结算机构登记备案。参与询价的询价对象一般会通过网下配售取得股票。

　　询价对象应当符合下列条件：①依法设立，最近 12 个月未因重大违法违规行为被相关监管部门给予行政处罚、采取监管措施或者受到刑事处罚；②依法可以进行股票投资；③信用记录良好，具有独立从事证券投资所必需的机构和人员；④具有健全的内部风险评估和控制系统并能够有效执行，风险控制指标符合有关规定；⑤按照《证券发行与承销管理办法》的规定被中国证券业协会从询价对象名单中去除的，自去除之日起已满12个月。证券公司作为机构投资者还应当经批准允许经营证券自营或者证券资产管理业务；信托投资公司作为机构投资者还应经相关监管部门重新登记已满2年，注册资本不低于4亿元，最近12个月有活跃的证券市场投资记录；财务公司作为机构投资者则应当成立2年以上，注册资本不低于3亿元，最近12个月有活跃的证券市场投资记录。主承销商的证券自营账户不得参与本次发行股票的询价、网下配售和网上发行。与发行人或其主承销商具有实际控制关系的询价对象，不得参与本次发行股票的询价、网下配售，可以参与网上发行。

第二，主承销商撰写投资价值报告并提供给询价对象询价。投资价值研究报告应当由承销商的研究人员独立撰写并署名，承销商不得提供承销团以外的机构撰写的投资价值研究报告。出具投资价值研究报告的承销商应当建立完善的投资价值研究报告质量控制制度，撰写投资价值研究报告的人员应当遵守证券公司内部控制制度。撰写投资价值研究报告应当遵守下列要求：①独立、审慎、客观；②引用的资料真实、准确、完整、权威并须注明来源；③对发行人所在行业的评估具有一致性和连贯性；④无虚假记载、误导性陈述或者重大遗漏。投资价值研究报告应当对影响发行人投资价值的因素进行全面分析，至少包括下列内容：①发行人的行业分类、行业政策，发行人与主要竞争者的比较及其在行业中的地位；②发行人经营状况和发展前景分析；③发行人盈利能力和财务状况分析；④发行人募集资金投资项目分析；⑤发行人与同行业可比上市公司的投资价值比较；⑥宏观经济走势、股票市场走势以及其他对发行人投资价值有重要影响的因素。投资价值研究报告应当在上述分析的基础上，运用行业公认的估值方法对发行人股票的合理投资价值进行预测。发行人、主承销商和询价对象不得以任何形式公开披露投资价值研究报告的内容。发行人及其主承销商应当在刊登首次公开发行股票招股意向书和发行公告后向询价对象进行推介和询价，并通过互联网向公众投资者进行推介。

第三，询价分为初步询价和累计投标询价。发行人及其主承销商应当通过初步询价确定发行价格区间，在发行价格区间内通过累计投标询价确定发行价格。首次发行的股票在中小企业板上市的，发行人及其主承销商可以根据初步询价结果确定发行价格，不再进行累计投标询价。询价对象可以自主决定是否参与初步询价，询价对象申请参与初步询价的，主承销商无正当理由不得拒绝。

未参与初步询价或者参与初步询价但未有效报价的询价对象，不得参与累计投标询价和网下配售。网下配售，是指不通过证券交易所技术系统、由主承销商组织实施的证券发行。初步询价结束后，公开发行股票数量在4亿股以下，提供有效报价的询价对象不足20家的，或者公开发行股票数量在4亿股以上，提供有效报价的询价对象不足50家的，发行人及其主承销商不得确定发行价格，并应当中止发行。如果发行人及其主承销商中止发行后重新启动发行工作的，应当及时向中国证监会报告。询价对象应当遵循独立、客观、诚信的原则合理报价，不得协商报价或者故意压低或抬高价格。发行人及其主承销商在发行价格区间和发行价格确定后，应当分别报中国证监会备案，并予以公告。

至于股票的配售。有两种情况：一是向战略投资者配售股票。首次公开发行股票数量在4亿股以上的，可以向战略投资者配售股票。发行人应当与战略投资者事先签署配售协议，并报中国证监会备案。为维护市场公平，发行人及其主承销商应当在发行公告中披露战略投资者的选择标准、向战略投资者配售的股票总量、占本次发行股票的比例，以及持有期限制等。战略投资者不得参与首次公开发行股票的初步询价和累计投标询价，并应当承诺获得本次配售的股票持有期限不少于12个月（禁售期），持有期自本次公开发行的股票上市之日起计算。二是如前所述发行人及其主承销商应当向参与网下配售的询价对象配售股票。公开发行股票数量少于4亿股的，配售数量不超过本次发行总量的20%；公开发行股票数量在4亿股以上的，配售数量不超过向战略投资者配售后剩余发行数量的50%。询价对象应当承诺获得本次网下配售的股票持有期限不少于3个月，持有期自本次公开发行的股票上市之日起计算。本次发行的股票向战略投资者配售的，发行完成后无持有期限制的股票数量不得低于本次发行股票数量的25%。股票配售对象限于下列类别：①经批准募集的证券投资基金；②全国社会保障基金；③证券公司证券自营账户；④经批准设立的证券公司集合资产管理计划；⑤信托投资公司证券自营账户；⑥信托投资公司设立并已向相关监管部门履行报告程序的集合信托计划；⑦财务公司证券自营账户；⑧经批准的保险公司或者保险资产管理公司证券投资账户；⑨合格境外机构投资者管理的证券投资账户；⑩在相关监管部门备案的企业年金基金；⑪经中国证监会认可的其他证券投资产品。

股票配售对象参与累计投标询价和网下配售应当全额缴付申购资金，单一指定证券账户的累计申购数量不得超过本次向询价对象配售的股票总量。发行人及其主承销商通过累计投标询价确定发行价格的，当发行价格以上的有效申购总量大于网下配售数量时，应当对发行价格以上的全部有效申购进行同比例配售。初步询价后定价发行的，当网下有效申购总量大于网下配售数量时，应当对全部有效申购进行同比例配售。主承销商应当对询价对象和股票配售对象的登记备案情况进行核查。对有下列情形之一的询价对象不得配售股票：①未参与初步询价；②询价对象或者股票配售对象的名称、账户资料与中国证券业协会登记的不一致；③未在规定时间内报价或者足额划拨申购资金；④有证据表明在询价过程中有违法违规或者违反诚信原则的情形。

发行人及其主承销商网下配售股票，应当与网上发行同时进行。网上发行，是指通过证券交易所技术系统进行的证券发行。网上发行时发行价格尚未确定的，参与网上发行的投资者应当按价格区间上限申购，如最终确定的发行价格低于价格区间上限，差价部分应当退还给投资者。投资者参与网上发行应当遵守证券交易所和证券登记结算机构的相关规定。首次公开发行股票达到一定规模的，发行人及其主承销商应当在网下配售和网上发行之间建立回拨机制，根据申购情况调整网下配售和网上发行的比例。

此外，为了稳定该股票上市后的股价走向，防止股价大起大落，在股票的发行中还建立了"超额配售选择权"机制，也称"绿鞋"计划（greenshoes）。所谓"超额配售选择权"是指新股发行时，发行人授予主承销商在本次发行的股票上市后 30 日内，可以按同一发行价格，超额发售不超过本次计划发行数量的一定比例股份的权利（一般不超过 15%），超额发售的股份视为本次发行的一部分。其意图在于防止股票发行上市后股价下跌至发行价或发行价以下，达到支持和稳定二级市场交易的目的。

【拓展思考】　股票发行定价机制的市场化

对于首次公开发行股票而言，其以什么样的价格来作为发行价会对股票上市后的走势产生较大影响。我们发现，首次公开发行股票的核准权在中国证监会，但是价格则交由市场来决定。根据中国证监会《证券发行与承销管理办法》的规定，首次公开发行股票应当通过向特定机构投资者询价的方式确定股票发行价格。这彻底改变了以前按市盈率法确定股票发行价格的传统做法，使股票发行价格走向了完全的市场化。在股票发行时，发行人的经营状况和财务状况，股票的发行数量、市场的供求关系、同类股票的价格水平以及市场的利率水平等都会影响到股票的价格。

我国《公司法》规定，股票的发行价格不得低于票面金额，但是对股票如何定价还是一个非常复杂的问题。上述询价、定价方法其实主要依据的是市场对股票价值的认可。通过初步询价，先确定一个价格的区间，再通过累计投标询价确定发行价格，这样的价格本身就是投资者愿意接受的价格，因而股票发行的风险比较小。而询价对象又被赋予了配售的权利，因此其利益与定价结果也结合为一体，更容易做到独立、客观、诚信地合理报价。这种定价方法也更

第三章

能确保承销商对于股票价格的中立地位，因为询价对象中不能包含主承销商的证券自营账户和与发行人或其主承销商具有实际控制关系者；还赋予了主承销商的股票分配权，凡是有效报价的询价对象都能够由主承销商配售股票，籍此更能鼓励询价对象报出合理的价格，因为按照累积投标询价的方法，报价越接近最后的定价，能获得的配售股票就越多。当然，这种市场化的定价方法也需要较高的成本。例如，为了推介股票，主承销商往往要采用网上"路演"的方式展开互动交流和新闻发布。

【法律法规链接】 《证券法》第10、11条，中国证监会于2006年5月18日起施行的《首次公开发行股票并上市管理办法》，中国证监会于2006年9月19日起施行的《证券发行与承销管理办法》。

三、上市公司发行新股的条件和程序

【基本理论】 上市公司发行新股的意义和条件

上市公司发行新股是指上市公司发行股票的行为。上市公司发行新股是上市公司的增资行为，必然影响到公司的经营状况，并且由于在结果上会增大上市公司的注册资本，不仅涉及新股东的利益，也往往影响老股东的利益。因此，上市公司发行新股的条件受到法律严格的实质和程序控制。

上市公司发行新股主要有两种方式：配售和增发。配售是指向原股东配售股份；增发是指向不特定对象公开募集股份。

除了要符合上市公司发行证券的一般条件外，配售还应当符合以下条件：①拟配售股份数量不超过本次配售股份前股本总额的30%；②控股股东应当在股东大会召开前公开承诺认配股份的数量；③采用《证券法》规定的代销方式发行。控股股东不履行认配股份的承诺，或者代销期限届满，原股东认购股票的数量未达到拟配售数量70%的，应当认为属于发行失败，发行人应当按照发行价并加算银行同期存款利息返还已经认购的股东。

增发则还应当满足以下条件：①最近3个会计年度加权平均净资产收益率平均不低于6%。扣除非经常性损益后的净利润与扣除前的净利润相比，以低者作为加权平均净资产收益率的计算依据；②除金融类企业外，最近一期末不存在持有金额较大的交易性金融资产和可供出售的金融资产、借予他人款项、委托理财等财务性投资的情形；③发行价格应不低于公告招股意向书前20个交易日公司股票均价或前1个交易日的均价。

上市公司发行新股还可以采用非公开方式，向特定对象发行股票。这就是上市公司的非公开发行股票，常被称为"定向增发"，属于私募发行。非公开发行股票往往具有特定的目的，比如改变股权结构。非公开发行股票的特定对象

应当符合下列规定：①特定对象符合股东大会决议规定的条件；②发行对象不超过 10 名。发行对象为境外战略投资者的，应当经国务院相关部门事先批准。上市公司非公开发行股票，应当符合下列规定：①发行价格不低于定价基准日前 20 个交易日公司股票均价的 90%；②本次发行的股份自发行结束之日起，12 个月内不得转让；控股股东、实际控制人及其控制的企业认购的股份，36 个月内不得转让；③募集资金使用符合《上市公司证券发行管理办法》第 10 条的规定；④本次发行将导致上市公司控制权发生变化的，还应当符合中国证监会的其他规定。上市公司存在下列情形之一的，不得非公开发行股票：①本次发行申请文件有虚假记载、误导性陈述或重大遗漏；②上市公司的权益被控股股东或实际控制人严重损害且尚未消除；③上市公司及其附属公司违规对外提供担保且尚未解除；④现任董事、高级管理人员最近 36 个月内受到过中国证监会的行政处罚，或者最近 12 个月内受到过证券交易所公开谴责；⑤上市公司或其现任董事、高级管理人员因涉嫌犯罪正被司法机关立案侦查或涉嫌违法违规正被中国证监会立案调查；⑥最近一年及一期财务报表被注册会计师出具保留意见、否定意见或无法表示意见的审计报告。保留意见、否定意见或无法表示意见所涉及事项的重大影响已经消除或者本次发行涉及重大重组的除外；⑦严重损害投资者合法权益和社会公共利益的其他情形。

【实务指南】　上市公司发行新股的程序与信息公开

上市公司发行新股的程序大致可以分为以下几个步骤，其中也有对信息公开的要求：

第一，由董事会作出发行新股的决议，提请股东大会批准。董事会应当就发行方案、募集资金使用的可行性报告、前次募集资金使用的报告以及其他事项作出决议并提请股东大会批准。证券发行议案经董事会表决通过后，应当在 2 个工作日内报告证券交易所，公告召开股东大会的通知。使用募集资金收购资产或者股权的，应当在公告召开股东大会通知的同时，披露该资产或者股权的基本情况、交易价格、定价依据以及是否与公司股东或其他关联人存在利害关系。股东大会就发行新股作出的决定，应当包含以下事项：①本次发行证券的种类和数量；②发行方式、发行对象及向原股东配售的安排；③定价方式或价格区间；④募集资金用途；⑤决议的有效期；⑥对董事会办理本次发行具体事宜的授权以及其他必须明确的事项。股东大会就发行新股事项作出决议，必须经出席会议的股东所持表决权的 2/3 以上通过。向本公司特定的股东及其关联人发行证券的，股东大会就发行方案进行表决时，关联股东应当回避。上市公司就发行证券事项召开股东大会，应当提供网络或者其他方式为股东参加股东大会提供便利。股东大会通过本次发行议案之日起 2 个工作日内，上市公司应当公布股东大会决议。

第二，由保荐人保荐，并向中国证监会申报。上市公司申请公开发行新股或者非公开发行新股，应当由保荐人保荐，并向中国证监会申报。保荐人应当按照中国证监会的有关规定编制和报送发行申请文件。

第三，中国证监会进行审核。中国证监会收到申请文件后，5 个工作日内决定是否受理；中国证监会受理后，对申请文件进行初审；发行审核委员会审核申请文件；中国证监会作出核准或者不予核准的决定。证券发行申请未获核准的上市公司，自中国证监会作出不予核准的决定之日起 6 个月后，可再次提出证券发行申请。上市公司收到中国证监会关于本次发行申请的下列决定后，应当在次一工作日予以公告：不予受理或者终止审查、不予核准或者予以核准。上市公司决定撤回证券发行申请的，应当在撤回申请文件的次一工作日予以公告。

第四，公告和发行。自中国证监会核准发行之日起，上市公司应在 6 个月内发行新股；超过 6 个月未发行的，核准文件失效，须重新经中国证监会核准后方可发行。上市公司发行新股前发生重大事项的，应暂缓发行，并及时报告中国证监会。该事项对本次发行条件构成重大影响的，发行新股的申请应重新经过中国证监会核准。上市公司发行新股，应当由证券公司承销；非公开发行股票，发行对象均属于原前 10 名股东的，可以由上市公司自行销售。上市公司全体董事、监事、高级管理人员应当在公开募集新股的说明书上签字，保证不存在虚假记载、误导性陈述或者重大遗漏，并声明承担个别和连带的法律责任。保荐机构及保荐代表人应当对公开募集新股说明书的内容进行尽职调查并签字，确认不存在虚假记载、误导性陈述或者重大遗漏，并声明承担相应的法律责任。为新股发行出具专项文件的注册会计师、资产评估人员、资信评级人员、律师及其所在机构，应当按照本行业公认的业务标准和道德规范出具文件，并声明对所出具文件的真实性、准确性和完整性承担责任。公开募集新股说明书所引用的审计报告、盈利预测审核报告、资产评估报告、资信评级报告，应当由有资格的证券服务机构出具，并由至少 2 名有从业资格的人员签署；所引用的法律意见书，应当由律师事务所出具，并由至少 2 名经办律师签署。公开募集新股说明书自最后签署之日起 6 个月内有效，并且不得使用超过有效期的资产评估报告或者资信评级报告。上市公司在公开发行新股前的 2～5 个工作日内，应当将经中国证监会核准的募集说明书摘要或者募集意向书摘要刊登在至少一种中国证监会指定的报刊，同时将其全文刊登在中国证监会指定的互联网网站，置备于中国证监会指定的场所，供公众查阅。

上市公司在非公开发行新股后，应当将发行情况报告书刊登在至少一种中国证监会指定的报刊，同时将其刊登在中国证监会指定的互联网网站，置备于中国证监会指定的场所，供公众查阅。

【拓展思考】　股票配售与增发的应用

股票的配售、增发都是增加上市公司注册资本的行为，会为公司的发展提供所需要的资金，也是非常灵活的上市公司再融资、持续融资的行为。配售应当面对所有的股东，所有的股东都有认购新股的权利。而配售的条件之一就是控股股东要表态是否认购和认购的数额，所以一般的小股东往往可以从控股股东的态度来判断自己是否行使认购权。增发则既可能面向所有投资者，也可能面向特定的投资者。我们应当注意到定向增发并没有要求上市公司盈利，即使公司亏损也可以进行融资。此种情况下，如果有大股东以及有实力的、风险承受能力较强的投资人以接近市价、乃至超过市价的价格，为上市公司输送资金，就可以尽量减少小股民的投资风险；并且由于参与定向的最多 10 名投资人认购的股份都有明确的锁定期，一般来说，敢于提出非公开增发计划、并且已经被大投资人所接受的上市公司，通常会在未来有较好的成长性。

【法律法规链接】　《证券法》第 13、14 条，中国证监会于 2006 年 5 月 8 日起施行的《上市公司证券发行管理办法》。

案例点评

一、原始股案例

泛华公司系上海市工商局登记注册的非上市股份有限公司。1994 年 9 月 18 日申请设立时，投资方为上海浦东新区的三家法人，1997 年 11 月 30 日进行改制，又增加了上海浦东六家法人或机构组织共同组成投资方，并变更企业名称为"上海泛华能源应用发展股份有限公司"，而在上海市人民政府的批文中，明确要求其在"公司设立后，须按《公司法》及有关法律法规和部门规章的要求，规范运作"。

原告许女士在起诉书中称，泛华公司在没有经过许可批准的情况下，通过某证券公司南京营业部的工作人员对外推销其股权。在这些人员的蛊惑性宣传和欺诈性引诱下，2006 年 4 月 6 日，原告购买了泛华公司股权 10 万股，转让价格为每股 3.98 元，合计 39.8 万元，在原告支付款项后，泛华公司提供了盖章的《股权证》，双方签订《股权受让书》与《协议书》。在《协议书》中，泛华公司强调其股票将挂牌上市，若在 2007 年 6 月 30 日之前未能挂牌上市，《协议书》规定将按申购价原价回购。但是，在泛华公司的工商登记中，从来没有原告作为其股东的工商登记内容，而且原告从来也没有担任过泛华公司的职工。

原告在起诉书中还表示，当原告发现泛华公司的行为系非法发行证券，多次向泛华公司与该公司董事秘书邹某要求返还投资款项时，开始被泛华公司与邹某拒绝。其后，经过多次追索，泛华公司与邹某才向原告支付了 15 万元，并由邹某写下了《承诺书》，《承诺书》约定购股款项之余款的最后付款期限为 2007 年 4 月 30 日，但到期后，泛华公司与邹某拒不履行约定。

在这种情况下，原告认为，根据《民法通则》、《公司法》、《证券法》和最高人民法院、最高人民检察院、公安部、中国证监会《关于整治非法证券活动有关问题的通知》，以及其他法律法规、规范性文件的规定，要求泛华公司与邹某履行承诺，返还自己股权投资款项及其利息，依法维护投资者的合法权益。

本案值得关注的是证券发行的方式。依据我国《证券法》的规定，未经中国证监会的批准，任何人不得公开发行证券。该强行性规定必然导致相关违法行为人要承担若干责任，包括合同无效的责任。

二、中国工商银行股份发行

中国工商银行股份发行案有以下特色：①融资规模巨大。中国工商银行于 2006 年 10 月 20 日完成 A + H 股发行，在超额配售选择权行使前，A + H 股的发行规模合计达 191 亿美元，成为全球发行规模最大的首次公开发行，其中 A 股网上申购资金达 6 503 亿元，H 股发行吸引资金规模近 4 250 亿港币，为当时 A 股历史上资金申购项目中冻结资金最高的项目，也是香港公开发行部分冻结资金最高的项目。有 138 家询价对象参加了 A 股的初步询价。②是国内第一例同时发行 A 股与 H 股，且 A 股与 H 股同价发行的股票。A + H 股的同时、同价发行有利于中国 A 股市场的国际化，符合合理公平的市场原则。通过 A + H 股的同时发行为解决境内外的信息披露、监管协调、市场对接提供了有益的经验。③第一次采用了股票超额配售选择权制度（即"绿鞋"计划）。中国工商银行是《证券发行与承销管理办法》正式生效后首只采取配以"绿鞋"机制发行的股票。"绿鞋"机制的采用除了可增加股票的发行规模外，还可增强参加一级市场认购投资者的信心，并在一定程度上维持股价在上市初期的稳定性，降低投资者在短期内的市场风险。④大规模引进战略投资者。目前国际上大盘股通行的发行方式是向战略投资者配售的方式。由于向战略投资者配售要求 12 个月以上的持股锁定期，故有利于吸引长期增量资金进入市场，有利于改善投资者结构，同时也有利于缓解市场资金压力，稳定投资者预期。中国工商银行首次大规模引入了 A 股战略配售，配售规模达到了 180 亿元。⑤运用了回拨机制。为了平衡好网下配售与网上发行之间的比例关系，适度保护中小投资者的利益，中国工商银行还第一次采用了网下配售与网上发行之间的股票回拨机制。根据中国工商银行 2006 年 10 月 23 日 "首次公开发行 A 股定价、网下发行结果及网上中签率公告" 披露，鉴于网上中签率2.965 467% 低于 3% ，也低于网下初步配售比例，发行人与主承销商决定启动回拨机制，将 6.5 亿股股票从网下回拨到网上。回拨机制实施后网上发行最终中签率为3.277 329% ，网下最终配售比例为 5.608% 。

第4章

证券的上市与交易

内容摘要　证券上市是指被允许发行的证券进入证券市场进行流通，也指证券处于证券交易所交易的状态。证券上市应当符合证券交易所的上市规则，并经过交易所的批准，遵守交易所的所有交易规则，特别是信息公开制度；证券类型不同，上市的规则也不同。上市、暂停上市和终止上市是证券在证券交易所的动态过程。上市后的证券交易也有具体的规则，证券交易方式呈现多元化趋势。上市公司收购是一种证券市场中特殊的证券交易，其目的在于取得目标公司的控制权；主要包括要约收购和协议收购。

第一节　证券上市

一、证券上市的条件和程序

【基本理论】　证券上市的条件

《证券法》第39条规定："依法公开发行的股票、公司债券及其他证券，应当在依法设立的证券交易所上市交易或者在国务院批准的其他证券交易场所转让。"证券上市也就是我们常说的证券在两大交易所挂牌交易，也包括在其他证券交易场所，如 OTC 市场上的挂牌交易。从逻辑上说，证券上市是连接证券发行和证券交易的一个中间环节。但是就目前证券上市制度的主要内容看，证券上市涉及的法律关系发生在证券交易所和证券发行人之间，因此，上市并不是一个单纯的、证券交易的前置程序，而是包含自上市开始在整个证券交易过程中证券交易所对证券发行人的法律控制，所以自然还包括上市的暂停和终止制度。按照上市证券类型的不同，有关上市条件也有差别：

第一，股票的上市。《证券法》第50条规定："股份有限公司申请股票上市，应当符合下列条件：①股票经国务院证券监督管理机构核准已公开发行；

②公司股本总额不少于人民币3 000万元；③公开发行的股份达到公司股份总数的25%以上；公司股本总额超过人民币4亿元的，公开发行股份的比例为10%以上；④公司最近3年无重大违法行为，财务会计报告无虚假记载。证券交易所可以规定高于前款规定的上市条件，并报国务院证券监督管理机构批准。"

第二，公司债券的上市。公司债券的上市系指由上市公司发行的普通公司债券和其他发行主体发行的公司债券的上市。发行人申请公司债券上市，应当符合下列条件：①经有权部门批准并发行；②债券的期限为1年以上；③债券的实际发行额不少于人民币5 000万元；④债券须经资信评级机构评级，且债券的信用级别良好；⑤申请债券上市时仍符合法定的公司债券发行条件以及其他条件。

第三，可转换公司债券的上市。上市公司申请可转换公司债券上市，应当符合下列条件：①可转换公司债券的期限为1年以上；②可转换公司债券实际发行额不少于人民币5 000万元；③申请上市时仍符合法定的可转换公司债券发行条件。

此外，股票和可转换公司债券的上市涉及保荐问题。我国《证券法》第49条规定，申请股票、可转换为股票的公司债券或者法律、行政法规规定实行保荐制度的其他证券上市交易，应当聘请具有保荐资格的机构担任保荐人。对保荐人的要求与证券发行中保荐人的要求相同，即保荐人应当遵守业务规则和行业规范，诚实守信，勤勉尽责，对发行人的申请文件和信息披露资料进行审慎核查，督导发行人规范运作。按照《上海证券交易所股票上市规则》的规定，发行人申请其首次公开发行的股票、上市后发行的新股和可转换公司债券上市，以及公司股票被暂停上市后申请恢复上市的，应当由保荐机构保荐。保荐机构应当与发行人签订保荐协议，明确双方在发行人申请上市期间、申请恢复上市期间和持续督导期间的权利和义务。保荐机构在证券发行中的职责是督导发行人按照交易所的规则履行信息披露及其他相关义务，督导发行人及其董事、监事和高级管理人员遵守该规则并履行向上交所作出的承诺，审阅发行人信息披露文件和向上交所提交的其他文件，并保证提交的与保荐工作相关的文件真实、准确、完整。首次公开发行股票的，持续督导的期间为股票上市当年剩余时间及其后2个完整会计年度；发行新股、可转换公司债券的，持续督导的期间为股票或者可转换公司债券上市当年剩余时间及其后1个完整会计年度；申请恢复上市的，持续督导期间为股票恢复上市当年剩余时间及其后1个完整会计年度。持续督导的期间自股票或者可转换公司债券上市之日起计算。如果保荐机构有充分理由确信发行人可能存在违反上市规则的行为的，应当督促发行人作出说明并限期纠正；情节严重的，有责任向上交所报告；也可以对发行人违法违规事项公开发表声明。如果保荐机构有充分理由确信中介机构及其签名人员出具的专业意见可能存在虚假记载、误导性陈述或重大遗漏等违法违规情形或者其他不当情形的，应当及时发表意见；情节严重的，应当向上交所报告。

对于债券上市也存在与保荐制度相似的"上市推荐人制度"。例如按照《上海证券交易所公司债券上市规则》的相关规定，债券在该所申请上市，必须由1~2个该所认可的机构推荐并出具上市推荐书。上市推荐人应当符合下列条件：①该所会员或该所认可的其他机构；②最近1年内无重大违法违规行为；③负责推荐工作的主要业务人员应当熟悉该所章程及相关业务规则以及其他条件。上市推荐人应履行下列义务：①确认债券发行人符合上市条件；②确保债券发行人的董事、高级管理人员了解其所担负责任的性质，并承担该所上市规则及上市协议所列明的责任；③协助债券发行人进行债券上市申请工作；④向该所提交上市推荐书；⑤确保上市文件真实、准确、完整，符合规定要求，文件所载的资料经过核实；⑥协助债券发行人与该所安排债券上市以及其他义务。上市推荐人应当保证发行人的上市申请材料、上市公告书及其他有关宣传材料没有虚假、误导性陈述或者重大遗漏，并保证对其承担连带责任。

【实务指南】　证券上市的程序

证券上市的程序概括来说，可以分为以下几个步骤：

第一，应当由证券发行人和保荐人向证券交易所提出申请。不同的证券类别，在申请时需要不同的法律文书，以下分别叙述：

1. 申请股票上市提交的法律文件。《上海证券交易所股票上市规则（2006年5月修订稿）》规定，发行人首次公开发行股票的申请获得中国证监会核准后，可以向该所提出股票上市申请，股票上市申请应当向该所提交如下文件：上市报告书（申请书）；中国证监会核准其股票首次公开发行的文件；申请股票上市的董事会和股东大会决议；营业执照复印件；公司章程；依法经具有执行证券、期货相关业务资格的会计师事务所审计的发行人最近3年的财务会计报告；首次公开发行结束后发行人全部股票已经中国证券登记结算有限责任公司上海分公司托管的证明文件；首次公开发行结束后具有执行证券、期货相关业务资格的会计师事务所出具的验资报告；关于董事、监事和高级管理人员持有本公司股份的情况说明和《董事（监事、高级管理人员）声明及承诺书》；发行人拟聘任或者已聘任的董事会秘书的有关资料；首次公开发行后至上市前按规定新增的财务资料和有关重大事项的说明（如适用）；首次公开发行前已发行股份持有人自发行人股票上市之日起1年内持股锁定证明；控股股东和实际控制人接受限制转让约束的承诺函；最近一次的招股说明书和经中国证监会审核的全套发行申报材料；按照有关规定编制的上市公告书；保荐协议和保荐机构出具的上市保荐书；律师事务所出具的法律意见书以及其他文件。需要注意的是，相比其他证券的上市，首次公开发行股票的条件是最为严格的，按照《上海证券交易所股票上市规则（2006 年 5 月修订稿）》的规定，发行人向该所申请其股票上市时，控股股东和实际控制人应当承诺：自发行人股票上市之日起 36 个月内，不转让或者委托他人管理其已直接和间接持有的发行人股份，也不由发行人收购该部分股份；发行人在刊登招股说明书之前 12 个月内进行增资扩股的，新增股份的持有人应当承诺：自发行人完成增资扩股工商变更登记手续之日起 36 个月内，不转让其持有的该部分新增股份。发行人应当在上市公告书中披露上述承诺。

2. 申请公司债券上市应当提交的法律文件。发行人申请债券上市须向上交所提交下列文件：债券上市申请书；有权部门批准债券发行的文件；同意债券上市的决议；债券上市推荐书；公司章程；公司营业执照；债券募集办法、发行公告及发行情况报告；债券资信评级报告及跟踪评级安排说明；债券实际募集数额的证明文件；上市公告书；具有证券从业资格的会计师事务所出具的发行人最近 3 个完整会计年度审计报告；担保人资信情况说明与担保协议（如有）；发行人最近 3 年是否存在违法违规行为的说明；债券持有人名册及债券托管情况说明以及其他文件。经中国证监会核准发行公司债券的上市公司可以豁免提供公司章程；上市公告书；具有证券从业资格的会计师事务所出具的发行人最近 3 个完整会计年度审计报告和发行人最近 3 年是否存在违法违规行为的说明。

3. 申请上市公司发行的新股和可转换公司债券上市应当提交的法律文件。申请上市公司发行的新股和可转换公司债券上市，应当提交下列文件：上市报告书（申请书）；申请上市的董事会和股东大会决议；按照有关规定编制的上市公告书；保荐协议和保荐机构出具的上市保荐书；发行结束后经具有执行证券、期货相关业务资格的会计师事务所出具的验资报告；登记公司对新增股份和可转换公司债券登记托管的书面确认文件；董事、监事和高级管理人员持股情况变动的报告（适用于新股上市）；股份变动报告书（适用于新股上市）以及其他文件。

4. 申请有限制条件的股份上市应当提交的法律文件。例如上市公司向上交所申请其内部职工股上市时，应当提交下列文件：上市申请书；中国证监会关于内部职工股上市时间的批文；有关内部职工股持股情况的说明及其托管证明；董事、监事和高级管理人员持有内部职工股有关情况的说明；内部职工股上市提示公告和其他文件。上市公司有关股东以及（原）董事、监事和高级管理人员向上交所申请对所持本公司股份解除锁定时，应当提交下列文件：持股解锁申请；全部或者部分解除锁定的理由和相关证明文件（如适用）；上市交易提示公告以及其他文件。上市公司申请向证券投资基金、法人、战略投资者配售的股份上市交易，应当向上交所提交下列文件：上市交易申请书；配售结果的公告；配售股份的托管证明；关于向证券投资基金、法人、战略投资者配售股份的说明；上市交易提示公告以及其他文件。申请股权分置改革后有限售条件的股份上市交易，应当由上市公司向上交所提交下列文件：上市交易申请书；有限售条件的股份持有人持股情况及股份托管情况说明；有限售条件的股份持有人所作出的限售承诺及其履行情况说明；关于限售条件已解除的证明文件；上市交易提示公告以及其他文件。

第二，由证券交易所进行审议，作出是否同意上市的决定并通知发行人。这个程序对于各类证券均适用。具体由证券交易所设立上市委员会对上市申请进行审议，作出独立的专业判断并形成审核意见。证券交易所根据上市审核委员会的审核意见，作出是否同意上市的决定。不过，证券交易所并不保证发行人符合上市条件时，其上市申请一定能够获得同意。

第三，经证券交易所同意上市后，由证券交易所与发行人签订上市协议书，并由发行人发布上市公告。《证券法》第48条第1款规定："申请证券上市交易，应当向证券交易所提出申请，由证券交易所依法审核同意，并由双方签订上市协议。"第53条规定："股票上市交易申请经证券交易所审核同意后，签订上市协议的公司应当在规定的期限内公告股票上市的有关文件，并将该文件置备于指定场所供公众查阅。"第59条规定："公司债券上市交易申请经证券交易所审核同意后，签订上市协议的公司应当在规定的期限内公告公司债券上市文件及有关文件，并将其申请文件置备于指定场所供公众查阅。"

发行人在提出上市申请期间，未经证券交易所同意，不得擅自披露与上市有关的任何信息。对于首次公开发行的股票，发行人应当于其股票上市前5个交易日内，在指定媒体上披露下列文件和事项：①上市公告书；②公司章程；③申请股票上市的股东大会决议；④上市保荐书；⑤法律意见书以及其他文件和事项。其他各类证券的上市也应当发布上市公告或上市提示性公告。

公司债券上市时，发行人应当在债券上市交易前在证监会指定的信息披露报刊或/及证券交易所网站上公告债券上市公告书，并将上市公告书、与核准文件及有关上市申请文件备置于指定场所供公众查阅。需要注意的是，对于公司债券，发行人和上市推荐人必须在债券上市交易前完成上市债券在证券交易所指定托管机构的托管工作，并将债券持有人名册核对无误后报送证券交易所指定托管机构。发行人和上市推荐人对该名册的准确性负全部责任。对于新股和可转换债券，上市公司应当在其上市前 5 个交易日内，在指定媒体上披露上市公告书和股份变动报告（适用于新股上市）以及其他文件和事项。对于内部职工股上市，上市公司应当在其上市前 3 个交易日内披露上市提示公告。上市提示公告应当包括上市日期、本次上市的股份数量以及董事、监事和高级管理人员持有的数量；发行价格；历次股份变动情况；持有内部职工股的人数。对于配售股份的上市，上市公司应当在配售的股份上市交易前 3 个交易日内披露上市交易提示公告，该公告应当包括配售股份的上市交易时间；配售股份的上市交易数量；配售股份的发行价格；公司历次股份变动情况。对于股权分置改革后有限售条件的股份的上市，应当在上市交易前 3 个交易日内披露上市交易提示公告。上市交易提示公告应当包括有关股份上市交易时间和数量；有关股东所作出的限售承诺及其履行情况以及其他内容。

【拓展思考】　证券上市审核制度的法律意义及信息公开要求

证券依法发行后，能否上市的审核权由证券交易所行使。《上海证券交易所股票上市规则（2006 年 5 月修订稿）》第 5.1.6 规定："……本所并不保证发行人符合上述条件时，其上市申请一定能够获得本所同意。"由此我们发现，证券的发行与否由中国证监会审核，但能否上市则由证券交易所决定。这种做法能够确保证券交易所按照市场规范化的要求进一步核查证券的质量，确保要求上市交易的证券遵守有关的交易规则，遵循保护投资者利益的原则，贯彻信息公开义务。如果再联系证券交易所对上市证券的停牌、复牌、暂停上市、恢复上市和终止上市等各种具体管理措施，以及证券交易所作为独立法人的地位，我们可以认为证券上市由证券交易所进行审核体现了证券交易的市场化走向和自律性的约束。

审核制下的证券上市制度，能直接要求上市证券公开相关的信息；否则至少会被排除出证券交易市场。以下以《上海证券交易所股票上市规则（2006 年 5 月修订稿）》（以下简称《规则》）为例，简要说明：

第一，该《规则》对信息披露规定的"基本原则和一般规定"，是对《证券法》关于信息披露制度的落实。包括要求上市公司应当制定并严格执行信息披露管理制度和重大信息的内部报告制度，明确公司各部门（含控股子公司）和有关人员的信息披露职责范围及保密责任，以保证公司的信息披露符合该《规则》要求。还要求上市公司及相关信息披露义务人应当关注公共传媒（包括主要网站）关于本公司的报道，以及本公司股票及其衍生品种的交易情况，及时向有关方面了解真实情况，在规定期限内如实回复该所就上述事项提出的问询，并按照该《规则》的规定和该所要求及时就相关情况作出公告、上市公司披露信息时，应当使用事实描述性语言，简明扼要、通俗易懂地说明事件真实

第四章

情况，信息披露文件中不得含有宣传、广告、恭维或者诋毁等性质的词句。

　　第二，该《规则》具体规定在证券上市期间应当披露的信息，包括：董事、监事和高级管理人员声明与承诺；上市公司应当聘任董事会秘书，作为公司与该所之间的指定联络人；保荐机构出具的上市保荐书；首次公开发行股票并上市、上市公司新股和可转换公司债券上市、有限制条件的股份上市交易都需要披露所要求公开的信息；上市公司定期报告包括年度报告、中期报告和季度报告；其他公告为临时报告；董事会决议；股东大会决议；关联人和关联交易；重大诉讼、仲裁事项；募集资金投资项目的变更；业绩预告；利润分配和资本公积金转增股本；股票交易异常波动和传闻澄清；回购股份；可转换公司债券涉及的重大事项等。该《规则》对每一种应当披露的信息都规定了非常详细的时间、方式和程序要求。此外，还规定上市公司应当披露的交易包括：购买或者出售资产；对外投资（含委托理财、委托贷款等）；提供财务资助；提供担保；租入或者租出资产；委托或者受托管理资产和业务；赠与或者受赠资产；债权、债务重组；签订许可使用协议；转让或者受让研究与开发项目等。上市公司发生的交易（提供担保除外）达到下列标准之一的，应当及时披露：交易涉及的资产总额（同时存在账面值和评估值的，以高者为准）占上市公司最近一期经审计总资产的10%以上；交易的成交金额（包括承担的债务和费用）占上市公司最近一期经审计净资产的10%以上，且绝对金额超过1 000万元；交易产生的利润占上市公司最近1个会计年度经审计净利润的10%以上，且绝对金额超过100万元；交易标的（如股权）在最近1个会计年度相关的主营业务收入占上市公司最近1个会计年度经审计主营业务收入的10%以上，且绝对金额超过1 000万元；交易标的（如股权）在最近1个会计年度相关的净利润占上市公司最近1个会计年度经审计净利润的10%以上，且绝对金额超过100万元。这些具体规定，是证券上市期间必须遵守的信息公开义务，也是直接的信息公开的可操作性规范。

　　第三，该《规则》规定了证券交易所的监管职责，包括要求公司及相关信息披露义务人或者其董事（会）、监事（会）、高级管理人员对有关问题作出解释和说明；要求公司聘请相关中介机构对所存在的问题进行核查并发表意见；发出各种通知和函件等；约见有关人员以及向中国证监会报告有关违法违规行为。

　　第四，该《规则》规定了证券交易所对违反信息公开制度者有权采取的惩戒措施，例如当上市公司及相关信息披露义务人违反该《规则》或者向该所作出的承诺，该所可以视情节轻重给予通报批评或公开谴责。上市公司董事、监事、高级管理人员违反该《规则》或者违反所作的承诺，可以视情节轻重给予通报批评、公开谴责和公开认定其不适合担任上市公司董事、监事、高级管理人员。上市公司董事会秘书违反该《规则》，可以视情节轻重给予通报批评、公开谴责和建议公司更换董事会秘书。保荐机构和保荐代表人违反该规则，可以视情节轻重给予通报批评、公开谴责。情节严重的，该所依法报中国证监会查处。

【法律法规链接】 《证券法》第三章第二节"证券上市"。

二、证券的终止上市

【基本理论】 证券的终止上市

证券在符合一定条件下可以上市交易，但在另一些情形下，则应当终止其上市。证券的终止上市实际上是一种退出机制，有利于提高投资者的风险意识，促进资源的合理流动，并且能够在总体上实现证券市场的优胜劣汰，保持证券市场的健康发展。我国《证券法》第 56 条规定，上市公司有下列情形之一的，由证券交易所决定终止其股票上市交易：①公司股本总额、股权分布等发生变化不再具备上市条件，在证券交易所规定的期限内仍不能达到上市条件。即指社会公众持有的股份低于公司股份总数的 25%，公司股本总额超过人民币 4 亿元的，社会公众持股的比例低于 10%。社会公众不包括持有上市公司 10% 以上股份的股东及其一致行动人和上市公司的董事、监事、高级管理人员及其关联人；②公司不按照规定公开其财务状况，或者对财务会计报告作虚假记载，且拒绝纠正；③公司最近 3 年连续亏损，在其后 1 个年度内未能恢复盈利；④公司解散或者被宣告破产；⑤证券交易所上市规则规定的其他情形。当然，在理论上说，即使证券被终止上市，如果该公司又恢复了相关上市条件，它还可以申请重新上市。

对于上市交易后的公司债券，在正常情况下，债券到期前 1 周终止上市交易。如果出现下列情形，根据《证券法》第 60 条的规定由证券交易所决定暂停其公司债券上市交易：①公司有重大违法行为；②公司情况发生重大变化不符合公司债券上市条件；③公司债券所募集资金不按照核准的用途使用；④未按照公司债券募集办法履行义务；⑤公司最近 2 年连续亏损。根据《证券法》第 61 条的规定，公司因有重大违法行为或未按照公司债券募集办法履行义务而被暂停上市，经查实后果严重的；或者因公司情况发生重大变化不符合公司债券上市条件或因公司债券所募集资金不按照核准的用途使用或因公司最近 2 年连续亏损而被暂停上市，在限期内未能消除的，由证券交易所决定终止其公司债券上市交易。公司解散或者被宣告破产的，由证券交易所终止其公司债券上市交易。

【实务指南】 股票、可转换公司债券终止上市的实践过程

普通公司债券的终止上市问题比较简单。《证券法》第 60 条和第 61 条的规定已经具有很强的可操作性。相比而言,股票和可转换公司债券在实践中终止上市则是一个复杂的过程,以下我们结合《上海证券交易所股票上市规则(2006 年 5 月修订稿)》的相关规定作一个介绍。

根据上交所的交易规则,上市公司出现财务状况异常或者其他异常情况,导致其股票存在被终止上市的风险,或者投资者难以判断公司前景,投资权益可能受到损害的,上交所对该公司股票交易实行特别处理。特别处理分为警示存在终止上市风险的特别处理(简称"退市风险警示")和其他特别处理。退市风险警示和暂停上市、恢复上市的程序设计之后,还有不能恢复上市的复核程序,仍不能恢复者才终止上市。退市风险警示的处理措施包括在公司股票简称前冠以"ST"字样,以区别于其他股票并将股票报价的日涨跌幅限制为 5%(公司股票在恢复上市的首日不设涨跌幅报价限制)。

退市风险警示针对以下情形:最近 2 年连续亏损(以最近 2 年年度报告披露的当年经审计净利润为依据);因财务会计报告存在重大会计差错或者虚假记载,公司主动改正或者被中国证监会责令改正后,对以前年度财务会计报告进行追溯调整,导致最近 2 年连续亏损;因财务会计报告存在重大会计差错或者虚假记载,被中国证监会责令改正但未在规定期限内改正,且公司股票已停牌 2 个月;未在法定期限内披露年度报告或者中期报告,且公司股票已停牌 2 个月;公司可能被解散;法院受理关于公司破产的案件,公司可能被依法宣告破产以及其他情形。上市公司应当在股票交易实行退市风险警示之前 1 个交易日发布公告。

暂停上市则针对以下情形:①在上市公司最近 2 年连续亏损(以最近 2 年年度报告披露的当年经审计净利润为依据);以及因财务会计报告存在重大会计差错或者虚假记载,公司主动改正或者被中国证监会责令改正后,对以前年度财务会计报告进行追溯调整,导致最近 2 年连续亏损这两种情况下,上市公司被实行退市风险警示后,最近 1 个会计年度审计结果表明公司继续亏损;②因财务会计报告存在重大会计差错或者虚假记载,被中国证监会责令改正但未在规定期限内改正,且公司股票已停牌 2 个月而被实行退市风险警示后,在 2 个月内仍未按要求改正财务会计报告;③因未在法定期限内披露年度报告或者中期报告,且公司股票已停牌 2 个月而被实行退市风险警示后,在 2 个月内仍未披露年度报告或者中期报告;④公司股本总额、股权分布等发生变化不再具备上市条件的;⑤公司有重大违法行为;⑥其他情形。由上交所的上市委员会对股票暂停上市事宜进行审议,作出独立的专业判断并形成审核意见。上交所根据上

市委员会的审核意见，作出是否暂停股票上市的决定。

在上市公司最近2年连续亏损（以最近2年年度报告披露的当年经审计净利润为依据）；以及因财务会计报告存在重大会计差错或者虚假记载，公司主动改正或者被中国证监会责令改正后，对以前年度财务会计报告进行追溯调整，导致最近2年连续亏损而被施行暂停上市的，在暂停上市期间，上市公司于法定期限内披露了最近一期年度报告，且经审计的年度财务会计报告显示公司盈利的，可以在最近一期年度报告披露后5个交易日内，以书面形式向上交所提出恢复其股票上市的申请。上市公司应当聘请代办机构担任其恢复上市的保荐机构。保荐机构应当对公司恢复上市申请材料的真实性、准确性和完整性进行核查，在确信公司具备恢复上市条件后出具恢复上市保荐书，并保证承担连带责任。保荐机构在核查过程中，应当至少从以下三个方面对上市公司的有关情况予以充分关注和尽职核查，并出具核查报告：①规范运作：包括人员、资产、财务的独立性，关联交易是否公允，重大出售或者收购资产的行为是否规范，重组后的业务方向以及经营状况是否发生实质性变化，与实际控制人之间是否存在同业竞争等；②财务会计：包括公司的收入确认、非经常性损益的确认是否合规，会计师事务所出具的非标准无保留审计意见所涉及事项对公司是否存在重大影响，公司对明显违反会计准则、制度及相关信息披露规范规定的事项进行纠正和调整的情况等；③或有风险：包括资产出售、抵押、置换、委托经营、重大对外担保、重大诉讼和仲裁事项（适用该规则有关累计计算的规定），以及上述事项对公司生产经营所产生的影响等。申请其股票恢复上市的上市公司还应当聘请律师对恢复上市申请的合法性、合规性以及相关申请材料的真实性、准确性和完整性进行核查验证，就公司是否具备恢复上市条件出具法律意见书，并承担相应的法律责任。上交所上市委员会对上市公司恢复上市申请进行审议，作出独立的专业判断并形成审核意见。上交所根据上市委员会的审核意见，作出是否同意公司股票恢复上市的决定。

被暂停上市的可转换公司债券，出现以下情形也可以申请恢复上市：①在上市公司最近2年连续亏损（以最近2年年度报告披露的当年经审计净利润为依据）；以及因财务会计报告存在重大会计差错或者虚假记载，公司主动改正或者被中国证监会责令改正后，对以前年度财务会计报告进行追溯调整，导致最近2年连续亏损而被施行暂停上市的，以及因公司股本总额、股权分布等发生变化不再具备上市条件而被施行暂停上市的，经查实上述情形造成的后果不严重；②因财务会计报告存在重大会计差错或者虚假记载而被暂停上市的，该情形在6个月内消除；③因未在法定期限内披露年度报告或者中期报告而被暂停上市的，在2个月内进行了披露；④因公司有重大违法行为而被暂停上市，公司在法定披露期限内披露了经审计的最近一期年度报告，且年度财务会计报告显示公司实现盈利。

终止上市，也就是我们常说的"退市"，在股票终止上市后立即安排进入代办股份转让系统。终止上市针对以下情形：①上市公司因最近 2 年连续亏损（以最近 2 年年度报告披露的当年经审计净利润为依据）；以及因财务会计报告存在重大会计差错或者虚假记载，公司主动改正或者被中国证监会责令改正后，对以前年度财务会计报告进行追溯调整，导致最近 2 年连续亏损而被施行暂停上市的，未能在法定期限内披露最近一期年度报告或者在法定期限内披露的最近一期年度报告显示公司亏损或者在法定期限内披露了最近一期年度报告，但未在其后 5 个交易日内提出恢复上市申请；②因财务会计报告存在重大会计差错或者虚假记载而被暂停上市的，在 2 个月内仍未按要求改正财务会计报告，或者在 2 个月内披露了按要求改正的财务会计报告但未在其后的 5 个交易日内提出恢复上市申请；③因未在法定期限内披露年度报告或者中期报告而被暂停上市的，在 2 个月内仍未披露相关年度报告或者中期报告，或者在 2 个月内披露相关年度报告或者中期报告但未在其后的 5 个交易日内提出恢复上市申请；④恢复上市申请未被受理；⑤恢复上市申请未获同意；⑥公司股本总额、股权分布等发生变化不再具备上市条件，在上交所规定的期限内仍不能达到上市条件；⑦上市公司或者收购人以终止股票上市为目的回购股份或者要约收购，在方案实施后，公司股本总额、股权分布等发生变化不再具备上市条件，公司向上交所提出终止上市的申请；⑧股东大会在公司股票暂停上市期间作出终止上市的决议；⑨公司解散或者被宣告破产；⑩其他情形。

可转换公司债券，因以下情形而终止上市：①在上市公司最近 2 年连续亏损（以最近 2 年年度报告披露的当年经审计净利润为依据）；以及因财务会计报告存在重大会计差错或者虚假记载，公司主动改正或者被中国证监会责令改正后，对以前年度财务会计报告进行追溯调整，导致最近 2 年连续亏损而被施行暂停上市的，以及因公司股本总额、股权分布等发生变化不再具备上市条件的而被施行暂停上市的，经查实上述情形后果严重；②因财务会计报告存在重大会计差错或者虚假记载而被暂停上市，该情形在 6 个月内未能消除；③因未在法定期限内披露年度报告或者中期报告而被暂停上市的，该情形在 2 个月内未能消除；④因公司有重大违法行为而被暂停上市，公司未在法定披露期限内披露经审计的最近一期年度报告，或者披露的年度报告显示公司亏损，或者未在披露年度报告后 5 个交易日内提出恢复上市申请；⑤公司股票被终止上市，可转换公司债券也同时被终止上市。

股票被终止上市意味着股东将无法通过证券市场来出卖股票，股票将进入代办股份转让系统，股东权益无法实现的风险进一步加大，并且该公司也无法享有上市公司的一系列权利，特别是再融资。因此，股票被终止上市是一个很严肃的法律问题。为了避免出现差错，《证券法》第62条规定："对证券交易所作出的不予上市、暂停上市、终止上市决定不服的，可以向证券交易所设立的复核机构申请复核。"《上海证券交易所股票上市规则（2006年5月修订稿）》第15.1规定："发行人或者上市公司对本所作出的不予上市、暂停上市、终止上市决定不服的，可以在本所公告有关决定之日起7个交易日内，向本所申请复核；本所不公告有关决定的，申请人可以在收到决定之日起7个交易日内，向本所申请复核。复核期间，原决定不停止执行。"在收到申请人提交的复核申请文件后5个交易日内，上交所作出是否受理的决定并通知申请人。在受理复核申请后30个交易日内，决定是否维持不予上市、暂停上市、终止上市的决定。该决定为终局决定。这就在程序上让上市公司享有了充分的救济措施。

【拓展思考】 **股票终止上市后的处理**

除了因股票发行公司本身的商法人资格终止的情形，在其他情形下，被终止上市的股票变成了不能在证券交易所流通的股票。按照有关规定，终止上市的股票将转入代办股份转让系统，《上海证券交易所股票上市规则（2006年5月修订稿）》第14.3.16规定："公司应当在股票终止上市后立即安排进入代办股份转让系统的相关事宜，保证公司股份在本所发布终止上市的公告后45个交易日内可以进入代办股份转让系统进行转让。"这实际是终止上市股票的出路或流通机制。代办股份转让系统也称"三板市场"，是独立于证券交易所之外的一个系统。它本来是为了解决原STAQ、NET系统挂牌公司流通股的转让问题，于2001年6月12日经中国证监会批准、由中国证券业协会主办的。中国证券业协会履行自律性管理职责，对证券公司代办股份转让业务实施监督管理。中国证券业协会发布有《证券公司代办股份转让服务业务试点办法》。2001年7月16日第一家股份转让公司挂牌。后来，为解决退市公司股份转让问题，自2002年8月29日起将退市公司纳入代办股份转让试点范围。至2008年5月已经有55家公司在该系统挂牌交易。[1]代办股份转让系统根据股份转让公司质量，实行区别对待，对质量较好的股份允许每周转让5次；质量较差的每周转让3次。退市公司的投资者只要开立非上市股份公司股份转让账户并将所持退市公司股份转托管到股份转让账户中，就可进行代办股份转让。代办股份转让系统目前的

---

[1]　敖晓波："代办股份转让系统功能将完善"，载网易新闻网，2007年1月23日访问。

发展趋势是将容纳非上市股份公司股份的流转，从而形成更加规范的、统一监管下的场外交易市场（OTC），并构成我国多层次资本市场中的必要组成部分。

【法律法规链接】　《证券法》第55、56、60、61、62条。

第二节　证券交易

一、证券交易的概述

【基本理论】　证券交易的含义和基本制度

证券交易是指证券所有人将证券按照法定的方式转让给其他投资者的行为。证券交易与证券发行相比，虽然本质上都是一种买卖关系，但是证券发行所涉及的是证券发行人与投资者之间的法律关系，而参与证券交易的法律关系的主体都是投资者，因此，证券交易市场又被称为"二级市场"。

证券交易的标的物是证券。在当代证券电子化、无纸化的情况下，证券本身作为有价证券和金融产品的特征相当显著。证券交易市场的证券价格时时处于变动之中，对各种信息相当敏感，因此投资的风险也比较大。并且作为绝对商行为的证券交易，具有连贯性、重复性和类型、内容的特定性，投资者也不可能按照民法、合同法中意思表示的错误理论来撤销已经完成的交易。因此，为了维护证券交易市场的秩序，保护投资者利益，对证券交易除了适用证券法的原则外，应当格外严格地贯彻公开、公平和公正原则。这个原则的贯彻是通过复杂、严密的证券交易信息公开制度实现的。

【实务指南】　证券交易方式的多样化

《证券法》第42条规定："证券交易以现货和国务院规定的其他方式进行交易。"该规定是2005年修订后的《证券法》所做重大变动之一。所谓证券的现货交易是指证券交易方用自己真实持有的证券和资金进行交易，在成交后及时清算交割证券和价款。由于是即时清算交割，因此现货交易的风险比较确定，是一种较为传统和安全的交易方式。修订前的《证券法》明确禁止现货交易以外的其他证券交易方式。但是，随着证券市场的发展，现货交易以外的其他证券交易方式也有其存在的必要性和积极意义，因此《证券法》目前允许以现货交易以外的其他方式进行证券交易。

现货交易以外的其他交易方式，具体包括证券信用交易、证券期货交易、和证券期权交易这几种。

证券信用交易是指投资者凭自身的信誉，通过缴纳一定比例的保证金或证券，其余不足部分由证券经纪人垫付而进行的证券交易方式，也就是我们常说的融资融券。融资是借钱买证券，证券公司借款给客户购买证券，客户到期偿还本息，客户向证券公司融资买进证券称为"买空"；融券是借证券来卖，然后以证券归还，证券公司出借证券给客户出售，客户到期返还相同种类和数量的证券并支付利息，客户向证券公司融券卖出称为"卖空"。融资融券使客户能够超出自身所拥有的资金和证券进行大宗的交易，但是风险也很大。中国证监会2006年8月起施行的《证券公司融资融券业务试点管理办法》规定证券公司经营融资融券业务，应当以自己的名义，在证券登记结算机构分别开立融券专用证券账户、客户信用交易担保证券账户、信用交易证券交收账户和信用交易资金交收账户；证券公司与客户约定的融资、融券期限不得超过证券交易所规定的最长期限，且不得展期；融资利率不得低于中国人民银行规定的同期金融机构贷款基准利率。

证券期货交易是指买卖双方成交后，按契约中规定的价格延期交割。与证券的现货交易相比，期货交易将订约与履行的时间分离开来。在期货交易中买卖双方签订合同，并就买卖股票的数量、成交的价格及交割期达成协议，在规定的交割时期才实际履行交割，结算时按照买卖合同签订时的股票价格计算，而不是按照交割时的价格计算。由于证券价格的变动性，采取这种交易方式的买者通常不是要购买股票，而是希望在交割期到来之前，该证券行市看涨，就可以高价卖出与原交割期相同期限的远期股票，从中得到好处；卖者手中也不一定握有股票，在交割期未到来之前，若股票行市看跌，他还可以低价买进与原交割期相同期限的远期股票，从中得利。所以，在股票期货交易中，买卖双方可以靠"买空"和"卖空"牟取暴利。证券的期货交易风险非常大，当事人的投机性强，不过客观上也有使买卖双方避免股票价格过度波动的功能。截至2008年5月，我国的证券期货业务还在推进之中。

证券期权交易即选择权交易，就是投资者与专门交易商签订契约，规定持有者有权在一定期限内按交易双方所商订的"协定价格"，购买或出售一定数量的股票。这种交易的特殊性在于所买卖的并非证券本身，而是买入或卖出证券的"选择权"；其风险也是到期的选择权。购买期权者可以在期限以内任何时候行使买入某证券的权利，也可以到期不执行，任其作废。期权交易分为买进期权交易和卖出期权交易两种。证券的期权交易有很强的杠杆效应。持有者只要支付证券期权的价格就可保留认购证券的权利，而证券期权的市场价格大大低于该证券的交易价格，价格的波动幅度却都大于该证券波动幅度。所以，证券期权提供了以小博大的机会。专家指出，期权是适应国际上金融机构和企业等控制风险、锁定成本的需要而出现的一种重要的避险衍生工具。1997年诺贝尔经济学奖授给了期权定价公式（布莱克-斯科尔斯公式）的发明人，这也说明国

第四章

际经济学界对于期权研究的重视。[1]

　　我国目前证券市场发行的备兑权证（如宝钢股票备兑权证）和认股权证等都是证券期权的交易方式。它们都属于金融衍生品种，按《证券法》第2条的规定，可以根据不同于《证券法》规定的规则发行和交易。

　　备兑权证是上市公司以外的第三者发行的，赋予持有者以某一特定价格购买或卖出某种股票权利的权证。"备兑"指其发行人将权证的指定证券或资产存放在独立的受托人、托管人或存管处，作为其履行责任的抵押，以备兑付，而受托人、托管人或存管处则代表权证持有人的利益。备兑权证的发行人通常都是资信卓著的金融机构，或是持有大量的认股对象公司股票以供投资者到时兑换，或是有雄厚的资金实力作担保，能够依照备兑权证所列的条款向投资者承担责任。发行人可能是多个，并且提供的条件不同，投资者可以自行选择。备兑权证所赋予的权利可以是购买的权利（认购权证）或出售的权利（认沽权证），其中赋予购买权利的权证称为备兑认购权证，赋予出售权利的权证称为备兑认沽权证。备兑权证的行使方式可以是欧式（只可在权证到期时行使）或美式（可在到期前随时行使）；行使备兑权证时可以交付现金或证券。备兑权证实际是认购此权证的社会资金与发行此权证的券商机构资金之间的博弈。买方（即权证持有人）在最后到期日或之前必须作出两种选择：一是当股票市场价届时高于（权证价＋约定行权价）时，按发行的约定条款行权（以事先约定好的价格从权证发行人那里买进股票赚取差价，或直接得到权证发行人支付的行权当时的股票市价与约定价之间的差价对应的现金），二是当股票市场价届时不高于（权证价＋约定行权价）时，放弃行权，承担购买权证所支付的资金损失。由于买方最后作出选择的决定所造成的盈亏，由该股票的市场价格的高低确定，所以权证本身的市场交易价格必然与对应股票的市场价格息息相关。若偏离太大，买方与卖方必有一方最终承担偏离带来的重大差价损失。对卖方而言，最大的好处是因发行权证而获得了一笔可观的权价即期收入，加快了资金周转；但当股票市场向期权卖方（备兑权证发行人）的不利方向波动时，若不及时采取套期保值等反向操作措施，其蒙受的损失可能是无限的。[2]

　　认股权证的全称是股票认购授权证，它由上市公司发行，给予持有权证的投资者在未来某个时间或某一段时间以事先确认的价格购买一定量该公司股票的权利。认股权证一般是上市公司在发行公司债券（如我国的可分离交易的公司债券）、优先股股票或配售新股之际同时发行。它的目的与备兑权证不同，主

---

〔1〕　周正庆主编：《证券知识读本》（2008版），载中国证监会网站，2008年6月7日访问。
〔2〕　余凯："备兑权证探路股票期权交易"，载《证券时报》2005年9月1日。

要是为了提高投资者认购股票或债券的积极性。如果到时投资者据此认购新股，还能增加发行公司的资金来源。权证表明持有者有权利而无义务。届时公司股票价格上涨，超过认股权证所规定的认购价格，权证持有者按认购价格购买股票，赚取市场价格和认购价格之间的差价；若届时市场价格比约定的认购价格还低，权证持有者可放弃认购。从内容上看，认股权证实质上就是一种买入期权。

按照有关规则，上海证券交易所和中国证券登记结算有限责任公司（下称中国结算公司）对权证业务分别实施交易资格和结算资格管理。经上交所和中国结算公司认定，同时取得权证交易资格和结算资格的会员公司和结算参与人，可从事权证自营或经纪业务，上交所或中国结算公司另有规定的除外。权证一级交易商的主要职责是向投资者提供买卖报价，以维持权证交易的流动性。一级交易商从事权证及其标的证券自营业务的，必须通过在交易所备案的专用席位和专用账户进行，并接受监管。未同时取得权证交易资格和结算资格的会员公司和结算参与人，只可以在自营或经纪业务中行权或卖出权证。取得权证交易资格但未取得结算资格的结算参与人，根据《中国证券登记结算有限责任公司关于上海证券交易所上市权证登记结算业务实施细则》第50条的规定，选择符合准入要求的结算参与人代理其结算业务的，则可以在自营或经纪业务中买入权证。权证交易的主要规则如下：①权证价格采用竞价方式进行交易。权证涨幅价格＝权证前一日收盘价格＋（标的证券当日涨幅价格－标的证券前一日收盘价）×125%×行权比例；权证跌幅价格＝权证前一日收盘价格－（标的证券前一日收盘价－标的证券当日跌幅价格）×125%×行权比例。实行 T＋0 交易，当日买进的权证，当日可以卖出。权证上市后存续期满前，流通数量低于1 000万份的，只参加每日集合竞价；②权证买入申报数量为100份的整数倍，申报价格最小变动单位为0.001元人民币，权证买卖单笔申报数量不超过100万份；③交易所每日开盘前公布每一只权证可流通数量；④当日买进的权证，当日可以行权。当日行权取得的标的证券，次一交易日可以卖出。

以上几种交易方式的创新主要应用于股票。实际上债券的交易方式也是多样的。按债券交易标的的不同可分为债券现货交易与债券期货交易两种方式。

债券期货交易始于1993年10月25日上海证券交易所国债期货交易，已经有比较长的历史。债券期货交易是指以债券期货合约为交易标的，可在合约到期前对冲平仓，或者在合约到期时进行债券现券或现金交割的债券交易方式。与债券现货交易相比，债券期货交易除了交易标的、结算不同外，还实行保证金交易，能够以小博大；可以买空卖空，与现货市场进行相反交易，帮助投资者实现套期保值、套利、投机等不同的目的。债券的期货合约则是一份标准化合同，交易对象、交易规模、交割时间都是标准化的约定，投资者一般对期货合约本身进行交易。在债券的期货交易中，大多数情况下交易双方不进行债券现券的交割，而通过作出与前一交易方向相反而数量相同的交易进行对冲，从而只是进行资金交割。由于债券期货交易的杠杆作用较大，故采取保证金制度、逐日盯市制度和每日清算制度等控制结算风险。

债券现货交易是指以债券现券为交易标的，在规定的结算日须实际办理债券现券交割的债券交易方式，又称现券交易。债券现货交易在证券交易所成立前即已经开始。债券现货交易按交易结算时间的不同，又可分为债券即期交易、债券远期交易与债券回购交易。债券即期交易是指交易双方在成交后较短的时间内即办理交割的债券现货交易，一般是在交易日的当天（T 日）或者次日 [（T＋1）日] 交割。债券远期交易是指交易双方在未来某一日期，以约定价格和数量买卖标的债券并办理交割的债券现货交易；其目的是为了套期保值、规避风险或者套利。债券回购交易是证券现货交易的创新品种，它是指债券持有人（正回购方，即资金融入方）在卖出一笔债券、融入资金的同时，与买方（逆回购方，即资金融出方）协议约定于某一到期日再以事先约定的价格将该笔债券购回的交易方式；其目的是为了融资。一笔回购交易涉及资金融入方和资金融出方双方主体、两次交易契约行为即初始交易和回购期满时的回购交易，以及相应的两次结算。债券回购交易按标的债券所有权是否发生转移，可进一步分为债券质押式回购交易与债券买断式回购交易。债券质押式回购是指回购交易中标的债券现券作为融入资金的质押品而不转移所有权的债券回购交易，又称封闭式回购，仅具有融资功能。债券买断式回购交易是指回购交易中标的债券现券的所有权于回购交易成交时和回购到期时分别发生所有权转移的债券回购交易，又称开放式回购。债券回购交易兼有融资融券的功能。

《上海证券交易所债券交易实施细则》对债券回购交易有特别的规定，具体包括：①实行质押库制度，融资方应在回购申报前，通过该所交易系统申报提交相应的债券作质押。并且应在回购期内保持质押券对应标准券足额。用于质押的债券，按照证券登记结算机构的相关规定，转移至专用的质押账户。会员接受投资者的债券回购交易委托时，应要求投资者提交质押券，并对其证券账户内可用于债券回购的标准券余额进行检查。如果标准券余额不足的，债券回购的申报无效。②债券回购交易申报中，融资方按"买入"予以申报，融券方按"卖出"予以申报。当日购买的债券，当日可用于质押券申报，并可进行相应的债券回购交易业务。质押券对应的标准券数量有剩余的，可以通过该所交易系统，将相应的质押券，申报转回原证券账户。当日申报转回的债券，当日可以卖出。③债券回购交易也可以实行集中竞价，其申报单位为手，1 000元标准券为1手；计价单位为每百元资金到期年收益；申报价格最小变动单位为0.005元或其整数倍；申报数量为100手或其整数倍，单笔申报最大数量应当不超过1万手；申报价格限制符合交易规则的规定执行。④债券回购交易设1天、2天、3天、4天、7天、14天、28天、91天和182天等回购期限。⑤债券回购交易实行"一次成交、两次结算"制度，具体的清算交收，按照证券登记结算机构的规则办理。回购到期日，证券登记结算机构根据购回价公式计算应进行交割的资金和质押券数量。购回价计算公式为：购回价 = 100 元 + 年收益率 × 100 元 × 回购天数/360；计算结果按照四舍五入原则取至小数点后三位。债券回购到期日，融资方可以通过该所交易系统，将相应的质押券，申报转回原证券账户，也可以申报继续用于债券回购交易。

【拓展思考】　证券交易方式的多样化与证券交易市场风险的控制

我国早期的证券法仅允许现货交易，是为了稳定证券市场，控制和防范证券交易的风险。但是，如果证券交易仅限于现货交易，那么就等于说只有在证券市场上涨时才会使投资者获得收益；一旦下跌投资者就会遭受损失。这样，很容易使证券市场暴涨暴跌，反而使投资者因市场动荡而遭受损失。完善的证券市场不仅需要现货交易，也需要其他交易方式来作为投资者的避险工具。因此，允许证券交易方式的多样化，也是法律对证券市场进行控制的手段之一。为了稳妥起见，"其他证券交易方式"必须是"国务院规定的其他方式"。并且在具体施行中，对于按这些"其他证券交易方式"进行交易的投资者，往往有特定资格的要求，同时监管部门也要花大力气进行"投资者教育"，使这些"其他证券交易方式"的风险被充分揭示和理解，避免投资者的盲目投机和损失。

【法律法规链接】　《证券法》第三章"证券交易"。

二、证券交易的具体规则

【基本理论】　证券交易的具体规则

总体看来，证券交易制度具体包含以下内容：

第一，可以进行交易的证券和交易场所。上市后的证券意味着可以在证券交易所进行自由的流通。我国《证券法》对可以进行交易的证券在总体上要求依法发行并交付。该法第37条规定："证券交易当事人依法买卖的证券，必须是依法发行并交付的证券。非依法发行的证券，不得买卖。"该规定将可以买卖或交易的证券限定为"依法发行"和"交付"，是完全符合有价证券的移转要求的。"依法发行"说明立法对该证券合法性的认可，"交付"则说明原持有人对该证券拥有所有权。2006 年 7 月 1 日起施行的《上海证券交易所交易规则》具体规定可以在证券交易所进行交易的证券包括：股票、债券、债券回购、权证和经证监会批准的其他交易品种。其中债券，除了公司债券，还包括国债（国库券）和企业债券。《证券法》第 39 条还规定："依法公开发行的股票、公司债券及其他证券，应当在依法设立的证券交易所上市交易或者在国务院批准的其他证券交易场所转让。"交易场所及设施由交易主机、交易大厅、参与者交易业务单元、报盘系统及相关的通信系统等组成。交易日为每周一至周五，国家法定假日和证券交易所公告的休市日进行市场休市。

此外，《证券法》第 38 条规定："依法发行的股票、公司债券及其他证券，法律对其转让期限有限制性规定的，在限定的期限内不得买卖。"该条即我们所说的"限售股"，大都是因为股东与发行人存在一定的关系而在一定期限内不被允许在证券市场上流通，待限定期限届满则可以成为流通股。目前包括发行人、董事、监事和其他高级管理人员持有的股份，职工内部股，战略投资者和询价对象持有的股份以及股权分置改革中限售的法人股，控股股东和 5% 以上股东的股份等。

第二，证券交易施行会员制和经纪制。《证券法》第 110 条规定："进入证券交易所参与集中交易的，必须是证券交易所的会员。"因此实际上能够在证券交易所从事交易的是取得了证券交易所会员资格的各个证券公司。普通的投资者从事证券交易，必须按照证券经纪制度的要求达成委托协议并办理开户登记，由投资者委托证券经纪商代理进行证券交易。这在证券交易中被称为"全面指定交易"。《上海证券交易所交易规则》规定，全面指定交易是指"参与本所市场证券买卖的投资者必须事先指定一家会员作为其买卖证券的受托人，通过该会员参与本所市场证券买卖"。但境外投资者从事 B 股交易除外。投资者应当与指定交易的会员签订指定交易协议，明确双方的权利、义务和责任。指定交易协议一经签订，会员即可根据投资者的申请向证券交易所的交易主机申报办理指定交易手续。

证券经纪是证券公司的一项业务，也属于商事代理的范畴。我国目前开设的账户有 A 股账户、B 股账户、基金账户、债券账户等种类，对法人与自然人开设账户有不同限制和要求。《证券法》第 111 条规定："投资者应当与证券公司签订证券交易委托协议，并在证券公司开立证券交易账户，以书面、电话以及其他方式，委托该证券公司代其买卖证券。"客户的委托指令应当包括证券账户号码、证券代码、买卖方向、委托数量、委托价格和其他内容。该指令被交易主机接受后即刻生效。

第三，证券交易结算和交易结算资金的存管制度。按照《证券法》第112条的规定，由证券登记结算机构办理证券和资金的清算交收以及登记过户手续。该条规定："证券公司根据投资者的委托，按照证券交易规则提出交易申报，参与证券交易所场内的集中交易，并根据成交结果承担相应的清算交收责任；证券登记结算机构根据成交结果，按照清算交收规则，与证券公司进行证券和资金的清算交收，并为证券公司客户办理证券的登记过户手续。"《证券法》第139条第1款规定："证券公司客户的交易结算资金应当存放在商业银行，以每个客户的名义单独立户管理。具体办法和实施步骤由国务院规定。"因此，证券交易中的交易结算资金由商业银行存管。

第四，证券交易价格的开盘集合竞价和连续竞价制度。采用竞价交易方式的，每个交易日的9：15至9：25为开盘集合竞价时间，9：30至11：30、13：00至15：00为连续竞价时间。开市期间停牌并复牌的证券除外。集合竞价是指在规定时间内接受的买卖申报一次性集中撮合的竞价方式；连续竞价是指对买卖申报逐笔连续撮合的竞价方式。集合竞价期间未成交的买卖申报，自动进入连续竞价。在开盘集合竞价阶段，上交所交易主机不接受撤单申报；在其他接受交易申报的时间内，未成交申报可以撤销。撤销指令经交易主机确认方为有效。

对于拟交易证券的价格，可以采用限价委托或市价委托的方式委托会员买卖证券。限价委托是指客户委托会员按其限定的价格买卖证券，会员必须按限定的价格或低于限定的价格申报买入证券；按限定的价格或高于限定的价格申报卖出证券。市价委托是指客户委托会员按市场价格买卖证券，其委托中不包括具体价格，一般只适用于有价格涨跌幅限制的证券在连续竞价期间的交易。未成交部分的委托可以撤销。被撤销和失效的委托，被委托的证券公司应当在确认后及时向客户返还相应的资金或证券。

在竞价交易中，通过竞价交易买入股票、基金、权证的，申报数量应当为100股（份）或其整数倍；卖出股票、基金、权证时，余额不足100股（份）的部分，应当一次性申报卖出。竞价交易中，债券交易的申报数量应当为1手（人民币1 000元面值债券为1手）或其整数倍，债券质押式回购交易的申报数量应当为100手或其整数倍，债券买断式回购交易的申报数量应当为1 000手或其整数倍。债券交易和债券买断式回购交易以人民币1 000元面值债券为1手，债券质押式回购交易以人民币1 000元标准券为1手。股票、基金、权证交易单笔申报最大数量应当不超过100万股（份），债券交易和债券质押式回购交易单笔申报最大数量应当不超过1万手，债券买断式回购交易单笔申报最大数量应当不超过5万手。

　　不同证券的交易采用不同的计价单位。股票为"每股价格",基金为"每份基金价格",权证为"每份权证价格",债券为"每百元面值债券的价格",债券质押式回购为"每百元资金到期年收益",债券买断式回购为"每百元面值债券的到期购回价格"。A 股、债券交易和债券买断式回购交易的申报价格最小变动单位为 0.01 元人民币,基金、权证交易为 0.001 元人民币,B 股交易为 0.001 美元,债券质押式回购交易为 0.005 元人民币。

　　对股票、基金交易实行价格涨跌幅限制,涨跌幅比例为 10%,其中 ST 股票价格涨跌幅比例为 5%。股票、基金涨跌幅价格的计算公式为:涨跌幅价格 = 前收盘价 ×(1 ± 涨跌幅比例)。计算结果按照四舍五入原则取至价格最小变动单位。属于下列情形之一的,首个交易日无价格涨跌幅限制:首次公开发行上市的股票和封闭式基金;增发上市的股票;暂停上市后恢复上市的股票以及上交所认定的其他情形。买卖有价格涨跌幅限制的证券,在价格涨跌幅限制以内的申报为有效申报,超过价格涨跌幅限制的申报为无效申报。买卖无价格涨跌幅限制的证券,集合竞价阶段的有效申报价格应符合下列规定:股票交易申报价格不高于前收盘价格的 200%,并且不低于前收盘价格的 50%;基金、债券交易申报价格最高不高于前收盘价格的 150%,并且不低于前收盘价格的 70%。集合竞价阶段的债券回购交易申报无价格限制。买卖无价格涨跌幅限制的证券,连续竞价阶段的有效申报价格应符合下列规定:申报价格不高于即时揭示的最低卖出价格的 110% 且不低于即时揭示的最高买入价格的 90%;同时不高于上述最高申报价与最低申报价平均数的 130% 且不低于该平均数的 70%;即时揭示中无买入申报价格的,即时揭示的最低卖出价格、最新成交价格中较低者视为最高买入价格;即时揭示中无卖出申报价格的,即时揭示的最高买入价格、最新成交价格中较高者视为最低卖出价格。当日无交易的,前收盘价格视为最新成交价格。

　　证券竞价交易按价格优先、时间优先的原则撮合成交。价格优先的原则为:较高价格买入申报优先于较低价格买入申报,较低价格卖出申报优先于较高价格卖出申报;时间优先的原则为:买卖方向、价格相同的,先申报者优先于后申报者。先后顺序按交易主机接受申报的时间确定。

　　集合竞价时,成交价格的确定原则为:可实现最大成交量的价格;高于该价格的买入申报与低于该价格的卖出申报全部成交的价格;与该价格相同的买方或卖方至少有一方全部成交的价格。两个以上申报价格符合上述条件的,使未成交量最小的申报价格为成交价格;仍有两个以上使未成交量最小的申报价格符合上述条件的,其中间价为成交价格。集合竞价的所有交易以同一价格成交。

连续竞价时，成交价格的确定原则为：①最高买入申报价格与最低卖出申报价格相同，以该价格为成交价格；②买入申报价格高于即时揭示的最低卖出申报价格的，以即时揭示的最低卖出申报价格为成交价格；③卖出申报价格低于即时揭示的最高买入申报价格的，以即时揭示的最高买入申报价格为成交价格。

第五，买卖申报经交易主机撮合成交后，交易即告成立。符合《上海证券交易所交易规则》各项规定达成的交易于成立时生效，买卖双方必须承认交易结果，履行清算交收义务。

所以，投资者在证券交易中与多个证券市场主体存在法律关系，这种关系可以如下图所示：

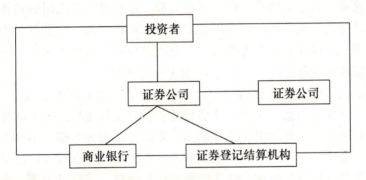

【实务指南】　证券交易中的其他事项

实务中，我们发现证券交易中所涉及的事项还非常多。以下略举几个：

第一，开盘价和收盘价。证券的开盘价为当日该证券的第一笔成交价格。证券的开盘价通过集合竞价方式产生，不能产生开盘价的，以连续竞价方式产生。证券的收盘价为当日该证券最后一笔交易前1分钟所有交易的成交量加权平均价（含最后一笔交易）。当日无成交的，以前收盘价为当日收盘价。

第二，挂牌、摘牌、停牌与复牌。挂牌就是指上市的证券进行交易，它的法律意义是证券交易标的物的可流通性和特定性。摘牌就是证券被终止上市。按照上交所的交易规则，如果股票、封闭式基金交易出现异常波动的，该所可以决定停牌1小时，直至相关当事人作出公告，当日的上午10：30予以复牌。也可以根据市场发展需要，由上交所调整停牌证券的复牌时间。如果是涉嫌违法违规交易的证券则实施特别停牌并予以公告，相关当事人应按照上交所的要求提交书面报告。证券停牌时，上交所发布的行情中包括该证券的信息；证券摘牌后，行情中无该证券的信息。证券开市期间停牌的，停牌前的申报参加当日该证券复牌后的交易；停牌期间，可以继续申报，也可以撤销申报；复牌时对已接受的申报实行集合竞价，集合竞价期间不揭示虚拟开盘参考价格、虚拟匹配量、虚拟未匹配量。这些具体事项可以参见第五章关于证券交易所的内容。

第三，除权与除息。当上市证券发生权益分派、公积金转增股本、配股等情况时，就适用除权或除息，除权或除息会导致证券价格下降。以配股为例，配股使股东的股数增加，因此每一股代表的净资产就减少，这样原来的股东权益就被稀释或摊薄了。如果持续性交易中的证券价格不因此而改变，那么对在上述情况前后购买该证券的投资者，待遇就是不公平的，证券也无法反映投资者的盈亏。因此需要作出除权和除息。只有这样，股权登记日前以高价买入该股票的股东，虽然股价高，但他享受了配送的股份；股权登记日后以低价买入股票的投资者虽然享受低价，但不享有配股。这样投资者之间的利益就被拉平了。上交所规定在权益登记日（B股为最后交易日）次一交易日对该证券作除权除息处理，除权（息）参考价格＝（前收盘价格－现金红利）＋配（新）股价格×流通股份变动比例÷（1＋流通股份变动比例）。

第四，证券行情和证券指数。每个交易日证券交易所都会发布即时行情、证券指数以及交易信息。这些信息都是投资者对证券交易进行了解和作出基本判断的重要依据。在开盘集合竞价期间，即时行情内容包括：证券代码、证券简称、前收盘价格、虚拟开盘参考价格、虚拟匹配量和虚拟未匹配量；连续竞价期间，即时行情内容包括：证券代码、证券简称、前收盘价格、最新成交价格、当日最高成交价格、当日最低成交价格、当日累计成交数量、当日累计成交金额、实时最高5个买入申报价格和数量、实时最低5个卖出申报价格和数量。首次上市证券上市首日，其即时行情显示的前收盘价格为其发行价。这样全国各地的投资者都可以在证券公司的营业部或互联网上方便地看到这些信息，从而发出委托指令买卖证券。至于证券指数，则包括综合指数、成分指数、分类指数等，它们是为了反映证券交易总体价格或某类证券价格的变动和走势，随即时行情发布的。两大证券交易所都有自己的各种指数。此外还有一些交易信息也由证券交易所公布，比如对有价格涨跌幅限制的股票、封闭式基金竞价交易，公布当日买入、卖出金额最大的5家会员营业部的名称及其买入、卖出金额；再如对出现异常波动的股票和封闭式基金，公布在异常波动期间累计买入、卖出金额最大5家会员营业部的名称及其买入、卖出金额；又如对涉嫌违法交易行为而被停牌的证券，公布成交金额最大的5家会员营业部的名称及其买入、卖出数量和买入、卖出金额和股份统计信息等。

【拓展思考】　　*证券交易价格确定方法的优势和不足*

在证券交易市场上买卖证券的投资者，大都是为了将证券再卖出，从而获得差价收益。因此在证券交易的程序设计上，如何确定证券价格是一个非常重要的问题。应当说，在证券市场上采取集中竞价和连续竞价的方式来确定证券的开盘价和即时的交易价格，能够充分地体现证券在市场上的供求状况，应当是最为科学和公平的证券定价方式。但是，在某些情形下，如果卖出或买入的证券数量相当大，则该指令就会决定证券的价格，其他的投资者根本就没有可能通过竞价来参与价格决定，市场的公平性也会被损害。因此，证券市场还需要其他定价措施，比如传统交易所使用的协议定价方法。例如，在上交所的《上海证券交易所交易规则》中，规定大宗交易买卖就可以采用协议定价。大宗交易方式是指以下五种情形：①A 股单笔买卖申报数量应当不低于 50 万股，或者交易金额不低于 300 万元人民币；②B 股单笔买卖申报数量应当不低于 50 万股，或者交易金额不低于 30 万元美元；③基金大宗交易的单笔买卖申报数量应当不低于 300 万份，或者交易金额不低于 300 万元；④国债及债券回购大宗交易的单笔买卖申报数量应当不低于 1 万手，或者交易金额不低于 1 000 万元；⑤其他债券单笔买卖申报数量应当不低于 1 000 手，或者交易金额不低于 100 万元。协议定价的操作方法是：①由会员进行价格申报。大宗交易的申报包括意向申报和成交申报。意向申报指令应包括证券账号、证券代码、买卖方向等。成交申报指令应包括证券代码、证券账号、买卖方向、成交价格、成交数量等。意向申报应当真实有效。申报方价格不明确的，视为至少愿以规定的最低价格买入或最高价格卖出；数量不明确的，视为至少愿以大宗交易单笔买卖最低申报数量成交。②当意向申报被会员接受（包括其他会员报出比意向申报更优的价格）时，申报方应当至少与一个接受意向申报的会员进行成交申报。③有涨跌幅限制证券的大宗交易成交价格，由买卖双方在当日涨跌幅价格限制范围内确定。无涨跌幅限制证券的大宗交易成交价格，由买卖双方在前收盘价的上下 30% 或当日已成交的最高、最低价之间自行协商确定。④买卖双方达成协议后，向该所交易系统提出成交申报，申报的交易价格和数量必须一致。成交申报一经该所确认，不得变更或撤销，买卖双方必须承认交易结果。这种定价方法显然就是为了避免大宗交易给证券市场的证券价格造成的冲击。值得注意的是，中国证监会于 2008 年 4 月 20 日发布《上市公司解除限售存量股份转让指导意见》，规定大小非股东在未来 1 个月内抛售解禁股份数量超过公司股份总数 1%以上的，应当通过大宗交易系统进行转让。

【法律法规链接】　　《证券法》第三章"证券交易"。

第三节　上市公司收购

一、上市公司收购概述

【基本理论】　　上市公司收购的含义、类型

证券市场不仅能进行证券买卖，还能通过证券买卖实现其他的目的。比如通过收购某公司的股票，进而获得对该公司的控制权。这就是上市公司收购。我国《证券法》第四章专门规定了"上市公司收购"。

所谓上市公司收购，是指收购人通过在证券交易所的股份转让活动持有一个上市公司的股份达到一定比例、或者通过证券交易所股份转让活动以外的其他合法途径控制一个上市公司的股份达到一定程度，导致其获得或者可能获得对该公司的实际控制权的行为。上市公司收购虽以购买该股份有限公司的股票为手段，也是一种投资者之间的股权转让行为，但与普通的证券交易不同，其目的不是为了获得公司的股息、红利或通过证券交易来赚取差价，而是为了进行控股或兼并。控股是在公司法的资本多数决原则下，对某公司享有控制权需要拥有一定比例以上的股份；并且相较于他人应当有较多的股份。一旦得以控股就能掌握被收购的股份有限公司的经营管理权。兼并是指将被收购的股份有限公司的全部资产收购为己有。因此，上市公司收购是股份有限公司股权转让、资产重组的一种方式；其手段是股票交易，实质是获得公司的控制权。

上市公司收购的类型非常多，以下六种分类值得关注：

第一，按照收购的方式可以将上市公司收购分为要约收购、协议收购及其他合法方式收购。我国《证券法》第85条规定："投资者可以采取要约收购、协议收购及其他合法方式收购上市公司。"要约收购运用了作为合同订立过程中意思表示的"要约"概念，它的基本含义是指收购方通过向目标公司的股东发出收购要约的方式进行的收购。此种要约是面向所有股东的、收购条件一致的收购意思表示；收购人应当公平对待被收购公司的所有股东，持有同一种类股份的股东应当得到同等对待。除要约方式外，投资者不得在证券交易所外公开求购上市公司的股份。协议收购是指收购方通过与被收购公司的股东达成收购协议所进行的收购。协议收购并不在证券交易所完成，而是通过场外当事人的协议完成，但同样受到有关收购权益披露制度的制约。至于上市收购的其他合法方式，则包括投资者及其一致行动人通过行政划转或者变更、执行法院裁定、继承、赠与等方式拥有权益的股份变动达到法定的5%这个比例的，也按上市公司收购对待，取得股份的投资者和一致行动人应当履行有关的权益披露义务。

下表是要约收购和协议收购的简要区别：

	交易对象	交易场所	交易价格	收购过程	交易方式
要约收购	所有股东	证券交易所	市价	复杂且公开	仅限要约方式
协议收购	特定股东	场外	协议	简单、不公开	可以同时在场内竞价交易

第二，按照收购方的收购行为是自愿还是法定义务可以将上市公司收购分为自愿收购和强制收购。以要约收购和协议收购开启的收购，本身都是自愿收购；但是达到一定的持股比例时，都演变为强制要约收购。根据中国证监会2006年9月1日起施行的《上市公司收购管理办法》第23条的规定，投资者自愿选择以要约方式收购上市公司股份的，可以向被收购公司所有股东发出收购其所持有的全部股份的要约，也可以向被收购公司所有股东发出收购其所持有的部分股份的要约。该规定即为自愿的要约收购。而强制要约收购则指无论之前按什么方式取得目标公司的股份，包括自愿要约收购、协议收购或其他方式，如果达到该上市公司已发行股份的30%时，继续进行收购的，就必须采用要约收购的方式。《上市公司收购管理办法》第24条规定："通过证券交易所的证券交易，收购人持有一个上市公司的股份达到该公司已发行股份的30%时，继续增持股份的，应当采取要约方式进行，发出全面要约或者部分要约。"收购人应当依法向该上市公司所有股东发出同等条件予以收购的要约。不过按协议方式收购取得上市公司已发行股份的30%时，如果符合有关规定，收购人可以向中国证监会申请豁免发出要约。

第三，按所收购的股份是否为全部可以将上市公司收购分为全面收购和部分收购。这是要约收购中使用的方式。根据中国证监会《上市公司收购管理办法》第23条的规定，投资者自愿选择以要约方式收购上市公司股份的，如果向被收购公司所有股东发出收购其所持有的全部股份的要约，就是全面收购；如果向被收购公司所有股东发出收购其所持有的部分股份的要约，就是部分收购。

第四，按收购人支付对价的方式，可以分为现金收购、换股收购和混合收购。现金收购是指收购人向目标公司的股东直接支付现金。换股收购则是向目标公司的股东支付收购人自己的股份或其他有价证券，也就是我们常说的"股权置换"、"换股"。混合收购则是收购人以现金、本公司股份、债券等混合作为对价支付给目标公司的股东以完成收购。《上市公司收购管理办法》第27条规定："收购人为终止上市公司的上市地位而发出全面要约的，或者向中国证监会提出申请但未取得豁免而发出全面要约的，应当以现金支付收购价款；以依法可以转让的证券支付收购价款的，应当同时提供现金方式供被收购公司股东选择。"第36条规定："收购人可以采用现金、证券、现金与证券相结合等合法方式支付收购上市公司的价款。收购人聘请的财务顾问应当说明收购人具备要约收购的能力。以现金支付收购价款的，应当在作出要约收购提示性公告的同时，将不少于收购价款总额的 20% 作为履约保证金存入证券登记结算机构指定的银行。收购人以证券支付收购价款的，应当提供该证券的发行人最近 3 年经审计的财务会计报告、证券估值报告，并配合被收购公司聘请的独立财务顾问的尽职调查工作。收购人以在证券交易所上市交易的证券支付收购价款的，应当在作出要约收购提示性公告的同时，将用于支付的全部证券交由证券登记结算机构保管，但上市公司发行新股的除外；收购人以在证券交易所上市的债券支付收购价款的，该债券的可上市交易时间应当不少于 1 个月；收购人以未在证券交易所上市交易的证券支付收购价款的，必须同时提供现金方式供被收购公司的股东选择，并详细披露相关证券的保管、送达被收购公司股东的方式和程序安排。"

第五，按照收购人是否为上市公司的股东分为直接收购和间接收购。直接收购中收购人本身就是上市公司的股东，从而使上市公司收购变成了收购人逐步扩充股份的行为。而间接收购中，收购人并不是该上市公司的股东，而是通过投资关系、协议、其他安排导致其拥有权益的股份达到了上市公司收购所要求的比例。因此间接收购本质上是上市公司的实际控制人通过其支配的股东或其他安排而实现对上市公司的收购，实际控制人就是收购人。间接收购也按直接收购的要求进行权益披露，并适用相同的具体规则，《上市公司收购管理办法》第 56 条第 1 款规定："收购人虽不是上市公司的股东，但通过投资关系、协议、其他安排导致其拥有权益的股份达到或者超过一个上市公司已发行股份的 5% 未超过 30% 的，应当按照本办法第二章的规定（即权益披露）办理。"但是，由于被支配股东与收购人之间存在的被控制关系，还需要对这种关系做出特别调整。该条第 2 款规定："收购人拥有权益的股份超过该公司已发行股份的 30% 的，应当向该公司所有股东发出全面要约；收购人预计无法在事实发生之日起 30 日内发出全面要约的，应当在前述 30 日内促使其控制的股东将所持有的上市公司股份减持至 30% 或者 30% 以下，并自减持之日起 2 个工作日内予以公告；其后收购人或者其控制的股东拟继续增持的，应当采取要约方式；拟依据本办法第六章的规定申请豁免的，应当按照本办法第 48 条的规定办理。"

第六，按照目标公司的管理层是否与收购人合作分为敌意收购和友好收购。敌意收购中目标公司事先并不知晓收购人的意图，双方也无沟通，一旦开始收购，目标公司的管理层很可能会采用一些措施进行"反收购"，所以敌意收购的困难可能较大。友好收购指得到了目标公司管理层合作的收购。

【实务指南】 上市公司收购的投资者和一致行动人

上市公司收购中的收购人包括投资者和一致行动人。所谓"一致行动",是指投资者通过协议、其他安排,与其他投资者共同扩大其所能够支配的一个上市公司股份表决权数量的行为或者事实。一致行动人与直接出面进行收购的投资者在利益和动机、目的方面都是一样的,因此也被作为事实上的收购人来对待,将投资者和一致行动人均作为收购方。一致行动人应当合并计算其所持有的股份。投资者计算其所持有的股份,应当包括登记在其名下的股份,也包括登记在其一致行动人名下的股份。在上市公司的收购及相关股份权益变动活动中有一致行动情形的投资者,互为一致行动人。

根据《上市公司收购管理办法》第83条的规定,如无相反证据,投资者有下列情形之一的,为一致行动人:①投资者之间有股权控制关系;②投资者受同一主体控制;③投资者的董事、监事或者高级管理人员中的主要成员,同时在另一个投资者担任董事、监事或者高级管理人员;④投资者参股另一投资者,可以对参股公司的重大决策产生重大影响;⑤银行以外的其他法人、其他组织和自然人为投资者取得相关股份提供融资安排;⑥投资者之间存在合伙、合作、联营等其他经济利益关系;⑦持有投资者30%以上股份的自然人,与投资者持有同一上市公司股份;⑧在投资者任职的董事、监事及高级管理人员,与投资者持有同一上市公司股份;⑨持有投资者30%以上股份的自然人和在投资者任职的董事、监事及高级管理人员,其父母、配偶、子女及其配偶、配偶的父母、兄弟姐妹及其配偶、配偶的兄弟姐妹及其配偶等亲属,与投资者持有同一上市公司股份;⑩在上市公司任职的董事、监事、高级管理人员及其前项所述亲属同时持有本公司股份的,或者与其自己或者其前项所述亲属直接或者间接控制的企业同时持有本公司股份;⑪上市公司董事、监事、高级管理人员和员工与其所控制或者委托的法人或者其他组织持有本公司股份;⑫投资者之间具有其他关联关系。

【拓展思考】 上市公司收购的意义

上市公司收购是近年以来公司法和证券法中面临的重要实践问题。涉及公司控制权的变更,国家产业政策的变化,对公司众多利益主体都有影响。它利用了证券市场股份自由流通的便利,能够达到使收购人获得目标公司控制权的目的。因此对上市公司的收购效果分析,应当从获得目标公司控制权的动机来分析。控制权的表现很多,比如投资者为上市公司持股50%以上的控股股东;或者投资者可以实际支配上市公司股份表决权超过30%;或者投资者通过实际支配上市公司股份表决权能够决定公司董事会半数以上成员选任;或者投资者依其可实际支配的上市公司股份表决权足以对公司股东大会的决议产生重大影

第四章

响等。由此可见，拥有对公司的控制权虽然不必拥有 100% 的股份，但在后果上等同于将公司作为控股股东的"私有"财产。收购人为了实现规模效应，为了对某行业进行垄断，为了资产重组，为了获得该上市公司的"壳"资源等都可能采用上市公司收购。对整个社会来说，上市公司收购能够产生资源优化配置的后果；对被收购的目标公司来说，为了不失去控制权而必须勤勉经营；对持有流通股份的普通投资者来说，上市公司收购为他们提供了以公平价格卖出股票的机会，或者因收购而改善公司经营并使股票升值的机会。不过，上市公司收购往往会引起股市的震荡，其间难免会有虚假信息、内幕交易等违法行为。为了加强对普通投资者利益的保护，加强对上市公司收购中信息披露制度的完善和各方面的监管相当必要。

【法律法规链接】　《证券法》第四章"上市公司的收购"，中国证监会于 2006 年 9 月 1 日起施行的《上市公司收购管理办法》。

二、上市公司收购的基本制度

【基本理论】　上市公司收购的原则

上市公司收购由于牵涉的利益主体众多，因此需要法律的严格规制。对于上市公司收购，应当以公共利益原则、股东平等待遇和保护中小股东及目标公司利益原则以及信息公开原则为三项基本原则。

第一，遵守公共利益原则。由于上市公司收购涉及国家产业结构的调整甚至国家经济安全，因此公共利益原则应当成为上市公司收购的首要原则。该原则要求上市公司的收购及相关股份权益变动活动不得危害国家安全和社会公共利益。如果上市公司的收购及相关股份权益变动活动涉及国家产业政策、行业准入、国有股份转让等事项，必须取得国家相关部门批准的，应当在取得批准后进行。外国投资者进行上市公司的收购及相关股份权益变动活动的，应当取得国家相关部门的批准，适用中国法律，服从中国的司法、仲裁管辖。《证券法》第 101 条第 1 款规定："收购上市公司中由国家授权投资的机构持有的股份，应当按照国务院的规定，经有关主管部门批准。"

第二，遵守股东平等待遇和保护中小股东及目标公司利益原则。在上市公司收购中，目标公司的所有股东，不论大小，也不论持股的先后，在收购中，他们在信息的获得、条件的适用、价格的提高以及出售股份的机会等方面均应受到平等对待，防止大股东操纵行情和私下交易。该原则在上市公司收购中具体体现在以下几个方面：①在达到一定持股比例时，必须履行强制要约收购义务，收购者必须向所有持有其要约所欲购买股份的股东发出收购要约；②如果是部分收购，则收购者应当承诺按比例进行收购；③收购要约提出的各项收购条件，适用于被收购公司的所有股东。④采取要约收购方式的，收购人在收购期限内，不得卖出被收购公司的股票，也不得采取要约规定以外的形式和超出要约的条件买入被收购公司的股票。对此，我国《证券法》第88条规定："通过证券交易所的证券交易，投资者持有或者通过协议、其他安排与他人共同持有一个上市公司已发行的股份达到30%时，继续进行收购的，应当依法向该上市公司所有股东发出收购上市公司全部或者部分股份的要约。收购上市公司部分股份的收购要约应当约定，被收购公司股东承诺出售的股份数额超过预定收购的股份数额的，收购人按比例进行收购。"第92条规定："收购要约提出的各项收购条件，适用于被收购公司的所有股东。"第93条还规定："采取要约收购方式的，收购人在收购要约期限内，不得卖出被收购公司的股票，也不得采取要约规定以外的形式和超出要约的条件买入被收购公司的股票。"

此外，为了实现股东的平等地位和对中小股东利益的切实保护，《上市公司收购管理办法》第6条还对收购人的资格和目标公司的董事、监事以及其他高级管理人员的勤勉义务作出了规定。收购人有下列情形之一的，不得收购上市公司：①收购人负有数额较大债务，到期未清偿，且处于持续状态；②收购人最近3年有重大违法行为或者涉嫌有重大违法行为；③收购人最近3年有严重的证券市场失信行为；④收购人为自然人的，存在《公司法》第147条规定情形；⑤法律、行政法规规定以及中国证监会认定的不得收购上市公司的其他情形。为了避免因反收购而出现的"毒丸"战术，保护目标公司和中小股东的利益，该办法第8条还要求被收购公司的董事、监事、高级管理人员对公司负有忠实义务和勤勉义务，应当公平对待收购本公司的所有收购人。被收购公司董事会针对收购所作出的决策及采取的措施，应当有利于维护公司及其股东的利益，不得滥用职权对收购设置不适当的障碍，不得利用公司资源向收购人提供任何形式的财务资助，不得损害公司及其股东的合法权益。此外，该办法第7条还要求被收购公司的控股股东或者实际控制人不得滥用股东权利损害被收购公司或者其他股东的合法权益。被收购公司的控股股东、实际控制人及其关联方有损害被收购公司及其他股东合法权益的，上述控股股东、实际控制人在转让被收购公司控制权之前，应当主动消除损害；未能消除损害的，应当就其出让相关股份所得收入用于消除全部损害作出安排，对不足以消除损害的部分应当提供充分有效的履约担保或安排，并依照公司章程取得被收购公司股东大会的批准。

第三，遵守信息公开原则。信息公开原则自然也是为了保护股东的利益。它是指在上市公司收购中，要求所有与收购有关的信息都要公开。只有实行信息的公开，切实消除上市公司收购中的信息垄断，才能防止内幕交易和证券欺诈行为的发生，从而真正保护投资者的合法权益。该原则在上市公司收购制度中主要表现在：

1. 收购人承担大额持股披露义务。大额持股披露是指股东在持股达到一定比例时，有报告并披露其股份增减状况和持股意图的义务。该义务按照修改后的《证券法》已经不因收购方式是要约收购、协议收购还是其他方式收购而有所区别。大额持股往往是收购的前兆，大额持股披露一方面使广大投资者对迅速积累股票的行为及其可能引起公司控股的变动情势有足够的警觉，另一方面又提醒其对所持有股票的真正价值重新加以评估，以保护投资者在充分掌握信息的基础上自主地作出投资判断。大额持股披露包括达到 5% 的初始披露和递增或递减 5% 的持续性披露。我国《证券法》第 86 条规定："通过证券交易所的证券交易，投资者持有或者通过协议、其他安排与他人共同持有一个上市公司已发行的股份达到 5% 时，应当在该事实发生之日起 3 日内，向国务院证券监督管理机构、证券交易所作出书面报告，通知该上市公司，并予公告；在上述期限内，不得再行买卖该上市公司的股票。投资者持有或者通过协议、其他安排与他人共同持有一个上市公司已发行的股份达到 5% 后，其所持该上市公司已发行的股份比例每增加或者减少 5%，应当依照前款规定进行报告和公告。在报告期限内和作出报告、公告后 2 日内，不得再行买卖该上市公司的股票。"其中的书面报告和公告，按照《证券法》第 87 条的规定，应当包括下列内容：①持股人的名称、住所；②持有的股票的名称、数额；③持股达到法定比例或者持股增减变化达到法定比例的日期。书面报告即《上市公司收购管理办法》第 13 条所规定的权益变动报告书。该《办法》还要求投资者及其一致行动人在其拥有权益的股份达到或者超过该公司已发行股份的 5%，但未达到 20% 的，应当编制简式权益变动报告书；如果投资者及其一致行动人为上市公司第一大股东或者实际控制人，还应当披露投资者及其一致行动人的控股股东、实际控制人及其股权控制关系结构图，让投资者明确知晓这种控制关系；如果投资者及其一致行动人拥有权益的股份达到或者超过一个上市公司已发行股份的 20%，但未超过 30% 的，应当编制详式权益变动报告书。

2. 要约收购中目标公司董事会对收购所持意见及理由的披露。在上市公司收购中，收购行为实际上是收购者与目标公司股东之间的股份交易，但由于上市公司收购会导致目标公司控制权的转移，而控制权转移的后果则往往意味着公司经营者的更换和公司经营策略的变化，这对目标公司原经营者的利益至关紧要。实践中目标公司的董事们为了维护自己的或公司的利益，经常要采取一些反收购的措施。这些措施也是目标公司股东据以判断和决定是否接受收购要约的重要信息，因此也应当公开。《上市公司收购管理办法》第 32 条规定：

"（要约收购中）被收购公司董事会应当对收购人的主体资格、资信情况及收购意图进行调查，对要约条件进行分析，对股东是否接受要约提出建议，并聘请独立财务顾问提出专业意见。在收购人公告要约收购报告书后 20 日内，被收购公司董事会应当将被收购公司董事会报告书与独立财务顾问的专业意见报送中国证监会，同时抄报派出机构，抄送证券交易所，并予公告。收购人对收购要约条件做出重大变更的，被收购公司董事会应当在 3 个工作日内提交董事会及独立财务顾问就要约条件的变更情况所出具的补充意见，并予以报告、公告。"

3. 通过专门的财务顾问进行上市公司收购的信息披露。为了确保所披露信息的真实性，除了国有股行政划转或者变更、股份转让在同一实际控制人控制的不同主体之间进行以及因继承取得股份以外，在上市公司收购中，收购人和目标公司的董事会或者独立董事还应当聘请财务顾问对相关权益变动报告书所披露的内容出具核查意见。

收购人聘请的财务顾问应当履行以下职责：对收购人的相关情况进行尽职调查；应收购人的要求向收购人提供专业化服务，全面评估被收购公司的财务和经营状况，帮助收购人分析收购所涉及的法律、财务、经营风险，就收购方案所涉及的收购价格、收购方式、支付安排等事项提出对策建议，并指导收购人按照规定的内容与格式制作申报文件；对收购人进行证券市场规范化运作的辅导，使收购人的董事、监事和高级管理人员熟悉有关法律、行政法规和中国证监会的规定，充分了解其应当承担的义务和责任，督促其依法履行报告、公告和其他法定义务；对收购人是否符合《上市公司收购管理办法》的规定及申报文件内容的真实性、准确性、完整性进行充分核查和验证，对收购事项客观、公正地发表专业意见；接受收购人委托，向中国证监会报送申报材料，根据中国证监会的审核意见，组织、协调收购人及其他专业机构予以答复；与收购人签订协议，在收购完成后 12 个月内，持续督导收购人遵守法律、行政法规、中国证监会的规定、证券交易所规则、上市公司章程，依法行使股东权利，切实履行承诺或者相关约定。收购人聘请的财务顾问就本次收购出具的财务顾问报告，应当对以下 14 项事项进行说明和分析，并逐项发表明确意见：收购人编制的上市公司收购报告书或者要约收购报告书所披露的内容是否真实、准确、完整；本次收购的目的；收购人是否提供所有必备证明文件，根据对收购人及其控股股东、实际控制人的实力、从事的主要业务、持续经营状况、财务状况和诚信情况的核查，说明收购人是否具备主体资格，是否具备收购的经济实力，是否具备规范运作上市公司的管理能力，是否需要承担其他附加义务及是否具备履行相关义务的能力，是否存在不良诚信记录；对收购人进行证券市场规范化运作辅导的情况，其董事、监事和高级管理人员是否已经熟悉有关法律、行政法规和中国证监会的规定，充分了解应承担的义务和责任，督促其依法履行报告、公告和其他法定义务的情况；收购人的股权控制结构及其控股股东、实际控制人支配收购人的方式；收购人的收购资金来源及其合法性，是否存在利用本次收购的股份向银行等金融机构质押取得融资的情形；涉及收购人以证券支付收购价款的，应当说明有关该证券发行人的信息披露是否真实、准确、完整以及该证券交易的便捷性等情况；收购人是否已经履行了必要的授权和批准程序；是否已对收购过渡期间保持上市公司稳定经营作出安排，该安排是否符合有关规定；对收购人提出的后续计划进行分析，收购人所从事的业务与上市公司从事的业务存在同业竞争、关联交易的，对收购人解决与上市公司同业竞争等利益冲突及保持上市公司经营独立性的方案进行分析，说明本次收购对上市公司经营独立性和持续发展可能产生的影响；在收购标的上是否设定其他权利，是否在收购价款之外还作出其他补偿安排；收购人及其关联方与被收购公司之间是否存在业务往来，收购人与被收购公司的董事、监事、高级管理人员是否就其未来任职安排达成某种协议或者默契；上市公司原控股股东、实际控制人及其关联方是否存在未清偿对公司的负债、未解除公司为其负债提供的担保或者损害公司利益的其他情形；存在该等情形的，是否已提出切实可行的解决方案；涉及收购人拟提出豁免申请的，应当说明本次收购是否属于可以得到豁免的情形，收购人是否作出承诺及是否具备履行相关承诺的实力。

上市公司董事会或者独立董事聘请的独立财务顾问，不得同时担任收购人的财务顾问或者与收购人的财务顾问存在关联关系。独立财务顾问应当根据委托进行尽职调查，对本次收购的公正性和合法性发表专业意见。独立财务顾问报告应当对以下问题进行说明和分析，发表明确意见：收购人是否具备主体资格；收购人的实力及本次收购对被收购公司经营独立性和持续发展可能产生的影响分析；收购人是否存在利用被收购公司的资产或者由被收购公司为本次收购提供财务资助的情形；涉及要约收购的，分析被收购公司的财务状况，说明收购价格是否充分反映被收购公司价值，收购要约是否公平、合理，对被收购公司社会公众股股东接受要约提出的建议；涉及收购人以证券支付收购价款的，还应当根据该证券发行人的资产、业务和盈利预测，对相关证券进行估值分析，就收购条件对被收购公司的社会公众股股东是否公平合理、是否接受收购人提出的收购条件提出专业意见；涉及管理层收购的，应当对上市公司进行估值分析，就本次收购的定价依据、支付方式、收购资金来源、融资安排、还款计划及其可行性、上市公司内部控制制度的执行情况及其有效性、上述人员及其直系亲属在最近 24 个月内与上市公司业务往来情况以及收购报告书披露的其他内容等进行全面核查，发表明确意见。

4. 收购意图及收购人相关资质的公告。在要约收购中，收购人应当编制要约收购报告书，并应当聘请财务顾问向中国证监会、证券交易所提交书面报告，抄报派出机构，通知被收购公司，同时对要约收购报告书摘要作出提示性公告。如果 15 日内中国证监会表示无异议的，收购人可以于 15 日后，公告其要约收购报告书、财务顾问专业意见和律师出具的法律意见书。如果中国证监会发现要约收购报告书不符合法律、行政法规及相关规定的，及时告知收购人，收购人不得公告其收购要约。要约收购报告书，应当载明下列事项：①收购人的姓名、住所；收购人为法人的，其名称、注册地及法定代表人，与其控股股东、实际控制人之间的股权控制关系结构图；②收购人关于收购的决定及收购目的，是否拟在未来 12 个月内继续增持；③上市公司的名称、收购股份的种类；④预定收购股份的数量和比例；⑤收购价格；收购所需资金额、资金来源及资金保证，或者其他支付安排；⑥收购要约约定的条件；⑦收购期限；⑧报送收购报告书时持有被收购公司的股份数量、比例；⑨本次收购对上市公司的影响分析，包括收购人及其关联方所从事的业务与上市公司的业务是否存在同业竞争或者潜在的同业竞争，是否存在持续关联交易；⑩存在同业竞争或者持续关联交易的，收购人是否已作出相应的安排，确保收购人及其关联方与上市公司之间避免同业竞争以及保持上市公司的独立性；⑪未来 12 个月内对上市公司资产、业务、人员、组织结构、公司章程等进行调整的后续计划；⑫前 24 个月内收购人及其关联方与上市公司之间的重大交易；⑬前 6 个月内通过证券交易所的证券交易买卖被收购公司股票的情况；⑭中国证监会要求披露的其他内容。收购人发出全面要约的，应当在要约收购报告书中充分披露终止上市的风险、终止上市后收购行为完成的时间及仍持有上市公司股份的剩余股东出售其股票的其他后续安排；收购人发出以终止公司上市地位为目的的全面要约，无须披露本次收购对上市公司的影响分析。

以协议方式收购上市公司股份超过 30%，收购人如果希望按规定申请豁免强制要约收购的义务，应当在与上市公司股东达成收购协议之日起 3 日内编制上市公司收购报告书，提交豁免申请及其他相关文件，委托财务顾问向中国证监会、证券交易所提交书面报告，同时抄报派出机构，通知被收购公司，并公告上市公司收购报告书摘要。派出机构收到书面报告后通报上市公司所在地省级人民政府。收购人自取得中国证监会的豁免之日起 3 日内公告其收购报告书、财务顾问专业意见和律师出具的法律意见书；收购人未取得豁免的，应当自收到中国证监会的决定之日起 3 日内予以公告，并且投资者及其一致行动人应当在收到中国证监会通知之日起 30 日内将其或者其控制的股东所持有的被收购公司股份减持到 30% 或者 30% 以下；拟以要约以外的方式继续增持股份的，应当发出全面要约。所作的上市公司收购报告书除了无须公告收购要约约定的条件和收购期限外,与要约收购中要约收购报告书的内容相同。

协议收购中上市公司控股股东向收购人协议转让其所持有的上市公司股份的,应当对收购人的主体资格、诚信情况及收购意图进行调查,并在其权益变动报告书中披露有关调查情况。控股股东及其关联方未清偿其对公司的负债,未解除公司为其负债提供的担保,或者存在损害公司利益的其他情形的,被收购公司董事会应当对前述情形及时予以披露,并采取有效措施维护公司利益。

协议收购如果属于管理层收购,即由上市公司董事、监事、高级管理人员、员工或者其所控制或者委托的法人或者其他组织,拟对本公司进行收购,或者按间接收购的方式取得某上市公司的控制权,还应当由公司聘请具有证券、期货从业资格的资产评估机构提供公司资产评估报告,管理层收购还应当经董事会非关联董事作出决议,且取得 2/3 以上的独立董事同意后,提交公司股东大会审议,经出席股东大会的非关联股东所持表决权过半数通过。独立董事发表意见前,应当聘请独立财务顾问就本次收购出具专业意见,独立董事及独立财务顾问的意见应当一并予以公告。同时还要求上市公司董事、监事、高级管理人员不存在《公司法》第 149 条规定情形,并且最近 3 年没有证券市场不良诚信记录。

【实务指南】 上市公司收购的程序

上市公司收购是一个很复杂的过程,《证券法》第四章按要约收购和协议收购分别规定了不同的程序。实际上涉及四个问题:

第一,单纯的协议收购。单纯的协议收购是未达到持股 30% 的协议收购。从效果上说,只要收购方与出卖方达成了转让协议,再按照《证券法》第 94 条的规定,由收购人在 3 日内将该收购协议向国务院证券监督管理机构及证券交易所作出书面报告,并予公告,之后就是协议的履行问题了。在履行时,协议双方可以临时委托证券登记结算机构保管协议转让的股票,并将资金存放于指定的银行。收购报告书公告后,相关当事人应当按照证券交易所和证券登记结算机构的业务规则,在证券交易所就本次股份转让予以确认后,凭全部转让款项存放于双方认可的银行账户的证明,向证券登记结算机构申请解除拟协议转让股票的临时保管,并办理过户登记手续。收购人在收购报告书公告后 30 日内仍未完成相关股份过户手续的,应当立即作出公告,说明理由;在未完成相关股份过户期间,应当每隔 30 日公告相关股份过户办理进展情况。收购行为完成后,按《证券法》第 100 条的规定,收购人应当在 15 日内将收购情况报告国务院证券监督管理机构和证券交易所,并予公告。

第二,协议收购获得目标公司 30% 的股份还需要继续收购,则必须按要约收购的方式进行全部或部分收购。这种情况下，如果符合有关规定，收购人可以向中国证监会申请豁免发出要约。按照《上市公司收购管理办法》第六章的规定，允许豁免要约收购的情形包括：收购人与出让人能够证明本次转让未导致上市公司的实际控制人发生变化；上市公司面临严重财务困难，收购人提出的挽救公司的重组方案取得该公司股东大会批准，且收购人承诺3年内不转让其在该公司中所拥有的权益；经上市公司股东大会非关联股东批准，收购人取得上市公司向其发行的新股，导致其在该公司拥有权益的股份超过该公司已发行股份的30%，收购人承诺3年内不转让其拥有权益的股份，且公司股东大会同意收购人免于发出要约等。

在提出豁免申请的同时，应当在与上市公司股东达成收购协议之日起3日内编制上市公司收购报告书，连同豁免申请及相关文件，委托财务顾问向中国证监会、证券交易所提交书面报告，同时抄报派出机构，通知被收购公司，并公告上市公司收购报告书摘要。派出机构收到书面报告后通报上市公司所在地省级人民政府。除了豁免申请以外的相关文件，包括收购人的身份证明；基于收购人的实力和从业经验对上市公司后续发展计划可行性报告；避免同业竞争等利益冲突、保持被收购公司经营独立性的说明；控股股东、实际控制人最近2年未变更的说明；收购人及其控股股东或实际控制人的核心企业和核心业务、关联企业及主营业务的说明；收购人或其实际控制人为2个或2个以上的上市公司控股股东或实际控制人的，还应当提供其持股5%以上的上市公司以及银行、信托公司、证券公司、保险公司等其他金融机构的情况说明；财务顾问关于收购人最近3年的诚信记录、收购资金来源合法性、收购人具备履行相关承诺的能力以及相关信息披露内容真实性、准确性、完整性的核查意见；收购人成立未满3年的，财务顾问还应当提供其控股股东或者实际控制人最近3年诚信记录的核查意见。如果是境外法人或者境外其他组织进行上市公司收购的，还应当提供财务顾问出具的收购人符合对上市公司进行战略投资的条件、具有收购上市公司的能力的核查意见以及收购人接受中国司法、仲裁管辖的声明。

之后的程序问题则视能否取得这种豁免来决定了。一种情况是，如果收购人能取得中国证监会的要约收购豁免，则自取得豁免之日起3日内公告其收购报告书、财务顾问专业意见和律师出具的法律意见书并且履行其收购协议；也就是按收购协议（已经大于30%的持股比例）来增持股份。此种情形下对收购协议的履行与前述单纯协议收购的履行完全一致。第二种情况是未取得中国证监会豁免，则投资者及其一致行动人应当在收到中国证监会通知之日起30日内将其或者其控制的股东所持有的被收购公司股份减持到30%或者30%以下；如果收购人不愿做这种减持，依然继续履行其收购协议的，在履行其收购协议前，应当发出全面要约。

第三，持股达到 30% 但依据有关规定，当事人可以向中国证监会申请以简易程序免除发出要约。这就是所谓要约收购的"自动豁免"。包括以下情形：①经政府或者国有资产管理部门批准进行国有资产无偿划转、变更、合并，导致投资者在一个上市公司中拥有权益的股份占该公司已发行股份的比例超过 30%；②在一个上市公司中拥有权益的股份达到或者超过该公司已发行股份的 30% 的，自上述事实发生之日起 1 年后，每 12 个月内增加其在该公司中拥有权益的股份不超过该公司已发行股份的 2%；③在一个上市公司中拥有权益的股份达到或者超过该公司已发行股份的 50% 的，继续增加其在该公司拥有的权益不影响该公司的上市地位；④因上市公司按照股东大会批准的确定价格向特定股东回购股份而减少股本，导致当事人在该公司中拥有权益的股份超过该公司已发行股份的 30%；⑤证券公司、银行等金融机构在其经营范围内依法从事承销、贷款等业务导致其持有一个上市公司已发行股份超过 30%，没有实际控制该公司的行为或者意图，并且提出在合理期限内向非关联方转让相关股份的解决方案；⑥因继承导致在一个上市公司中拥有权益的股份超过该公司已发行股份的 30%；⑦中国证监会为适应证券市场发展变化和保护投资者合法权益的需要而认定的其他情形。针对上述情况，中国证监会自收到符合规定的申请文件之日起 5 个工作日内未提出异议的，相关投资者可以向证券交易所和证券登记结算机构申请办理股份转让和过户登记手续。中国证监会不同意其以简易程序申请的，相关投资者应当按照上述豁免要约收购的程序提出申请。

第四，要约收购。要约收购既可能自始至终由收购人自愿进行，也可能是协议收购达到 30% 后法律强制采用。《证券法》第 88 条第 1 款规定："通过证券交易所的证券交易，投资者持有或者通过协议、其他安排与他人共同持有一个上市公司已发行的股份达到 30% 时，继续进行收购的，应当依法向该上市公司所有股东发出收购上市公司全部或者部分股份的要约。"无论是否自愿采用，要约收购都应当遵照以下程序：

1. 聘请财务顾问，制作并报送要约收购报告书以及相关文件。要约收购报告书的内容已在前述信息公开部分述及，需要报送的相关文件与前述协议收购的要求相同。

2. 在报送上述要约收购报告书以及相关文件 15 日内，中国证监会对要约收购报告书进行审查，如果无异议的，收购人可以在 15 日后公告其要约收购报告书、财务顾问专业意见和律师出具的法律意见书。

3. 在收购期内进行要约收购。同意接受收购要约的股东（即预受股东），应当委托证券公司办理预受要约的相关手续。收购人应当委托证券公司向证券登记结算机构申请办理预受要约股票的临时保管。证券登记结算机构临时保管的预受要约的股票，在要约收购期间不得转让。预受是指被收购公司股东同意接受要约的初步意思表示，在要约收购期限内不可撤回之前不构成承诺。在要约收购期限届满3个交易日前，预受股东可以委托证券公司办理撤回预受要约的手续，证券登记结算机构根据预受要约股东的撤回申请解除对预受要约股票的临时保管。在要约收购期限届满前3个交易日内，预受股东不得撤回其对要约的接受。在要约收购期限内，收购人应当每日在证券交易所网站上公告已预受收购要约的股份数量。

4. 收购期限届满，发出部分要约的收购人应当按照收购要约约定的条件购买被收购公司股东预受的股份，预受要约股份的数量超过预定收购数量时，收购人应当按照同等比例收购预受要约的股份；以终止被收购公司上市地位为目的的，收购人应当按照收购要约约定的条件购买被收购公司股东预受的全部股份；未取得中国证监会豁免而发出全面要约的收购人应当购买被收购公司股东预受的全部股份。收购期限届满后3个交易日内，接受委托的证券公司应当向证券登记结算机构申请办理股份转让结算、过户登记手续，解除对超过预定收购比例的股票的临时保管；收购人应当公告本次要约收购的结果。如果收购期限届满，被收购公司股权分布不符合上市条件，该上市公司的股票由证券交易所依法终止上市交易。在收购行为完成前，其余仍持有被收购公司股票的股东，有权在收购报告书规定的合理期限内向收购人以收购要约的同等条件出售其股票，收购人应当收购。收购期限届满后15日内，收购人应当向中国证监会报送关于收购情况的书面报告，同时抄报派出机构，抄送证券交易所，通知被收购公司。

上述四种程序以要约收购和协议收购为主线，同时还掺杂着全面与部分收购，自愿与强制收购等多种类型。它们的关系可以用下图表示：

【拓展思考】 *要约收购中的反垄断问题*

我国的《反垄断法》于2008年8月1日起施行。该法第7条第1款规定："国有经济占控制地位的关系国民经济命脉和国家安全的行业以及依法实行专营专卖的行业，国家对其经营者的合法经营活动予以保护，并对经营者的经营行为及其商品和服务的价格依法实施监管和调控，维护消费者利益，促进技术进步。"除此以外的经营者都必须遵守《反垄断法》关于垄断行为的禁止性规定，包括禁止"经营者达成垄断协议、经营者滥用市场支配地位以及具有或者可能具有排除、限制竞争效果的经营者集中"。值得注意的是，《反垄断法》第50条规定："经营者实施垄断行为，给他人造成损失的，依法承担民事责任。"该规定与我国《证券法》第214条的规定是基本协调的，《证券法》第214条规定：

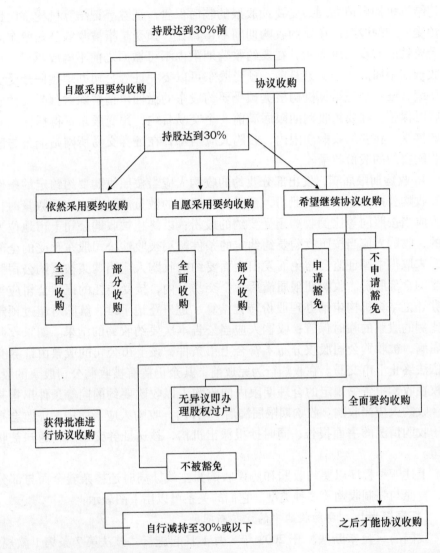

"收购人或者收购人的控股股东利用上市公司收购损害被收购公司及其股东的合法权益的，责令改正，给予警告；情节严重的，并处以 10 万元以上 60 万元以下的罚款。给被收购公司及其股东造成损失的，依法承担赔偿责任。对直接负责的主管人员和其他直接责任人员给予警告，并处以 3 万元以上 30 万元以下的罚款。"其中也确定了收购人或者收购人的控股股东利用上市公司收购损害被收购公司及其股东的合法权益的民事责任。因此，如何将上市公司收购中的民事赔偿问题予以落实还是一个值得研究的具体问题。

【法律法规链接】　《证券法》第四章，中国证监会于 2006 年 9 月 1 日起施行的《上市公司收购管理办法》。

案例点评

一、中石油要约收购吉林化工、锦州石化、辽河油田

2005 年 10 月 31 日，中石油及其控股的 3 家上市公司吉林化工、辽河油田和锦州石化分别发布公告显示，中石油将出资 61.5 亿元现金要约收购辽河油田和锦州石化所有流通 A 股，收购吉林化工所有流通 A 股和 H 股，收购价较市价溢价 6.9% 至 18.8%。本次收购是首次以终止上市为目的的要约收购；是首次同时对三家上市公司发出要约收购；是首次 A + H 的要约收购；是首次有条件的要约收购；是首次国内高溢价要约收购。

本次收购中，按照中石油公告的要约收购方案，实施要约收购价格为：吉林化工 H 股 2.8 港元，A 股 5.25 元，锦州石化 A 股 4.25 元，辽河油田 A 股 8.8 元。根据目前我国《上市公司收购管理办法》规定，要约收购的价格一般为在提示性公告前 30 个交易日内，被收购公司股票的每日加权平均价格的算术平均值的 90%。而根据中石油的公告，此次收购三家公司的定价依据基本是公告前 6 个月算术平均价溢价 41% 左右，远高于法定的要约收购下限。此次要约收购的价格充分体现出保护流通股股东的利益。由于本次要约收购方案对流通股股东十分有利，上述 3 家公司 A 股在年内表现远优于大盘。吉林化工 A 股 7 月 14 日见低 2.34 元，锦州石化 A 股 7 月 19 日见低 1.78 元，辽河油田 A 股 7 月 4 日见低 5.83 元，至 11 月 15 日收盘涨幅分别达 118.80%、136.52%、49.23%，而同期上证综指涨幅在 7% 左右。因此，二级市场投资者明显受益于本次要约收购。

本次收购对中石油也非常有利。中石油 2000 年 4 月在纽约证券交易所及香港联合交易所挂牌上市时，曾经承诺将简化公司结构，而这次收购正是达成这一目标的重要步骤。被收购的 3 家公司，是相近地域的 3 个相近产业链（石油开采、炼制、化工）上的公司，分别经营，则低油价时一亏两盈，高油价时一盈二亏。中石油将 3 家公司一起收购，可整合石油开采、石油炼制、石油化工三个子产业，形成一个完整的石油化工产业链。从而进一步增加中石油的公司透明度，减少关联交易，全面整合各方业务，增进供应链效率，优化管理水平。对于中石油集团来说，收购的更大目的在于迅速扩张，以形成能与世界石油巨头抗衡的实力。收购完成后，辽河油田、锦州石化、吉林化工在产品定价和原料采购问题上可获得中石油集团定价优势，这是 3 家公司的任何一家都无法做到的。

二、大庆联谊退市案

大庆联谊因 2003、2004 和 2005 年连续 3 年亏损，公司股票自 2006 年 3 月 10 日起暂停上市。2007 年 4 月 28 日，大庆联谊披露了经审计的年度报告，该报告显示 2006 年公司盈利。2007 年 5 月 11 日，大庆联谊提出了恢复股票上市的申请。2007 年 5 月 18 日，上交所正式受理该申请。上交所披露的信息显示，该公司最终退市的原因主要在于，上市委员会的参会委员对该公司报表显示的盈利真实性提出了合理的怀疑，最终作出了不予同意的意见。据了解，参加审核的 7 位委员中，有 6 位是中国会计领域的权威专家。大庆联谊 2006 年年报显示，公司经审计实现净利润 1 441 万元。其中，主营业务收入 12 984 万元，主营业务利润为 -1 336 万元，扣除非经常性损益后的净利润为 -12 666 万元。形成公司 2006 年盈利的主要原因是公司 2006 年度冲回原计提联谊总厂所欠其他应收款的坏账准备 1.3 亿元，形成本期公司管理费用 -3 979 万元，从而实现净利润 1 441 万元。

上市委员会委员在恢复上市审核时，对大庆联谊当期年度盈利的真实性、合规性表示关注，认为该公司当期利润来源主要系巨额坏账准备计提冲回，尤其是对该公司、淞江集团和相关债权银行或债权人间先经协议形成该公司对淞江集团的债务，然后于 2006 年 12 月 18 日和同年 12 月 29 日，该公司将重组后控股股东淞江集团代原控股股东联谊总厂偿还非经营性占用的 1.67 亿元款项，又以债务偿还的方式汇回淞江集团的行为表示质疑，认为其实质上将"债务重组"事项人为设计为"代为偿债"和"债务转移"两笔交易，明显违反了当时的《企业会计制度》不允许确认债务重组收益的有关规定。上市委员会委员由此认为，大庆联谊 2006 年度盈利缺乏真实性。另外，参会的委员还注意到，大庆联谊截至 2006 年末的历年累计未弥补亏损高达 6 亿多元，财务状况没有实质性的变化。

除关注大庆联谊的财务状况外，上市委员会委员还注意到该公司所称的资产重组方案不断变化，相关重组方案仅仅停留于非正式汇报，并未召开董事会审议和对外公告，更没有实质性的进展。根据以上情况，参会委员最终表决一致否决了大庆联谊的恢复上市申请。上交所根据上市委员会的审核意见作出终止大庆联谊股票上市的决定后，2007 年 12 月 14 日，大庆联谊根据规定，提出复核的申请。同年 12 月 20 日，上交所正式受理了该申请。

这是新《证券法》实施以来，上市公司首次提出复核申请。上交所称，这是法律赋予上市公司的基本权利，上市公司有权依法行使。这次复核之门的开启，也标志着证券交易所在依法治所、强化自律管理方面迈出了坚实的一步。

复核制度的建立和实施，有利于证券交易所一线监管所涉及的相关市场主体陈述不同意见，依法维护自身合法权益，将证券交易所的自律管理置于市场各方的监督之下。对于申请复核的公司来说，也完善了其权利救济途径和实现方式。而对证券交易所来说，同样引进了一个纠错机制和增加了一个补救的渠道。

针对大庆联谊此次年报盈利却依然被判定退市的案例，上交所明确表示，"经审计的年度财务会计报告显示公司盈利"仅仅是公司申请恢复上市的前提，在上市审核中，上市委员会委员仍然会对年报显示的"公司盈利"的真实性进行讨论、审核，提出合理怀疑，作出独立判断，进而形成是否同意恢复上市的审核意见。

自 2001 年 PT 水仙被终止上市以来，包括大庆联谊在内，我国资本市场中已有 44 家上市公司先后被终止上市。终止上市后，公司股东仍可按规定进行股份转让。按照有关规定，退市公司将进入代办转让系统，如果其经营活动及盈利状况因资产重组等原因发生变化，符合《证券法》及证券交易所业务规则规定的上市条件，还可以重新申请上市。

第四章

第 5 章

证券交易所和其他证券服务机构

内容摘要　证券交易所是开展证券集中交易的场所，是最重要的证券市场。证券交易所自身是会员制法人。证券登记结算机构是对交易的证券和资金办理登记和结算的机构，在证券交易中发挥着重要的作用。其他的证券服务机构还包括律师事务所、证券投资咨询机构、资信评级机构、财务顾问机构、资产评估机构和会计师事务所等。证券服务机构是成熟证券市场必不可少的主体，它们既要接受监管，又要遵守行业自律规则，也承担对投资者的信息真实义务和其他义务。

第一节　证券交易所

一、证券交易所概述

【基本理论】　证券交易所的设立和功能

在外延上，证券市场不仅包括证券交易所，也包括证券交易的其他场所。这个问题就是我们在第一章所讲过的资本市场的多层次问题，此处从略。我国《证券法》第102条第1款规定，证券交易所是为证券集中交易提供场所和设施，组织和监督证券交易，实行自律管理的法人。在证券交易所完成的证券交易称为场内交易。证券交易所本身并不从事任何证券买卖，而是向投资者提供一个证券集中竞价交易的场所。我国的证券交易所目前有两个：一是上海证券交易所；二是深圳证券交易所。两大证券交易所由中国证监会监督管理。

证券交易所的设立和解散，由证监会审核，报国务院批准。因此证券交易所采取特许制的设立方法。设立和申请设立证券交易所，应当向证监会提交下列文件：申请书；章程和主要业务规则草案；拟加入会员名单；理事会候选人名单及简历；场地、设备及资金情况说明；拟任用管理人员的情况说明以及证监会要求提交的其他文件。其中的章程应当包括如下条款：设立目的；名称；

第五章

主要办公及交易场所和设施所在地；职能范围；会员的资格和加入、退出程序；会员的权利和义务；对会员的纪律处分；组织机构及其职权；高级管理人员的产生、任免及其职责；资本和财务事项；解散的条件和程序以及其他需要在章程中规定的事项。章程的制定和修改，必须经中国证监会批准。证券交易所必须在其名称中标明证券交易所字样。其他任何单位或者个人不得使用证券交易所或者近似的名称。此外设立证券交易所还需要场所和注册资本。例如在1999年的《上海证券交易所章程》中规定该所的注册资本是人民币3亿元。

在组织结构方面，证券交易所主要包括会员大会、理事会和专门委员会。

第一，会员大会。我国两大证券交易所实行会员制，由会员组成会员大会，其是证券交易所的最高权力机构。会员大会有以下职权：①制定和修改证券交易所章程；②选举和罢免会员理事；③审议和通过理事会、总经理的工作报告；④审议和通过证券交易所的财务预算、决算报告以及决定证券交易所的其他重大事项。

第二，理事会。证券交易所设理事会作为决策机构，每届任期3年；理事会由7~13人组成，其中非会员理事人数不少于理事会成员总数的1/3，不超过理事会成员总数的1/2。会员理事由会员大会选举产生。非会员理事由证监会委派。理事连续任职不得超过2届。证券交易所设总经理1人，由证监会任免，负责日常经营管理工作；副总经理1~3人。总经理、副总经理由证监会任免，并且不得由国家公务员兼任总经理、副总经理。证券交易所中层干部的任免报证监会备案，财务、人事部门负责人的任免报证监会批准。理事会设监察委员会，每届任期3年。监察委员会主席由理事长兼任。监察委员会对理事会负责，行使下列职权：①监察证券交易所高级管理人员和其他工作人员遵守国家有关法律、法规、规章、政策和证券交易所章程、业务规则的情况；②监察高级管理人员执行会员大会、理事会决议的情况；③监察证券交易所的财务情况；④证券交易所章程规定的其他职权。

第三，专门委员会。根据需要，理事会可以下设其他专门委员会。各专门委员会的职责、任期和人员组成等事项，应当在证券交易所章程中作出具体规定。所需经费应当纳入证券交易所的预算。

此外，能够在证券交易所任职的人员也有资格限制。按照《证券法》第108条的规定，有《公司法》第147条规定的情形或者下列情形之一的，不得担任证券交易所的负责人：①因违法行为或者违纪行为被解除职务的证券交易所、证券登记结算机构的负责人或者证券公司的董事、监事、高级管理人员，自被解除职务之日起未逾5年；②因违法行为或者违纪行为被撤销资格的律师、注册会计师或者投资咨询机构、财务顾问机构、资信评级机构、资产评估机构、验证机构的专业人员，自被撤销资格之日起未逾 5 年。因违法行为或者违纪行为被开除的证券交易所、证券登记结算机构、证券服务机构、证券公司的从业人员和被开除的国家机关工作人员，不得招聘为证券交易所的从业人员。

【实务指南】　我国的两大证券交易所

证券交易所是最重要的证券市场。我国有两大证券交易所，它们都在证券市场中发挥着举足轻重的作用，并由中国证监会直接管理。

上海证券交易所成立于 1990 年 11 月 26 日，同年 12 月 19 日开业。截至 2008 年 5 月 27 日，有上市公司 864 家，上市证券 1 157 只，上市股票 907 只，总股本 14 960 亿元，总流通股本 4 148 亿元，总市值 177 437 亿元，总流通市值 52 928 亿元。

深圳证券交易所成立于 1990 年 12 月 1 日。截至 2008 年 5 月 27 日，有上市公司 708 家，上市证券 911 只，总市值 42 749.32 亿元，流通市值 21 637.88 亿元。此外，经国务院同意，中国证监会批准，2004 年 5 月起深交所在主板市场内设立中小企业板块。截至 2008 年 5 月 27 日，中小板块有上市公司 241 家，总市值 8 831.74 亿元，流通市值 3 290.7 亿元。

【拓展思考】　证券交易所的会员制和公司制

目前我国的两大证券交易所实行会员制。以上海证券交易所为例，它的会员应当具备下列条件：是经中国证监会依法批准设立、具有法人地位的证券公司；具有良好信誉和经营业绩；组织机构和业务人员符合中国证监会和该所规定的条件，符合该所对技术风险防范提出的各项要求；承认该所章程和业务规则，按规定交纳会员费、席位费及其他费用以及该所要求的其他条件。证券公司需要向该所提出申请并提供相应的申报文件，经理事会批准后，方可成为该所的会员。作为会员，其主要权利包括参加会员大会的权利；选举权和被选举权；对该所事务的建议权和表决权；进入该所市场从事证券交易及享受该所提供的服务；对该所事务和其他会员的活动进行监督；在保留至少 1 个交易席位的情况下，可转让交易席位的权利以及其他权利。会员的义务则包括遵守国家的有关法律、法规、规章和政策，依法开展证券经营活动；遵守该所章程、业务规则及其他相关规章制度，执行该所决议；派遣合格代表从事证券交易活动；履行对该所市场的交易及交收义务；保证投资者的合法权益；维护交易市场的稳定发展；按规定交纳各项经费和提供有关信息资料；接受该所的监管以及其他相关的义务。由全体会员组成的会员大会制定和修改章程；选举和罢免会员理事；审议和通过理事会、总经理的工作报告；审议和通过该所的财务预算、决算报告以及行使对其他事项的审议权。

　　会员制的证券交易所在性质上属于典型的非营利性社团法人。《证券法》第105条规定："证券交易所可以自行支配的各项费用收入，应当首先用于保证其证券交易场所和设施的正常运行并逐步改善。实行会员制的证券交易所的财产积累归会员所有，其权益由会员共同享有，在其存续期间，不得将其财产积累分配给会员。"2001年12月12日中国证监会发布的《证券交易所管理办法》第12条规定："证券交易所不得直接或者间接从事：①以营利为目的的业务；②新闻出版业；③发布对证券价格进行预测的文字和资料；④为他人提供担保；⑤未经证监会批准的其他业务。"在民法中，社团法人可以营利为目的，也可以非营利为目的。非营利的社团法人可以取得收益，但收益应当用于该社团法人存在的目的，并且不得在成员间进行分配。例如，《俄罗斯联邦民法典》将法人分为商业组织和非商业组织，该法典第50条规定："非商业组织可以从事经营活动，但仅以为达到其成立宗旨而服务并以符合该宗旨为限。"我国民法对法人的分类比较独特，因此证券交易所的性质只能是"社会团体法人"。

　　很多国家都设立会员制的证券交易所。实行会员制的证券交易所，对证券交易所本身最大的好处是以有限的会员人数和确定的资质确保交易秩序的有序化和交易的安全。对证券公司来说，由于法律提供了商事代理的制度便利，他只有取得证券交易所的会员资格，才能拥有证券交易的经纪资格并获得不菲的佣金收入。为了保有这种会员身份，证券公司也会积极地按照证券交易所的要求进行自我约束。对监管部门来说，实行会员制的证券交易所可以很方便地对会员行为进行随时监控。对普通投资者来说，虽然必须按证券经纪业务的规则在证券公司办理开户、委托等手续才能投资于证券交易，表面看来增加了证券交易的成本，但发达的网络技术完全可以让投资者"身临其境"地进行证券交易，以经纪方式进行交易的成本其实被大大减少了。因此会员制本身有其独特的便宜之处。

　　公司制的证券交易所则以营利为目的。这种交易所的收益来自发行公司的上市费用和证券成效的佣金，但为了保证交易的公平，经营公司制证券交易所的人员不参与证券买卖，并且这种交易所能够按照高效的公司治理结构设立内部组织机构，更能适应证券市场的多变性。目前我国有学者提出，我国香港特别行政区、新加坡等证券交易所不仅采用公司制，甚至已经转变为上市公司，我国的证券交易所也不能仅仅限于会员制。[1]这种看法有一定道理。《证券法》第105条第2款规定："实行会员制的证券交易所的财产积累归会员所有，其权

---

〔1〕　谢增毅："政府对证券交易所的监管论"，载《法学杂志》2006年第3期。

第五章

益由会员共同享有，在其存续期间，不得将其财产积累分配给会员。"其立法表达似乎为"非会员制"或公司制的证券交易所留下了空间。并且在第102条中规定："证券交易所是为证券集中交易提供场所和设施，组织和监督证券交易，实行自律管理的法人。"该规定明确了证券交易所的功能和法人地位，却删去了旧《证券法》第95条证券交易所"不以营利为目的"的规定。我们可以期待在目前两大证券交易所之外出现其他形式的证券交易所，也可以期待两大证券交易所向公司制转型，但是在目前严格监管证券市场的形势需要下，这种转型将是一个漫长的过程。

【法律法规链接】 《证券法》第五章"证券交易所"。

二、证券交易所的监督管理职能

【基本理论】 证券交易所对证券交易活动的监管

证券交易所对于证券交易活动的监管主要包括以下几个方面：

第一，证券交易所发布证券交易行情。在证券交易所中的证券交易，要按照集中竞价的方法来确定证券价格。交易即时行情是投资者了解证券市场的最重要的信息，也是作出即时判断的基本依据。对于挂牌交易的每一只证券，证券交易所都要提供其即时、准确的行情。证券交易所应当保证投资者有平等机会获取证券市场的交易行情，并有平等的交易机会。

我国《证券法》第113条规定："证券交易所应当为组织公平的集中交易提供保障，公布证券交易即时行情，并按交易日制作证券市场行情表，予以公布。未经证券交易所许可，任何单位和个人不得发布证券交易即时行情。"按照《证券交易所管理办法》第31条的规定，证券交易所应当公布即时行情，并按日制作证券行情表，记载下列事项，以适当方式公布：①上市证券的名称；②开市、最高、最低及收市价格；③与前1交易日收市价比较后的涨跌情况；④成交量、值的分计及合计；⑤股价指数及其涨跌情况；⑥证监会要求公开的其他事项。证券交易所应当就其市场内的成交情况编制日报表、周报表、月报表和年报表，并及时向社会公布。

第二，证券交易所应当制定具体的上市规则、交易规则、会员管理规则和其他规则。《证券法》第118条规定："证券交易所依照证券法律、行政法规制定上市规则、交易规则、会员管理规则和其他有关规则，并报国务院证券监督管理机构批准。"其中的上市和交易规则在第四章中已经述及。至于会员管理规则，《证券交易所管理办法》第40条规定："证券交易所应当制定具体的会员管理规则。其内容包括：①取得会员资格的条件和程序；②席位管理办法；③与证券交易和清算业务有关的会员内部监督、风险控制、电脑系统的标准及维护等方面的要求；④会员的业务报告制度；⑤会员所派出市代表在交易场所内的行为规范；⑥会员及其出市代表违法、违规行为的处罚；⑦其他需要在会员管理规则中规定的事项。"证券交易所接纳的会员应当是有权部门批准设立并具有法人地位的境内证券经营机构。境外证券经营机构设立的驻华代表处，经申请可以成为证券交易所的特别会员。特别会员的资格及权利、义务由证券交易所章程规定。证券交易所决定接纳或者开除会员应当在决定后的5个工作日内向证监会备案；决定接纳或者开除正式会员以外的其他会员应当在履行有关手续5个工作日之前报证监会备案。

第三，证券交易所对会员实施监督管理。证券交易所会员应当接受证券交易所的监督管理，并主动报告有关问题。《证券交易所管理办法》第41~50条规定了证券交易所有权力对会员进行监管。具体包括：

1. 席位管理。证券交易所必须限定交易席位的数量。证券交易所设立普通席位以外的席位应当报证监会批准。证券交易所调整普通席位和普通席位以外的其他席位的数量，应当事先报证监会批准。证券交易所应当对会员取得的交易席位实施严格管理。会员转让席位必须按照证券交易所的有关管理规定由证券交易所审批。严禁会员将席位全部或者部分以出租或者承包等形式交由其他机构和个人使用。

2. 业务监管。证券交易所应当根据国家关于证券经营机构证券自营业务管理的规定和证券交易所业务规则，对会员的证券自营业务实施下列监管：①要求会员的自营买卖业务必须使用专门的股票账户和资金账户，并采取技术手段严格管理；②检查开设自营账户的会员是否具备规定的自营资格；③要求会员按月编制库存证券报表，并于次月5日前报送证券交易所；④对自营业务规定具体的风险控制措施，并报证监会备案；⑤每年6月30日和12月31日过后的30日内向证监会报送各家会员截止该日的证券自营业务情况以及其他监管事项。证券交易所应当在业务规则中对会员代理客户买卖证券业务作出详细规定，并实施下列监管：①制定会员与客户所应签订的代理协议的格式并检查其内容的合法性；②规定接受客户委托的程序和责任，并定期抽查执行客户委托的情况；③要求会员每月过后5日内就其交易业务和客户投诉等情况提交报告，报告格式和内容由证券交易所报证监会批准后颁布。

3. 财务指标和风险控制监管。证券交易所每年应当对会员的财务状况、内部风险控制制度以及遵守国家有关法规和证券交易所业务规则等情况进行抽样或者全面检查，并将检查结果上报证监会。证券交易所有权要求会员提供有关业务的报表、账册、交易记录及其他文件、资料。

　　第四，证券交易所对上市公司的监管。大体可以分为以下三个方面：

　　1. 由证券交易所决定证券是否上市、暂停上市和终止上市。《证券法》第48 条规定："申请证券上市交易，应当向证券交易所提出申请，由证券交易所依法审核同意，并由双方签订上市协议。证券交易所根据国务院授权的部门的决定安排政府债券上市交易。"证券交易所通过与上市公司订立上市协议，确定相互间的权利义务关系。上市协议的内容与格式应当符合国家有关法律、法规、规章、政策的规定，并报证监会备案。为了确保对所有上市公司的公平待遇，要求证券交易所与任何上市公司所签上市协议的内容与格式均应一致；确需与某些上市公司签署特殊条款时，报证监会批准。上市协议应当包括下列内容：①上市费用的项目和数额；②证券交易所为公司证券发行、上市所提供的技术服务；③要求公司指定专人负责证券事务；④上市公司定期报告、临时报告的报告程序及回复交易所质询的具体规定；⑤股票停牌事宜；⑥协议双方违反上市协议的处理；⑦仲裁条款；⑧证券交易所认为需要在上市协议中明确的其他内容。按照《证券法》第 55 条的规定，上市公司有下列情形之一的，由证券交易所决定暂停其股票上市交易：①公司股本总额、股权分布等发生变化不再具备上市条件；②公司不按照规定公开其财务状况，或者对财务会计报告作虚假记载，可能误导投资者；③公司有重大违法行为；④公司最近 3 年连续亏损；⑤证券交易所上市规则规定的其他情形。《证券法》第 56 条规定："上市公司有下列情形之一的，由证券交易所决定终止其股票上市交易：①公司股本总额、股权分布等发生变化不再具备上市条件，在证券交易所规定的期限内仍不能达到上市条件；②公司不按照规定公开其财务状况，或者对财务会计报告作虚假记载，且拒绝纠正；③公司最近 3 年连续亏损，在其后 1 个年度内未能恢复盈利；④公司解散或者被宣告破产；⑤证券交易所上市规则规定的其他情形。"

　　2. 证券交易所应当建立上市推荐人制度。上市推荐人由证券交易所认可的、协助证券发行人申请其证券上市的证券交易所正式会员担任。上市推荐人应当保证上市公司符合上市要求，并在上市后由上市推荐人指导上市公司履行相关义务。证券交易所应当监督上市推荐人切实履行业务规则中规定的相关职责。上市推荐人不按规定履行职责的，证券交易所有权根据业务规则的规定对上市推荐人予以处分。

　　3. 信息公开的监管。《证券法》第 115 条第 2 款规定："证券交易所应当对上市公司及相关信息披露义务人披露信息进行监督，督促其依法及时、准确地披露信息。"证券交易所应当根据证监会统一制定的格式和证券交易所的有关业务规则，复核上市公司的配股说明书、上市公告书等与募集资金及证券上市直接相关的公开说明文件，并监督上市公司按时公布。证券交易所可以要求上市公司或者上市推荐人就上述文件作出补充说明并予以公布。证券交易所应当督促上市公司按照规定的报告期限和证监会统一制定的格式，编制并公布年度报告、中期报告，并在其公布后进行检查，发现问题应当根据有关规定及时处理。证券交易所应当在报告期结束后 20 个工作日内，将检查情况报告证监会。证券交易所应当审核上市公司编制的各种临时报告，临时报告的内容涉及《公司法》、国家证券法规以及公司章程中规定需要履行审批程序的事项，或者涉及应当报证监会批准的事项，证券交易所应当在确认其已履行规定的审批手续后，方可准予其公布。

第五，证券交易所实施技术性停牌和临时停市。《证券法》第 114 条规定："因突发性事件而影响证券交易的正常进行时，证券交易所可以采取技术性停牌的措施；因不可抗力的突发性事件或者为维护证券交易的正常秩序，证券交易所可以决定临时停市。证券交易所采取技术性停牌或者决定临时停市，必须及时报告国务院证券监督管理机构。"该条旨在因不可抗力、意外事故、技术故障或者非证券交易所所能够控制的其他异常情况出现，而导致证券交易无法全部或部分进行；或者出现无法申报的交易席位数量超过证券交易所已经开通席位总数 10% 以上，或者行情传输中断的营业部数量超过营业部总数 10% 以上的异常交易情况，严重影响交易进行的情况下采取的临时性措施以保护投资者利益。[1]

第六，证券交易所对异常交易的报告和限制交易。《证券法》第 115 条规定："证券交易所对证券交易实行实时监控，并按照国务院证券监督管理机构的要求，对异常的交易情况提出报告。……证券交易所根据需要，可以对出现重大异常交易情况的证券账户限制交易，并报国务院证券监督管理机构备案。"

第七，证券交易所应当建立风险准备金制度。按照《证券法》第 116 条的规定，证券交易所应当从其收取的交易费用和会员费、席位费中提取一定比例的金额设立风险基金。风险基金由证券交易所理事会管理。风险基金提取的具体比例和使用办法，由国务院证券监督管理机构会同国务院财政部门确定。《证券法》第 117 条规定，证券交易所应当将收存的风险基金存入开户银行专门账户，不得擅自使用。

【实务指南】 **证券交易所提供的交易行情及实践意义**

两大证券交易所提供给社会公众最重要的信息就是交易行情。交易行情中最为投资者关注的就是各种指数，也就是人们俗称的"大盘"。

---

[1]　李飞主编：《中国人民共和国证券法（修订）释义》，法律出版社 2005 年版，第 177～178 页。

上证综合指数以 1990 年 12 月 19 日为基日，以该日所有股票的市价总值为基期，基期指数定为 100 点，自 1991 年 7 月 15 日起正式发布。新上证综指以 2005 年 12 月 30 日为基日，以该日所有样本股票的总市值为基期，基点 1 000 点，自 2006 年第一个交易日正式发布。新上证综指采用派许加权方法，以样本股的发行股本数为权数进行加权计算，计算公式为：报告期指数 ＝（报告期成份股的总市值/基期）×基期指数。其中，总市值 ＝ Σ（市价×发行股数）。上证目前还有上证 180 指数、上证 50 指数、上证红利指数、基金指数等。深证成份股指数，包含 40 只 A 股样本的价格指数，于 1995 年 1 月 23 日正式发布，1995 年 5 月 5 日正式启用。它的指数计算公式是：即日指数 ＝ 即日指数股总市值/基日指数总值×基日指数。深交所同样也有多种其他指数。

所以，两大证券交易所的指数其实都是选取部分股票作为样本进行的"一揽子"计算。所选样本股票会考虑该股票上市交易日期的长短、上市规模、交易活跃程度等因素，并且会经常作出调整，以确保样本股票确定能够代表整个证券市场上的股票及走向。对某一只特定股票来说，它的走势可能与上证指数一样，也可能不一样。在证券市场上，这些指数即时发布，是证券市场起伏的动态体现，也是投资者作出投资判断的重要技术依据；在宏观意义上则是经济的晴雨表，能体现国家经济的基本走向。

【拓展思考】 证券交易所的监管职能与自律

修订后的《证券法》在很多方面都拓展了证券交易所的职能，特别是《证券法》第 48、55、56 条将证券上市的核准权、暂停上市和终止上市的决定权交给了证券交易所，国家仅保留了对政府债券上市交易的决定权。这种改变体现了证券交易所的市场化走向。证券交易所不仅是证券交易的一个物质的、有形的场所，更要为证券上市、证券交易提供一系列具体的交易规则。从证券上市的角度看，虽然发行与否的权力仍然由中国证监会控制，但是否进入和退出证券交易所乃是证券交易所的权力。从证券交易的角度看，这些交易规则是交易双方进场交易必须遵守的规则，不容"意思自治"。从证券交易所的角度看，这些上市规则和交易规则是证券交易所控制交易秩序的基本手段。即使我们习惯于将这些上市规则、交易规则以及对会员的管理规则都称为"监管"，也应当明确，这种监管与中国证监会的监管性质是不同的。中国证监会对证券市场的监管是一种行政监管，而证券交易所的上述监管措施本质上是一种自律性管理。如《上海证券交易所章程》第 12 条规定："对违反本所章程、业务规则及其他有关规定的会员，本所可根据情节轻重给予下列处分：①会员范围内通报批评；②在中国证监会指定报刊公开批评；③警告；④罚款；⑤限制交易；⑥暂停自营业务或代理业务；⑦取消会员资格。以上处分可单处或并处。本所终止或取消会员资格的，须经本所理事会讨论决定，并在决定后的 5 个工作日内向中国证监会备案。"再如，中国证监会发布的《证券交易所管理办法》第 62 条规定："证券交易所对上市公司未按规定履行信息披露义务的行为，可以按照上市协议的规定予以处理，并可以就其违反证券法规的行为提出处罚意见，报证监会予以处罚。"

其实，证券交易所作为证券法律关系中一种重要的主体，也是中国证监会监管的对象。证监会也制定了一系列监管措施，包括：禁止转让设立和业务许可；证券交易所总经理的离任审计；总经理、副总经理不得在任何营利性组织、团体和机构中兼职；禁止相关人员泄露或者利用内幕信息；有利害关系时的回避制度；费用专项管理制度；例行报告、重大事项报告以及随时报告义务等。[1]

【法律法规链接】　《证券法》第五章"证券交易所"，中国证监会于 2002 年 12 月 12 日施行的《证券交易所管理办法》。

第二节　证券登记结算机构

一、证券登记结算机构概述

【基本理论】　证券登记结算机构的设立

我国《证券法》第七章规定了"证券登记结算机构"。该法第 155 条第 1 款规定："证券登记结算机构是为证券交易提供集中登记、存管与结算服务，不以营利为目的的法人。"这种机构在地位上属于证券交易的服务机构，在功能方面则是专为证券的发行和在证券交易所的证券交易活动提供集中的证券登记、存管、结算与交收。登记，是指证券登记结算机构接受证券发行人的委托，通过设立和维护证券持有人名册确认证券持有人持有证券事实的行为。存管，是指证券登记结算机构接受证券公司委托，集中保管证券公司的客户证券和自有证券，并提供代收红利等权益维护服务的行为。结算包括清算和交收。清算，是指按照确定的规则计算证券和资金的应收应付数额的行为；交收，是指根据确定的清算结果，通过转移证券和资金履行相关债权债务的行为。证券登记结算机构应当为证券市场提供安全、公平、高效的服务，并接受证券交易所对其业务活动的监督。

---

〔1〕　参见中国证监会于 2001 年 12 月 12 日起施行的《证券交易所管理办法》第 78～91 条。

不仅在证券交易所上市的股票、债券、证券投资基金份额及证券衍生品种等"证券"由证券登记结算机构进行登记和结算，非上市证券的登记结算业务也参照上市的证券办理。《证券法》第158条规定，证券登记结算采取全国集中统一的运营方式。所谓"集中统一的运营方式"就是由单一的证券登记结算机构对证券发行和交易进行集中的登记、存管、结算和交收。该法第159条规定："证券持有人持有的证券，在上市交易时，应当全部存管在证券登记结算机构。证券登记结算机构不得挪用客户的证券。"因此，所有在上海证券交易所和深圳证券交易所进行证券交易的证券，都必须在证券登记结算机构统一登记和结算。

根据《证券法》第156条的规定，设立证券登记结算机构应当具备下列条件：①自有资金不少于人民币2亿元；②具有证券登记、存管和结算服务所必须的场所和设施；③主要管理人员和从业人员必须具有证券从业资格；④国务院证券监督管理机构规定的其他条件。设立证券登记结算机构同样采用特许制，必须经国务院证券监督管理机构批准。证券登记结算机构的名称中应当标明证券登记结算字样。对证券登记结算机构在总体上的技术要求非常高。为了完成上述服务措施，证券登记结算机构必须配备为证券交易所的上市证券的交易提供集中的登记、存管、结算和交收服务的系统（简称结算系统），有必备的电脑、通讯设备，有完整的数据安全保护和数据备份措施，确保证券登记、存管、结算、交收资料和电脑、通讯系统的安全。

【实务指南】　我国的证券登记结算机构

我国的证券登记结算机构是中国证券登记结算有限公司。该公司依据《中华人民共和国证券法》和《中华人民共和国公司法》组建。公司总资本为人民币12亿元，上海证券交易所和深圳证券交易所是该公司的两个股东，各持50%的股份。公司总部设在北京，下设上海、深圳两个分公司。中国证监会是公司的主管部门。

2001年3月30日，按照当时的《证券法》关于证券登记结算集中统一运营的要求，经国务院同意，中国证监会批准，中国证券登记结算有限公司成立。同年9月，中国证券登记结算有限公司上海、深圳分公司正式成立。从2001年10月1日起，中国证券登记结算有限公司承接了原来隶属于上海和深圳证券交易所的全部登记结算业务，标志着全国集中统一的证券登记结算体制的组织架构已经基本形成。2005年修订的《证券法》再次明确"证券登记结算采取全国集中统一的运营方式"。

我国的证券登记结算机构接受中国证监会的监管。证券登记结算机构的下列事项，应当报中国证监会批准：章程、业务规则的制定和修改（业务规则，是指证券登记结算机构的证券账户管理、证券登记、证券托管与存管、证券结算、结算参与人管理等与证券登记结算业务有关的业务规则）；重大国际合作与交流活动、涉港澳台重大事务；与证券登记结算有关的主要收费项目和标准的制定或调整；董事长、副董事长、总经理和副总经理的任免以及其他事项。下列事项和文件，应当向中国证监会报告：业务实施细则；制定或修改业务管理制度、业务复原计划、紧急应对程序；办理新的证券品种的登记结算业务，变更登记结算业务模式；结算参与人和结算银行资格的取得和丧失等变动情况；发现重大业务风险和技术风险，发现重大违法违规行为，或涉及重大诉讼；任免分公司总经理、公司总经理助理、公司部门负责人；有关经营情况和国家有关规定执行情况的年度工作报告；经会计师事务所审计的年度财务报告，财务预决算方案和重大开支项目，聘请或更换会计师事务所；与证券交易所签订的主要业务合作协议，与证券发行人、结算参与人和结算银行签订的各项业务协议的样本格式以及中国证监会要求报告的其他事项和文件。

如果证券登记结算机构违反《证券法》及中国证监会的管理办法规定的，中国证监会依法予以行政处罚；对直接负责的主管人员和其他直接责任人员，依法给予行政处分。显然，证券登记结算机构虽然名为公司，但并非商法意义上的公司，而是一个特殊的证券交易服务机构，它的能力严格限定于它的功能。例如，禁止证券登记结算机构从事与证券登记结算业务无关的投资；禁止购置非自用不动产；禁止买卖证券，除非因结算参与人发生资金交收违约或证券交收违约而可以取得证券等。

【拓展思考】　证券登记结算采取全国集中统一运营方式的必要性

建立证券登记结算全国集中统一运营方式完全是证券交易的安全性和效率性所要求的，也深刻体现了商法的技术性特点。前已述及，有价证券是民法中一种特殊的物，对有价证券所有权的移转，除了交付，有些时候还需要登记。而证券市场上证券所有权的移转都必须以登记作为权利移转以及公示的方法。我们发现，在证券无纸化的情形下，买入证券者无法如民法动产所有人那样以"占有"来证明自己的权利；所以登记成了惟一的证券权利的证明方法。同理，在移转证券权利时，如民法动产交付的"现实交付"以及其他各种交付方法在证券交易中都是不可能完成的；如果非要进行这种交付，与证券交易的效率要求也是极端相悖的。此外，一般民法中的交易由于信用关系的存在，所以在交付标的物和货款时允许存在时间上的差异；而在证券的集中交易中，买卖双方无法见面也无须见面，更谈不到彼此的信用，因此为了确保交易的安全性和持续性，卖方在出卖证券的同时，应当即时获得相应的价款，而绝对不允许延时支付资金。对于买方也一样，在付出资金的同时，就必须获得相应的证券。基于上述理由，在证券交易中就必须设立一种专门的、中立于买卖双方的证券登记结算机构来完成证券的登记和结算。至于证券登记结算机构的"全国集中统一运营"则是为了减少登记结算的环节，进一步提高登记结算的效率和安全性。

因此，对于投资者来说，在认购证券前，必须在证券登记结算机构开立证券登记账户。在证券发行时，证券发行人将所发行的证券通过证券登记结算机构划入投资者的账户就完成了证券的交付；在证券交易时，卖方的证券通过证券登记结算机构划入买方的账户就完成了证券的交付。

【法律法规链接】 《证券法》第七章"证券登记结算机构"。

二、证券登记结算机构的职能和义务

【基本理论】 证券登记结算机构的职能

《证券法》第 157 条规定："证券登记结算机构履行下列职能：①证券账户、结算账户的设立；②证券的存管和过户；③证券持有人名册登记；④证券交易所上市证券交易的清算和交收；⑤受发行人的委托派发证券权益；⑥办理与上述业务有关的查询；⑦国务院证券监督管理机构批准的其他业务。"这七项职能可以概括为以下几个方面：

第一，证券账户的管理。证券账户用于记录投资者持有证券的余额及其变动情况，在证券无纸化的现状下，投资者只能通过证券账户持有证券，以证券账户来证明证券权利的享有。《证券法》第 166 条规定："投资者委托证券公司进行证券交易，应当申请开立证券账户。证券登记结算机构应当按照规定以投资者本人的名义为投资者开立证券账户。投资者申请开立账户，必须持有证明中国公民身份或者中国法人资格的合法证件。国家另有规定的除外。"这就要求投资者开立证券账户应当向证券登记结算机构提出申请，并且证券账户的开立采取实名制，申请人必须提供真实有效的身份证明，投资者申请开立证券账户还应当保证其提交的开户资料真实、准确、完整。

证券登记结算机构为投资者开立证券账户，应当遵循方便投资者和优化配置账户资源的原则，一般一个自然人或一个法人对同一类别的证券只能开立一个证券账户。证券登记结算机构可以直接为投资者开立证券账户，也可以委托证券公司代为办理。目前自然人和一般机构开立证券账户由证券公司代为办理，如果是证券公司和基金公司等机构开立证券账户则由证券登记结算机构直接受理。证券公司作为代理开户机构时，应当向证券登记结算机构申请取得开户代理资格。证券公司代理开立证券账户，应当根据证券登记结算机构的业务规则，对投资者提供的有效身份证明文件原件及其他开户资料的真实性、准确性、完整性进行审核，并应当妥善保管相关开户资料，保管期限不得少于 20 年。证券登记结算机构应当根据业务规则，对开户代理机构开立证券账户的活动进行监督。开户代理机构违反业务规则的，证券登记结算机构可以根据业务规则暂停、取消其开户代理资格，并提请中国证监会按照相关规定采取暂停或撤销其相关证券业务许可；对直接负责的主管人员和其他直接责任人员，单处或并处警告、罚款、撤销任职资格或证券从业资格等处罚措施。

证券账户的使用遵循专用原则，投资者不得将本人的证券账户提供给他人使用。证券公司应当掌握其客户的资料及资信状况，并对其客户证券账户的使用情况进行监督。证券公司发现其客户在证券账户使用过程中存在违规行为的，应当按照证券登记结算机构的业务规则处理，并及时向证券登记结算机构和证券交易所报告。涉及法人以他人名义设立证券账户或者利用他人证券账户买卖证券的，还应当向中国证监会报告，由中国证监会依法予以处罚。投资者在证券账户开立和使用过程中存在违规行为的，证券登记结算机构应当依法对违规证券账户采取限制使用、注销等处置措施。

第二，证券的登记。按照中国证监会《证券登记结算机构管理办法》第78条的规定，证券登记是"证券登记结算机构接受证券发行人的委托，通过设立和维护证券持有人名册确认证券持有人持有证券事实的行为"。因此，证券登记是证券登记结算机构与证券发行人之间的法律关系，是凭借证券持有人名册确认证券持有人对证券的持有事实。在无纸化发行和交易的条件下，证券登记结算机构提供的证券持有人名册是证明证券持有人权益的有效凭证。因此证券的登记是证券登记结算机构核心的职能。证券登记结算机构应当确保证券持有人名册的合法性、真实性和完整性。任何机构和个人不得伪造、篡改、损毁证券持有人名册及其他相关资料。

上市证券的发行人必须委托证券登记结算机构办理其所发行的证券的登记业务。证券登记结算机构应当与委托其办理证券登记业务的证券发行人签订证券登记及服务协议，明确双方的权利义务。该协议属于典型的标准合同，证券登记结算机构应当制定并公布证券登记及服务协议的范本。至于政府债券的发行，证券登记结算机构根据政府债券主管部门的要求办理上市政府债券的登记业务。证券公开发行后，证券发行人应当向证券登记结算机构提交已发行证券的证券持有人名册及其他相关资料。证券登记结算机构据此办理证券持有人名册的初始登记。证券发行人应当保证其所提交资料的合法、真实、准确、完整。证券登记结算机构不承担由于证券发行人原因导致证券持有人名册及其他相关资料有误而产生的损失和法律后果。

证券在证券交易所上市交易的，证券登记结算机构应当根据证券交易的交收结果办理证券持有人名册的变更登记。证券以协议转让、继承、捐赠、强制执行、行政划拨等方式转让的，证券登记结算机构根据业务规则变更相关证券账户的余额，并相应办理证券持有人名册的变更登记。证券因质押、锁定、冻结等原因导致其持有人权利受到限制的，证券登记结算机构应当在证券持有人名册上加以标记。证券登记结算机构应当按照业务规则和协议定期向证券发行人发送其证券持有人名册及有关资料。

第三，证券的托管和存管。按照中国证监会《证券登记结算机构管理办法》第 78 条的规定，证券托管是指证券公司接受客户委托，代其保管证券并提供代收红利等权益维护服务的行为。所以证券的托管是证券公司与客户之间的法律关系。而证券的存管，则是指证券登记结算机构接受证券公司委托，集中保管证券公司的客户证券和自有证券，并提供代收红利等权益维护服务的行为。所以存管是证券公司与证券登记结算机构之间的关系。

投资者买卖证券，应当委托证券公司托管其持有的证券。在投资者和证券公司之间应当签订证券交易、托管与结算协议。证券登记结算机构应当制定和公布证券交易、托管与结算协议中与证券登记结算业务有关的必备条款。必备条款应当包括但不限于以下内容：①证券公司根据客户的委托，按照证券交易规则提出交易申报，根据成交结果完成其与客户的证券和资金的交收，并承担相应的交收责任；客户应当同意集中交易结束后，由证券公司委托证券登记结算机构办理其证券账户与证券公司证券交收账户之间的证券划付；②实行质押式回购交易的，投资者和证券公司应当按照业务规则的规定向证券登记结算机构提交用于回购的质押券。投资者和证券公司之间债权债务关系不影响证券登记结算机构按照业务规则对证券公司提交的质押券行使质押权；③客户出现资金交收违约时，证券公司可以委托证券登记结算机构将客户净买入证券划付到其证券处置账户内，并要求客户在约定期限内补足资金。客户出现证券交收违约时，证券公司可以将相当于证券交收违约金额的资金暂不划付给该客户。证券公司应当将其与客户之间建立、变更和终止证券托管关系的事项报送证券登记结算机构。证券登记结算机构应当对上述事项加以记录。客户要求证券公司将其持有证券转由其他证券公司托管的，相关证券公司应当依据证券交易所及证券登记结算机构有关业务规则予以办理，不得拒绝，但有关法律、行政法规和中国证监会另有规定的除外。证券公司应当采取有效措施，保证其托管的证券的安全，禁止挪用、盗卖。

证券公司应当将其自有证券和所托管的客户证券交由证券登记结算机构存管，但法律、行政法规和中国证监会另有规定的除外。证券登记结算机构应当采取有效措施，保证其存管的证券的安全，禁止挪用、盗卖。

第四，证券和资金的清算交收。按照中国证监会《证券登记结算机构管理办法》第 78 条的规定，清算交收也就是结算。清算，是指按照确定的规则计算证券和资金的应收应付数额的行为；交收，是指根据确定的清算结果，通过转移证券和资金履行相关债权债务的行为。经证券登记结算机构核准，有资格参与集中清算交收的证券公司或其他机构为结算参与人。证券登记结算机构应当在结算业务规则中对结算参与人与证券登记结算机构之间的证券和资金的集中交收以及结算参与人与客户之间的证券和资金的交收期限分别作出规定。结算参与人应当在规定的交收期限内完成证券和资金的交收。

我国对证券和资金结算实行分级结算原则，按照该原则，证券和资金的清算交收分为两类法律关系：

1. 证券登记结算机构与结算参与人之间的关系。证券登记结算机构负责办理证券登记结算机构与结算参与人之间的集中清算交收。《证券法》第167条规定："证券登记结算机构为证券交易提供净额结算服务时，应当要求结算参与人按照货银对付的原则，足额交付证券和资金，并提供交收担保。在交收完成之前，任何人不得动用用于交收的证券、资金和担保物。结算参与人未按时履行交收义务的，证券登记结算机构有权按照业务规则处理前款所述财产。"该规定所指的"净额结算服务"是指多边净额结算，是证券登记结算机构将每个结算参与人所有达成交易的应收应付证券或资金予以冲抵轧差，计算出相对每个结算参与人的应收应付证券或资金的净额，再按照应收应付证券或资金的净额与每个结算参与人进行交收。"货银对付"是指证券登记结算机构与结算参与人在交收过程中，当且仅当资金交付时给付证券、证券交付时给付资金。所以，《证券法》第167条的规定可以这样来理解：要求证券登记结算机构采取多边净额结算方式的，应当根据业务规则作为结算参与人的共同对手方（指在结算过程中，同时作为所有买方和卖方的交收对手并保证交收顺利完成的主体），按照货银对付的原则，以结算参与人为结算单位办理清算交收。

证券登记结算机构与结算参与人应当达成结算协议。违反结算协议的结算参与人，将按"集中交收的违约处理"，该问题涉及证券登记结算机构的风险控制问题，详见本部分的"拓展思考"。

证券登记结算机构与参与多边净额结算的结算参与人签订的结算协议应当包括下列内容：①对于结算参与人负责结算的证券交易合同，该合同双方结算参与人向对手方结算参与人收取证券或资金的权利，以及向对手方结算参与人支付资金或证券的义务一并转让给证券登记结算机构；②受让前项权利和义务后，证券登记结算机构享有原合同双方结算参与人对其对手方结算参与人的权利，并应履行原合同双方结算参与人对其对手方结算参与人的义务。证券登记结算机构进行多边净额清算时，证券登记结算机构将每个结算参与人所有达成交易的应收应付证券或资金予以冲抵轧差，计算出相对每个结算参与人的应收

第五章

应付证券或资金的净额，再按照应收应付证券或资金的净额与每个结算参与人进行交收，并在清算结束后将清算结果及时通知结算参与人。证券登记结算机构采取其他结算方式的，应当按照相关业务规则进行清算。多边净额清算实际是商业交互计算的方式之一。

在与证券登记结算机构集中交收前，结算参与人应当向客户收取其应付的证券和资金，并在结算参与人证券交收账户、结算参与人资金交收账户留存足额证券和资金。在集中交收过程中，证券登记结算机构应当在交收时点，向结算参与人收取其应付的资金和证券，同时交付其应收的证券和资金。交收完成后不可撤销。结算参与人未能足额履行应付证券或资金交收义务的，不能取得相应的资金或证券。对于同时经营自营业务以及经纪业务或资产管理业务的结算参与人，如果其客户资金交收账户资金不足的，证券登记结算机构可以动用该结算参与人自营资金交收账户内的资金完成交收。

没有取得结算参与人资格的证券公司，应当与结算参与人签订委托结算协议，委托结算参与人代其进行证券和资金的集中清算交收。证券登记结算机构应当设立证券集中交收账户和资金集中交收账户，用以办理与结算参与人的证券和资金的集中清算交收。证券登记结算机构应当选择符合条件的商业银行作为结算银行，办理资金划付业务。结算参与人应当根据证券登记结算机构的规定，申请开立证券交收账户和资金交收账户用以办理证券和资金的交收。同时经营证券自营业务和经纪业务的结算参与人，应当申请开立自营证券、资金交收账户和客户证券、资金交收账户分别用以办理自营业务的证券、资金交收和经纪业务的证券、资金交收。

2. 结算参与人与客户之间的法律关系。结算参与人负责办理结算参与人与客户之间的清算交收。集中交收后，结算参与人应当向客户交付其应收的证券和资金。结算参与人与客户之间的证券划付，应当委托证券登记结算机构代为办理。结算参与人可以根据证券登记结算机构的规定，向证券登记结算机构申请开立证券处置账户，用以存放暂不交付给客户的证券。结算参与人可以视客户的风险状况，采取包括要求客户提供交收担保在内的风险控制措施。客户提供交收担保的具体标准，由结算参与人与客户在证券交易、托管与结算协议中明确。客户出现资金交收违约时，结算参与人可以发出指令，委托证券登记结算机构将客户净买入证券划付到其证券处置账户内，并要求客户在约定期限内补足资金。客户出现证券交收违约时，结算参与人可以将相当于证券交收违约金额的资金暂不划付给该客户。违约客户未在规定的期间内补足资金、证券的，结算参与人可以将证券处置账户内的相应证券卖出，或用暂不交付的资金补购相应证券。这些处置所得要用于补足违约客户欠付的资金、证券和支付相关费用；有剩余的，应当归还该客户；尚有不足的，结算参与人有权继续向客户追偿。结算参与人未及时将客户应收资金支付给客户或未及时委托证券登记结算机构将客户应收证券从其证券交收账户划付到客户证券账户的，结算参与人应当对客户承担违约责任，给客户造成损失的，结算参与人应当承担对客户的赔偿责任。客户对结算参与人交收违约的，结算参与人不能因此拒绝履行对证券登记结算机构的交收义务，也不得影响已经完成和正在进行的证券和资金的集中交收及证券登记结算机构代为办理的证券划付。

第五，其他职能。比如证券登记结算机构可以受证券发行人的委托，为公司的股东派发红利等权益，再如依法提供与证券登记结算业务有关的查询、信息、咨询和培训。经中国证监会批准，目前证券登记结算机构还从事上市公司股东网上投票业务。

【实务指南】　**证券持有人账户信息的秘密性与查询、冻结和划扣**

在无纸化发行和交易的条件下，证券登记结算机构提供的证券持有人名册是证明证券持有人权益的有效凭证，甚至很多时候是惟一的凭证。证券持有人名册和权益登记是证券登记结算机构的法定职能。证券发行人可以查询其证券持有人名册及有关资料。通过证券持有人名册掌握本公司股东情况。证券登记结算机构有权拒绝任何单位或者个人查询证券持有人名册及其相关资料，从而使证券持有人名册成为一种秘密信息。除非证券持有人本人或者委托经公证的受托人查询；或者客户出现证券交收违约时，允许结算参与人将相当于证券交收违约金额的资金暂不划付给该客户，此时证券登记结算机构应当向证券发行人提供证券持有人名册及其他有关资料；或者证监会及其授权部门、人民法院、人民检察院及其他国家机关依照法律、法规的规定和程序进行查询和取证。

根据2008年3月1日起施行的《最高人民法院、最高人民检察院、公安部、中国证券监督管理委员会关于查询、冻结、扣划证券和证券交易结算资金有关问题的通知》的规定，人民法院、人民检察院、公安机关在办理案件过程中，按照法定权限需要通过证券登记结算机构或者证券公司查询、冻结、扣划证券和证券交易结算资金的，证券登记结算机构或者证券公司应当依法予以协助。依法应当予以协助而拒绝协助，或者向当事人通风报信，或者与当事人通谋转移、隐匿财产的，对有关的证券登记结算机构或者证券公司和直接责任人应当依法进行制裁。

就查询而言，该通知规定人民法院、人民检察院、公安机关可以依法向证券登记结算机构查询客户和证券公司的证券账户、证券交收账户和资金交收账户内已完成清算交收程序的余额、余额变动、开户资料等内容；向证券公司查询客户的证券账户和资金账户、证券交收账户和资金交收账户内的余额、余额变动、证券及资金流向、开户资料等内容。查询自然人账户的，应当提供自然人姓名和身份证件号码；查询法人账户的，应当提供法人名称和营业执照或者法人注册登记证书号码。证券登记结算机构或者证券公司应当出具书面查询结果并加盖业务专用章。查询机关对查询结果有疑问时，证券登记结算机构、证券公司在必要时应当进行书面解释并加盖业务专用章。

就冻结、扣划的实质条件而言，人民法院、人民检察院、公安机关按照法定权限冻结、扣划相关证券、资金时，应当明确拟冻结、扣划证券、资金所在的账户名称、账户号码、冻结期限，所冻结、扣划证券的名称、数量或者资金的数额。扣划时，还应当明确拟划入的账户名称、账号。冻结证券和交易结算资金时，应当明确冻结的范围是否及于孳息。该通知还规定，以证券登记结算机构名义建立的各类专门清算交收账户不得整体冻结；证券公司在银行开立的自营资金账户内的资金可以冻结、扣划。证券登记结算机构依法按照业务规则收取并存放于专门清算交收账户内的下列证券，不得冻结、扣划：①证券登记结算机构设立的证券集中交收账户、专用清偿账户、专用处置账户内的证券；②证券公司在证券登记结算机构开设的客户证券交收账户、自营证券交收账户和证券处置账户内的证券。证券登记结算机构依法按照业务规则收取并存放于专门清算交收账户内的下列资金，不得冻结、扣划：①证券登记结算机构设立的资金集中交收账户、专用清偿账户内的资金；②证券登记结算机构依法收取的证券结算风险基金和结算互保金；③证券登记结算机构在银行开设的结算备付金专用存款账户和新股发行验资专户内的资金，以及证券登记结算机构为新股发行网下申购配售对象开立的网下申购资金账户内的资金；④证券公司在证券登记结算机构开设的客户资金交收账户内的资金；⑤证券公司在证券登记结算机构开设的自营资金交收账户内最低限额自营结算备付金及根据成交结果确定的应付资金。

前述几种账户的含义分别是：证券集中交收账户是指证券登记结算机构为办理多边交收业务开立的结算账户，用于办理结算参与人与证券登记结算机构之间的证券划付。专用清偿账户是指证券登记结算机构开立的结算账户，用于存放结算参与人交收违约时证券登记结算机构暂未交付、扣划的证券和资金。证券处置账户是指结算参与人向证券登记结算机构申请开立的结算账户，用于存放客户交收违约时证券公司暂不交付给客户的证券。

此外，证券登记结算机构依法按照业务规则要求证券公司等结算参与人、投资者或者发行人提供的回购质押券、价差担保物、行权担保物、履约担保物等担保物，在交收完成之前，不得冻结、扣划。

在冻结、划扣的程序方面，有关执法人员应当依法出具相关证件和有效法律文书。具体有以下规则：①在证券公司托管的证券的冻结、扣划，既可以在托管的证券公司办理，也可以在证券登记结算机构办理。不同的执法机关同一交易日分别在证券公司、证券登记结算机构对同一笔证券办理冻结、扣划手续的，证券公司协助办理的为在先冻结、扣划。冻结、扣划未在证券公司或者其他托管机构托管的证券或者证券公司自营证券的，由证券登记结算机构协助办理。②证券登记结算机构受理冻结、扣划要求后，应当在受理日对应的交收日交收程序完成后根据交收结果协助冻结、扣划。证券公司受理冻结、扣划要求后，应当立即停止证券交易，冻结时已经下单但尚未撮合成功的应当采取撤单措施。冻结后，根据成交结果确定的用于交收的应付证券和应付资金可以进行正常交收。在交收程序完成后，对于剩余部分可以扣划。同时，证券公司应当根据成交结果计算出等额的应收资金或者应收证券交由执法机关冻结或者扣划。③已被人民法院、人民检察院、公安机关冻结的证券或证券交易结算资金，其他人民法院、人民检察院、公安机关或者同一机关因不同案件可以进行轮候冻结。冻结解除的，登记在先的轮候冻结自动生效。轮候冻结生效后，协助冻结的证券登记结算机构或者证券公司应当书面通知作出该轮候冻结的机关。④冻结证券的期限不得超过2年，冻结交易结算资金的期限不得超过6个月。需要延长冻结期限的，应当在冻结期限届满前办理续行冻结手续，每次续行冻结的期限不得超过上述期限。⑤不同的人民法院、人民检察院、公安机关对同一笔证券或者交易结算资金要求冻结、扣划或者轮候冻结时，证券登记结算机构或者证券公司应当按照送达协助冻结、扣划通知书的先后顺序办理协助事项。⑥要求冻结、扣划的人民法院、人民检察院、公安机关之间，因冻结、扣划事项发生争议的，要求冻结、扣划的机关应当自行协商解决。协商不成的，由其共同上级机关决定；没有共同上级机关的，由其各自的上级机关协商解决。在争议解决之前，协助冻结的证券登记结算机构或者证券公司应当按照争议机关所送达法律文书载明的最大标的范围对争议标的进行控制。

　　【拓展思考】　证券登记结算机构的风险防范

　　如果我们泛泛地看来，证券登记结算机构无非是证券交易中一个必要但又与普通投资者没有多大直接联系的技术机构。但是这样一个技术机构其实也蕴藏着巨大的风险。

　　例如，从上述证券登记结算机构的第四项职能即"清算和交收"来看，我国对证券和资金结算实行分级结算原则，实际上是在证券登记结算机构和结算参与人之间进行结算，证券登记结算机构与证券交易的买卖各方（客户）都不存在法律关系。客户仅与结算参与人即证券公司存在法律关系。在证券登记结算机构与结算参与人之间，证券登记结算机构相当于所有结算参与人的"交易对方"，它承担着确保资金和证券交付的责任。如果结算参与人的资金、证券被冻结，就会使证券登记结算机构交付不能。有学者提出，允许开展融资融券业务，对化解交付不能的风险也有好处。[1]

证券登记结算机构承担着为所有证券交易提供证券和资金交收的服务义务，它的连续性和稳定性应当得到法律的保护。在上述《最高人民法院、最高人民检察院、公安部、中国证券监督管理委员会关于查询、冻结、扣划证券和证券交易结算资金有关问题的通知》中对不能冻结、扣划证券和资金的规定，其实就是为了避免证券登记结算机构交付不能的风险。

此外，关于证券登记结算机构的风险防范措施还包括以下几项：

第一，在证券登记结算机构的内部管理上，应当设立结算系统风险保证基金，并建立一套完整的风险管理系统，保证证券交易与结算交收的连续性和安全性。结算系统风险保证金的构成和使用原则应当在证券登记结算机构的业务规则中作出明确规定。证券登记结算机构应当按照证监会的规定，建立和健全本机构的业务、财务和安全防范等内部管理制度和工作程序，并报证监会备案。

第二，在证券登记结算机构与结算参与人的关系中，允许证券登记结算机构对结算参与人进行交收违约处理。按照中国证监会《证券登记结算管理办法》第61~77条的规定，主要包括以下几个方面的措施：

1. 证券登记结算机构应当设立专用清偿账户，用于在结算参与人发生违约时存放暂不交付或扣划的证券和资金。

2. 结算参与人发生资金交收违约时，应当按照以下程序办理：①违约结算参与人应当向证券登记结算机构发送证券交收划付指令，在该结算参与人当日全部应收证券中指定相当于已交付资金等额的证券种类、数量及对应的证券账户，由证券登记结算机构交付结算参与人；并指定相当于不足金额的证券种类和数量，由证券登记结算机构暂不交付给结算参与人。②证券登记结算机构在规定期限内收到有效证券交收划付指令的，应当依据结算业务规则将相应证券交付结算参与人，将暂不交付的证券划入专用清偿账户，并通知该结算参与人在规定的期限内补足资金或提交交收担保。证券登记结算机构在规定期限内未收到有效证券交收划付指令的，属于结算参与人重大交收违约情形，证券登记结算机构应当将拟交付给结算参与人的全部证券划入专用清偿账户，暂不交付结算参与人，并通知结算参与人在规定的期限内补足资金或提交交收担保。暂不交付的证券、补充资金或交收担保不足以弥补违约金额的，证券登记结算机

第五章

---

〔1〕 陈耀先："论证券结算机构的法律保护"，载新浪财经网，2007年12月30日访问。

构可以扣划该结算参与人的自营证券，并在转入专用清偿账户后通知结算参与人。

3. 结算参与人发生资金交收违约的，证券登记结算机构应当按照下列顺序动用资金，完成与对手方结算参与人的资金交收：①违约结算参与人的担保物中的现金部分；②证券结算互保金中违约结算参与人交纳的部分；③证券结算互保金中其他结算参与人交纳的部分；④证券结算风险基金；⑤其他资金。

4. 结算参与人发生证券交收违约时，证券登记结算机构有权暂不交付相当于违约金额的应收资金。证券登记结算机构应当将暂不划付的资金划入专用清偿账户，并通知该结算参与人。结算参与人应当在规定的期限内补足证券，或者提供证券登记结算机构认可的担保。

5. 结算参与人发生证券交收违约的，证券登记结算机构可以动用下列证券，完成与对手方结算参与人的证券交收：①违约结算参与人提交的用以冲抵的相同证券；②委托证券公司以专用清偿账户中的资金买入的相同证券；③其他来源的相同证券。

6. 按民法的担保和违约金处理。违约结算参与人未在规定的期间内补足资金、证券的，证券登记结算机构可以处分违约结算参与人所提供的担保物、质押品保管库中的回购质押券、卖出专用清偿账户内的证券。上述处置所得，用于补足违约结算参与人欠付的资金、证券和支付相关费用；有剩余的，应当归还该相关违约结算参与人；不足偿付的，证券登记结算机构应当向相关违约结算参与人追偿。在规定期限内无法追偿的证券或资金，证券登记结算机构可以依法动用证券结算互保金和证券结算风险基金予以弥补。依法动用证券结算互保金和证券结算风险基金弥补损失后，证券登记结算机构应当继续向违约结算参与人追偿。结算参与人发生资金交收违约或证券交收违约的，证券登记结算机构可以按照有关规定收取违约金。证券登记结算机构收取的违约金应当计入证券结算风险基金。

7. 结算参与人发生重大交收违约情形的，证券登记结算机构可以按照以下程序办理：①暂停、终止办理其部分、全部结算业务，以及中止、撤销结算参与人资格，并提请证券交易所采取停止交易措施。②提请中国证监会按照相关规定采取暂停或撤销其相关证券业务许可；对直接负责的主管人员和其他直接责任人员，单处或并处警告、罚款、撤销任职资格或证券从业资格的处罚措施。证券登记结算机构提请证券交易所采取停止交易措施的具体办法由证券登记结算机构商证券交易所制定，报中国证监会批准。

此外，还有学者建议，我国应当参照香港特别行政区的做法，"认可结算所

（证券登记结算机构）的处理程序凌驾破产清盘法（破产清算）"，[1] 也就是说，如果相关当事人破产，应当赋予证券登记结算机构以优先受偿权，偿还后剩余的部分才能作为破产财产交付给清算人。

总之，证券登记结算机构虽然名为公司，但它绝非普通的商业公司，而是一个承担着证券登记结算这个特定功能的机构，在证券市场中承担着为所有的证券交易提供证券和资金交收服务的重任，因此证券登记结算机构的安全和有效，乃是整个证券市场和证券交易稳定有序发展的必要条件，法律应当加强对证券登记结算机构的保护。

【法律法规链接】　《证券法》第七章"证券登记结算机构"，中国证监会于 2006 年 7 月 1 日起施行的《证券登记结算管理办法》。

第三节　其他证券服务机构

一、律师事务所

【基本理论】　律师事务所与证券法律业务

证券法律业务，是指律师事务所接受当事人委托，为其证券发行、上市和交易等证券业务活动提供的制作、出具法律意见书等文件的法律服务。在证券的发行和交易中，许多环节都需要律师出具法律意见书，律师事务所的作用不仅必要而且相当重要。早在 2002 年司法部和中国证监会就取消了专门的证券律师资格制度。在我国现行《证券法》中，也没有将律师事务所明确作为"证券服务机构"，但该法第 45 条规定："为股票发行出具审计报告、资产评估报告或者法律意见书等文件的证券服务机构和人员，在该股票承销期内和期满后 6 个月内，不得买卖该种股票。除前款规定外，为上市公司出具审计报告、资产评估报告或者法律意见书等文件的证券服务机构和人员，自接受上市公司委托之日起至上述文件公开后 5 日内，不得买卖该种股票。"该法其他地方也多处涉及法律意见和律师事务所的规定。所以，律师事务所当然属于证券法律服务机构。目前是由于统一司法考试制度的施行，中国证监会不再对律师事务所和执业律师从事证券业务进行审批，所有合法注册登记的律师事务所和执业律师都可以从事证券业务。

不过，为了规范律师事务所从事的证券法律业务，中国证监会制定了《律

---

[1]　陈耀先："论证券结算机构的法律保护"，载新浪财经网，2007 年 12 月 30 日访问。

师事务所从事证券法律业务管理办法》，并于 2007 年 5 月 1 日起施行。虽然中国证监会不审批律师事务所和执业律师从事证券业务的资格，但是中国证监会及其派出机构、司法部及地方司法行政机关依法对律师事务所从事证券法律业务进行监督管理，律师协会依照章程和律师行业规范对律师事务所从事证券法律业务进行自律管理。中国证监会及其派出机构或者司法行政机关有权对律师、律师事务所采取责令改正、监管谈话、出具警示函等措施。这些措施并非行政性质，与直接由中国证监会决定资质的机构也显然不同，但是律师、律师事务所被中国证监会及其派出机构、司法行政机关立案调查或者责令整改的，在调查、整改期间，中国证监会及其派出机构暂不受理和审核该律师、律师事务所出具的法律意见书等文件。

上述《管理办法》规定，律师事务所从事证券法律业务，可以为下列事项出具法律意见：①首次公开发行股票及上市；②上市公司发行证券及上市；③上市公司的收购、重大资产重组及股份回购；④上市公司实行股权激励计划；⑤上市公司召开股东大会；⑥境内企业直接或者间接到境外发行证券、将其证券在境外上市交易；⑦证券公司、证券投资基金管理公司及其分支机构的设立、变更、解散、终止；⑧证券投资基金的募集、证券公司集合资产管理计划的设立；⑨证券衍生品种的发行及上市；⑩中国证监会规定的其他事项。律师事务所可以接受当事人的委托，组织制作与证券业务活动相关的其他法律文件。

该《管理办法》鼓励具备下列条件的律师事务所从事证券法律业务：①内部管理规范，风险控制制度健全，执业水准高，社会信誉良好；②有 20 名以上执业律师，其中 5 名以上曾从事过证券法律业务；③已经办理有效的执业责任保险；④最近 2 年未因违法执业行为受到行政处罚。鼓励具备下列条件之一，并且最近 2 年未因违法执业行为受到行政处罚的律师从事证券法律业务：①最近 3 年从事过证券法律业务；②最近 3 年连续执业，且拟与其共同承办业务的律师最近 3 年从事过证券法律业务；③最近 3 年连续从事证券法律领域的教学、研究工作，或者接受过证券法律业务的行业培训。律师被吊销执业证书的，不得再从事证券法律业务。律师被中国证监会采取证券市场禁入措施或者被司法行政机关给予停止执业处罚的，在规定禁入或者停止执业的期间不得从事证券法律业务。同一律师事务所不得同时为同一证券发行的发行人和保荐人、承销的证券公司出具法律意见，不得同时为同一收购行为的收购人和被收购的上市公司出具法律意见，不得在其他同一证券业务活动中为具有利害关系的不同当事人出具法律意见。律师担任公司及其关联方董事、监事、高级管理人员，或者存在其他影响律师独立性的情形的，该律师所在律师事务所不得接受所任职公司的委托，为该公司提供证券法律服务。

【实务指南】　法律意见书

律师事务所从事证券法律业务的主要工作是出具法律意见书。所谓法律意见，是律师事务所及其指派的律师针对委托人委托事项的合法性出具的明确结论性意见，是委托人、投资者和中国证监会及其派出机构确认相关事项是否合法的重要依据。

法律意见应当由律师在核查和验证所依据的文件资料内容的真实性、准确性、完整性的基础上，依据法律、行政法规及相关规定作出。在构成方面，法律意见书应当列明相关材料、事实、具体核查和验证结果、国家有关规定和结论性意见。在语言表达上法律意见书应当确切，不得使用"基本符合"、"未发现"等含糊措辞。按照《律师事务所从事证券法律业务管理办法》的规定，有下列情形之一的，律师应当在法律意见中予以说明，并充分揭示其对相关事项的影响程度及其风险：①委托人的全部或者部分事项不符合中国证监会规定；②事实不清楚，材料不充分，不能全面反映委托人情况；③核查和验证范围受到客观条件的限制，无法取得应有证据；④律师已要求委托人纠正、补充而委托人未予纠正、补充；⑤律师已依法履行勤勉尽责义务，仍不能对全部或者部分事项作出准确判断；⑥律师认为应当予以说明的其他情形。所出具的法律意见应当由2名执业律师和所在律师事务所负责人签名，加盖该律师事务所印章，并签署日期。法律意见书的具体内容和格式，应当符合中国证监会的相关规定。法律意见书等文件在报送中国证监会及其派出机构后，发生重大事项或者律师发现需要补充意见的，应当及时提出补充意见。

律师的法律意见书往往要依据其他证券服务机构提供的数据材料。在这种情况下，如果律师是从国家机关、具有管理公共事务职能的组织、会计师事务所、资产评估机构、资信评级机构、公证机构（这些机构被统称公共机构）直接取得的文书，这些文书就可以作为出具法律意见的依据，但律师应当履行法定的注意义务并加以说明；对于不是从公共机构直接取得的文书，经核查和验证后方可作为出具法律意见的依据。如果律师进行核查和验证，需要会计师事务所、资产评估机构等证券服务机构作出判断的，应当直接委托或者要求委托人委托会计师事务所、资产评估机构等证券服务机构出具意见。

律师在从事证券法律业务时，委托人应当向其提供真实、完整的有关材料，不得拒绝、隐匿、谎报。律师发现委托人提供的材料有虚假记载、误导性陈述、重大遗漏，或者委托人有重大违法行为的，应当要求委托人纠正、补充；委托人拒不纠正、补充的，律师可以拒绝继续接受委托，同时应当按照规定向有关方面履行报告义务。律师从事证券法律业务期间，律师或者其所在律师事务所因涉嫌违法被有关机关立案调查的，该律师、律师事务所应当及时如实告知委托人，并明确提示可能的法律后果。

对律师事务所而言，出具法律意见的程序也同样受到法律规制。其所出具的法律意见应当经所在律师事务所讨论复核，并制作相关记录作为工作底稿留存。律师应当归类整理核查和验证中形成的工作记录和获取的材料，并对法律意见书等文件中各具体意见所依据的事实、国家相关规定以及律师的分析判断作出说明，形成记录清晰的工作底稿。工作底稿由出具法律意见的律师事务所保存，保存期限一般不得少于7年。

中国证监会同样对律师出具法律意见书进行严密监管，要求律师、律师事务所在向委托人出具法律意见时，应当按照规定同时提交其已从事证券法律业务的有关情况；委托人向中国证监会及其派出机构报送含有法律意见的文件时，应当按照规定同时提交律师、律师事务所已从事证券法律业务的有关情况。中国证监会及其派出机构、司法行政机关及律师协会建立律师从事证券法律业务的资料库和诚信档案，记载律师、律师事务所从事证券法律业务所受处理处罚等情况，并按照规定予以公开。如果中国证监会及其派出机构在审核律师出具的法律意见时，对其真实性、准确性、完整性有异议的，可以要求律师作出解释、补充，或者调阅其工作底稿。律师和律师事务所应当配合。

【拓展思考】 **律师的注意义务与判断标准**

《证券法》第173条规定："证券服务机构为证券的发行、上市、交易等证券业务活动制作、出具审计报告、资产评估报告、财务顾问报告、资信评级报告或者法律意见书等文件，应当勤勉尽责，对所依据的文件资料内容的真实性、准确性、完整性进行核查和验证。其制作、出具的文件有虚假记载、误导性陈述或者重大遗漏，给他人造成损失的，应当与发行人、上市公司承担连带赔偿责任，但是能够证明自己没有过错的除外。"由此确立证券服务机构违反信息真实义务的归责原则是过错原则，实际操作按过错推定来处理。律师以自己的法律专业知识服务于委托人。证券业务本身比较复杂，也对律师的业务能力提出了比较高的注意要求。在实践中，法律意见书的出具必然需要多种原始资料，一旦原始资料有违反信息真实的情况，那么律师是否要承担责任呢？这个问题就涉及律师的注意义务。

前述《律师事务所从事证券法律业务管理办法》第14条规定："律师在出具法律意见时，对与法律相关的业务事项应当履行法律专业人士特别的注意义务，对其他业务事项履行普通人一般的注意义务，其制作、出具的文件不得有虚假记载、误导性陈述或者重大遗漏。"该规定的意义在于清晰界定了律师的两种注意义务的判断标准：其一是作为专业人士的、较高的注意义务标准——法律专业人士特别的注意义务。这种注意义务和民法中所讲的"专家责任"中专

第五章

家的注意义务一样，在程度上是相当高的；在此标准下，允许普通人辨别不出，但律师没有辨别出来就有过错，应当承担民事责任。其二是作为普通人士的、一般的注意义务标准——普通人一般注意的义务。这种注意义务就是民法中一般人承担的注意义务，在相同情形下，如果普通人都能辨别，而他却没有辨别出来，他就存在过错并承担民事责任。

【法律法规链接】　《证券法》第八章"证券服务机构"，中国证监会于2007 年 5 月 1 日起施行《律师事务所从事证券法律业务管理办法》。

二、证券投资咨询机构

【基本理论】　证券投资咨询机构的规范化

如何作出投资判断是一个非常专业的问题，因此证券投资咨询成为一种专业的有偿服务。证券投资咨询，是指从事证券投资咨询业务的机构及其投资咨询人员以下列形式为证券投资人或者客户提供证券投资分析、预测或者建议等直接或者间接有偿咨询服务的活动，包括接受投资人或者客户委托，提供证券投资咨询服务；举办有关证券投资咨询的讲座、报告会、分析会等；在报刊上发表证券投资咨询的文章、评论、报告，以及通过电台、电视台等公众传播媒体提供证券投资咨询服务；通过电话、传真、电脑网络等电信设备系统，提供证券投资咨询服务以及中国证监会认定的其他形式。

对证券投资咨询机构存在规范化的必要。规范化的措施主要包括以下几个：

第一，证券投资咨询机构设立及业务的特许制。向投资者提供证券投资咨询服务，必须取得中国证监会的业务许可。按照中国证监会 1998 年 4 月 1 日起施行的《证券、期货投资咨询管理暂行办法》第 6 条的规定，申请证券投资咨询从业资格的机构，应当具备下列条件：①分别从事证券投资咨询业务的机构，有 5 名以上取得证券投资咨询从业资格的专职人员；同时从事期货、证券投资咨询业务的机构，有 10 名以上取得证券、期货投资咨询从业资格的专职人员；其高级管理人员中，至少有 1 名取得证券或者期货投资咨询从业资格；②有 100 万元人民币以上的注册资本；③有固定的业务场所和与业务相适应的通讯及其他信息传递设施；④有公司章程；⑤有健全的内部管理制度；⑥具备中国证监会要求的其他条件。证券经营机构符合上述条件规定，可以申请从事证券投资咨询业务；其他从事咨询业务的机构符合上述条件的，可以申请兼营证券投资咨询业务。如果证券投资咨询机构的业务方式、业务场所、主要负责人以及具有证券咨询从业资格的业务人员发生变化的，应当自发生变化之日起 5 个工作日内，向地方主管办（证监会）提出变更报告，办理变更手续。

第二，对证券投资咨询机构的年检制度。证券投资咨询机构应当于每年

1月1日至4月30日期间向地方证管办（证监会）申请办理年检。办理年检时，应当提交年检申请报告、年度业务报告和经注册会计师审计的财务会计报表。在具体程序上先由地方证管办（证监会）在收到上述文件之日起20个工作日内对年检申请提出审核意见；审核同意的，上报中国证监会审批。如果逾期未提交年检报告或者经审核未通过年检的，不得继续从事证券投资咨询业务。取得证券投资咨询执业资格的人员，应当在所参加的证券投资咨询机构年检时同时办理执业年检。

第三，严格限定证券投资咨询从业人员的资质。从事证券投资咨询业务的人员，必须取得证券投资咨询从业资格并加入1家有从业资格的证券投资咨询机构后，方可从事证券投资咨询业务。任何人未取得证券投资咨询从业资格的，或者取得证券投资咨询从业资格，但是未在证券投资咨询机构工作的，不得从事证券投资咨询业务。证券投资咨询人员申请取得证券投资咨询从业资格，必须具备下列条件：具有中华人民共和国国籍；具有完全民事行为能力；品行良好、正直诚实，具有良好的职业道德；未受过刑事处罚或者与证券、期货业务有关的严重行政处罚；具有大学本科以上学历；证券投资咨询人员具有从事证券业务2年以上的经历；通过中国证监会统一组织的证券从业人员资格考试；中国证监会规定的其他条件。取得证券投资咨询从业资格，但是未在证券投资咨询机构执业的，其从业资格自取得之日起满18个月后自动失效。

【实务指南】　　证券投资咨询机构的业务管理

《证券法》第171条规定："投资咨询机构及其从业人员从事证券服务业务不得有下列行为：①代理委托人从事证券投资；②与委托人约定分享证券投资收益或者分担证券投资损失；③买卖本咨询机构提供服务的上市公司股票；④利用传播媒介或者通过其他方式提供、传播虚假或者误导投资者的信息；⑤法律、行政法规禁止的其他行为。有前款所列行为之一，给投资者造成损失的，依法承担赔偿责任。"根据该规定，证券投资咨询机构必须约束自己的行为，保持作为被咨询者的中立和独立地位，做到客观、公正和诚实信用；否则要向投资者承担民事赔偿责任。证券投资咨询需要利用很多的信息才能作出分析，为了做到客观分析，就必须完整、客观、准确地运用有关信息、资料向投资人或者客户提供投资分析、预测和建议，不得断章取义地引用或者篡改有关信息、资料；引用有关信息、资料时，应当注明出处和著作权人；不得以虚假信息、市场传言或者内幕信息为依据向投资人或者客户提供投资分析、预测或建议。

证券投资咨询人员在报刊、电台、电视台或者其他传播媒体上发表投资咨询文章、报告或者意见时，必须注明所在证券投资咨询机构的名称和个人真实姓名，并对投资风险作充分说明。证券投资咨询机构向投资人或者客户提供的证券投资咨询传真必须注明机构名称、地址、联系电话和联系人姓名。证券投资咨询机构与报刊、电台、电视台合办或者协办证券投资咨询版面、节目或者与电信服务部门进行业务合作时，应当向地方证管办（或地方证监局）备案。证券投资咨询机构就同一问题向不同客户提供的投资分析、预测或者建议应当一致。具有自营业务的证券经营机构在从事超出本机构范围的证券投资咨询业务时，就同一问题向社会公众和其自营部门提供的咨询意见应当一致，不得为自营业务获利的需要误导社会公众。经中国证监会批准的公开发行股票的公司的承销商或者上市推荐人及其所属证券投资咨询机构不得在公众传播媒体上刊登其为客户撰写的投资价值分析报告。

【拓展思考】 资本市场的多层次与证券投资咨询机构的发展前景

应当说，证券投资咨询机构能够以专业的知识和经验，充分理解和分析运用证券市场的各种信息，为投资者提供投资建议、策略、方向等，这类机构对于成熟证券市场的生成具有不可忽视的作用。但是市场的现实是普通投资者似乎更愿意享有免费的投资咨询，而不大接受专业机构有偿的咨询服务；证券公司为了吸引大客户，也纷纷推出各种咨询服务，专业的、独立的证券投资咨询机构很难生存。[1] 这种现象与证券投资咨询机构自身的定位较低有关，也与证券投资咨询业目前的混乱而无法使普通投资者确信有关。专门的证券投资咨询机构应当将自身定位为投资顾问，并且随着我国资本市场多层次化的发展，证券投资咨询也不应当仅仅限于对上市股票或公司债券的分析建议，而是应当对资本市场的各个层次都能够提出咨询意见。例如，我国正在加紧推出创业板市场，发展非常迅猛的私募股权。证券投资咨询服务应当与时俱进。

【法律法规链接】 《证券法》第八章"证券服务机构"，中国证监会于1998年4月1日起施行的《证券、期货投资咨询管理暂行办法》。

三、财务顾问机构

【基本理论】 财务顾问机构的具体功能

目前，财务顾问也是证券公司的业务内容之一。实际上，证券投资咨询机构也可以从事财务顾问业务。不过多数人对于财务顾问的理解，都限于"顾问"，从而与"咨询"很难区分，实践中以"财务顾问"名义出现的服务也相当多样，例如"政府财务顾问"、"银行财务顾问"等。然而根据近期中国证监

---

〔1〕 郑江、傅浩："我国证券投资咨询机构的发展前景探析"，载《财会月刊》2003年第2期。

会的有关规定，目前能作为独立业务类型的财务顾问具有独特的功能，不再以被咨询为限。因此准确地说，财务顾问机构的财务顾问业务应当称为"独立财产顾问"，它专指为拟上市公司或上市公司提供策划、咨询服务。在传统上，由投资银行从事独立财务顾问业务，目前也允许符合规定的证券公司从事。目前，我国的独立财务顾问大致有以下四种情况：

第一，在上市公司收购中，独立财务顾问是一种必要的机构，发挥着独特的功能。财务顾问在上市公司收购中的责任，我们已经在前面章节的上市公司收购中述及。上市公司收购已经由早期完全依靠中国证监会的事前监管，转变为实施财务顾问制度下的中国证监会适当事前监管与重点强化事后监管相结合。在这一体制下，财务顾问就必须督促上市公司收购中的相关当事人自我约束、自觉规范运作并维护市场秩序。2008 年 8 月 4 日起施行的《上市公司并购重组财务顾问业务管理办法》对证券公司，证券投资咨询机构及其他财务顾问机构从事上市公司并购重组财务顾问业务活动的业务许可、业务规则、监管和法律责任等问题都作出了明确的制度设计。例如，在该办法中，财务顾问从事上市公司并购重组财务顾问业务职责包括：①接受并购重组当事人的委托，对上市公司并购重组活动进行尽职调查，全面评估相关活动所涉及的风险；②就上市公司并购重组活动向委托人提供专业服务，帮助委托人分析并购重组相关活动所涉及的法律、财务、经营风险，提出对策和建议，设计并购重组方案，并指导委托人按照上市公司并购重组的相关规定制作申报文件；③对委托人进行证券市场规范化运作的辅导，使其熟悉有关法律、行政法规和中国证监会的规定，充分了解其应承担的义务和责任，督促其依法履行报告、公告和其他法定义务；④在对上市公司并购重组活动及申报文件的真实性、准确性、完整性进行充分核查和验证的基础上，依据中国证监会的规定和监管要求，客观、公正地发表专业意见；⑤接受委托人的委托，向中国证监会报送有关上市公司并购重组的申报材料，并根据中国证监会的审核意见，组织和协调委托人及其他专业机构进行答复；⑥根据中国证监会的相关规定，持续督导委托人依法履行相关义务；⑦中国证监会要求的其他事项。

第二，境外上市需要独立的财务顾问。2004 年 7 月 21 日中国证监会发布的《关于规范境内上市公司所属企业到境外上市有关问题的通知》中要求，上市公司应当聘请经中国证监会注册登记并列入保荐机构名单的证券经营机构担任其维持持续上市地位的财务顾问。财务顾问承担以下职责：①财务顾问应当按照该通知，对上市公司所属企业到境外上市申请文件进行尽职调查、审慎核查，出具财务顾问报告，承诺有充分理由确信上市公司申请文件不存在虚假记载、误导性陈述或者重大遗漏，确信上市公司在所属企业到境外上市后仍然具备独立的持续上市地位、保留的核心资产与业务具有持续经营能力。②财务顾问应当在所属企业到境外上市当年剩余时间及其后 1 个完整会计年度，持续督导上市公司维持独立上市地位，并承担下列工作：持续关注上市公司核心资产与业务的独立经营状况、持续经营能力等情况；针对所属企业发生的对上市公司权益有重要影响的资产、财务状况变化，以及其他影响上市公司股票价格的重要信息，督导上市公司依法履行信息披露义务；财务顾问应当自持续督导工作结束后 10 个工作日内向中国证监会、证券交易所报送"持续上市总结报告书"。

第三，在股份回购中，按照《上海证券交易所股票上市规则》11.6.2 规定，在回购股份时，"上市公司应当聘请独立财务顾问就回购股份事宜进行尽职调查，出具独立财务顾问报告，并在股东大会召开 5 日前公告"。回购股份应当公开的信息就包括独立财务顾问就本次回购股份出具的结论性意见。

第四，上市公司重大资产重组中的独立财务顾问业务。中国证监会 2008 年 5 月 18 日起施行的《上市公司重大资产重组管理办法》第 15 条第 1、2 款规定："上市公司应当聘请独立财务顾问、律师事务所以及具有相关证券业务资格的会计师事务所等证券服务机构就重大资产重组出具意见。独立财务顾问和律师事务所应当审慎核查重大资产重组是否构成关联交易，并依据核查确认的相关事实发表明确意见。重大资产重组涉及关联交易的，独立财务顾问应当就本次重组对上市公司非关联股东的影响发表明确意见。"上市公司除了应当在董事会作出重大资产重组决议后的次一工作日披露有关文件，还应当同时披露独立财务顾问报告，并由独立财务顾问在 3 个工作日内将有关申请文件向中国证监会申报，同时抄报派出机构；如果中国证监会有反馈意见也应由独立财务顾问配合回复。如果上市公司重大资产重组报告获得通过，独立财务顾问还承担至少 1 年的持续督导责任，应当对重大资产重组的实施过程、资产过户事宜和相关后续事项的合规性及风险进行核查，发表明确的结论性意见。独立财务顾问和律师事务所出具的意见应当与实施情况报告书同时报告、公告。如果该上市公司出现重大情形变更，独立财务顾问应当及时出具核查意见，并向中国证监会报告和公告。

【实务指南】　财务顾问在上市公司重大资产重组中的责任

2008 年 5 月 28 日，中国证监会发布了《上市公司重大资产重组财务顾问业务指引（试行）》，对财务顾问在重大资产重组中的业务规则作出了详细的规定。该规定主要涉及独立财务顾问与上市公司、独立财务顾问与社会公众、独立财务顾问与中国证监会这三个方面的关系：

第一，独立财务顾问与上市公司之间的协议。独立财务顾问接受上市公司委托，为重大资产重组事项提供咨询和顾问服务、出具专业意见和报告的，双

第五章

方应本着自愿、平等的原则，立即签订委托协议，明确双方的权利和义务，就上市公司配合独立财务顾问履行其职责的义务、应提供的材料和责任划分等事项作出约定。还应当就相关事项签订专门的保密协议。按照该协议，独立财务顾问对上市公司承担的职责有：①独立财务顾问应当帮助拟进行重大资产重组的上市公司分析重组相关活动所涉及的法律、财务、经营风险，提出具体对策和建议，设计、完善重大资产重组方案，并指导委托人按照相关规定制作申报和信息披露文件；②独立财务顾问应当对委托人进行证券市场规范化运作的辅导，指导上市公司健全决策程序，确保上市公司全体董事和主要高级管理人员充分了解重大资产重组应遵守的法律、法规、中国证监会的有关规定及其应承担的相关义务、责任，督促上市公司董事会依法履行报告、公告和其他法定义务；③独立财务顾问应当建立尽职调查制度和具体工作规程，在充分尽职调查和验证的基础上作出专业意见。如果上市公司和交易对方不能提供必要的材料、不配合进行尽职调查或者限制调查范围的，独立财务顾问机构应当终止委托关系或者相应修改其结论性意见。

第二，独立财务顾问对社会公众的信息公开义务。独立财务顾问应当对拟实施重大资产重组的上市公司及其交易对方进行全面调查，详细核查上市公司和交易对方提供的为出具专业意见所需的资料，充分了解上市公司和标的资产的经营情况及其面临的风险和问题，对上市公司和交易对方披露的内容进行独立判断，直至有充分理由确信所作的判断与已披露和拟披露的内容不存在实质性差异，确信上市公司和交易对方符合相关法律法规及中国证监会规定的重组条件，以及确信上市公司申报文件和信息披露文件真实、准确、完整。独立财务顾问应当在充分尽职调查和验证的基础上，依据中国证监会的规定和监管要求，客观、公正地发表专业意见。该指引规定了以下三个信息公开的问题：

1. 上市公司重大资产重组的首次董事会决议经表决通过后，拟公告重大资产重组预案的，独立财务顾问应当至少就以下事项出具重组预案核查意见：①上市公司董事会编制的重大资产重组预案是否符合《上市公司重大资产重组管理办法》（下称《重组办法》）、《关于规范上市公司重大资产重组若干问题的规定》（下称《规定》）及《公开发行证券的公司信息披露内容与格式准则第26号——上市公司重大资产重组申请文件》（下称《准则第26号》）的要求；②重大资产重组的交易对方是否已根据《规定》第1条的要求出具了书面承诺和声明，该等承诺和声明是否已明确记载于重组预案中；③上市公司是否已就本次重大资产重组事项与交易对方签订附条件生效的交易合同；交易合同的生效条件是否符合《规定》第2条的要求，交易合同主要条款是否齐备，交易合同附带的保留条款、补充协议和前置条件是否对本次交易进展构成实质性影响；

④上市公司董事会是否已按照《规定》第4条的要求对相关事项作出明确判断并记载于董事会决议记录中；⑤本次交易的整体方案是否符合《重组办法》第10、41条和《规定》第4条所列明的各项要求；⑥本次交易的标的资产是否完整，其权属状况是否清晰，相关权属证书是否完备有效，标的资产按交易合同约定进行过户或转移是否存在重大法律障碍；⑦上市公司董事会编制的重大资产重组预案是否已充分披露本次交易存在的重大不确定性因素和风险事项；⑧上市公司董事会编制的重大资产重组预案中是否存在虚假记载、误导性陈述或者重大遗漏。

2. 上市公司完成相关审计、评估、盈利预测审核后再次召开董事会，拟公告重大资产重组报告书的，独立财务顾问应当依照规范格式出具独立财务顾问报告。该报告包括：①独立财务顾问进行核查的实际情况，逐项说明本次重组是否符合《重组办法》的规定；②对本次交易所涉及的资产定价和股份定价（如涉及）进行全面分析，说明定价是否合理；③本次交易根据资产评估结果定价，采取收益现值法、假设开发法等基于未来预期收益的估值方法进行评估的，还应当对所选取的评估方法的适当性、评估假设前提的合理性、预期未来收入增长率、折现率等重要评估参数取值的合理性、预期收益的可实现性发表明确意见；④结合上市公司盈利预测以及董事会讨论与分析，分析说明本次交易完成后上市公司的盈利能力和财务状况、本次交易是否有利于上市公司的持续发展、是否存在损害股东合法权益的问题；⑤对交易完成后上市公司的市场地位、经营业绩、持续发展能力、公司治理机制进行全面分析；⑥对交易合同约定的资产交付安排是否可能导致上市公司交付现金或其他资产后不能及时获得对价的风险、相关的违约责任是否切实有效发表明确意见；⑦对本次重组是否构成关联交易进行核查，并依据核查确认的相关事实发表明确意见，涉及关联交易的，还应当充分分析本次交易的必要性及本次交易是否损害上市公司及非关联股东的利益；⑧就相关资产实际盈利数不足利润预测数的情况签订补偿协议的，独立财务顾问应当对补偿安排的可行性、合理性发表意见。

3. 独立财务顾问在充分尽职调查和内核的基础上，对上市公司重大资产重组事项出具重组预案核查意见、独立财务顾问报告和其他专业意见的，应当同时作出以下承诺：①已按照规定履行尽职调查义务，有充分理由确信所发表的专业意见与上市公司和交易对方披露的文件内容不存在实质性差异；②已对上市公司和交易对方披露的文件进行充分核查，确信披露文件的内容与格式符合要求；③有充分理由确信上市公司委托财务顾问出具意见的重大资产重组方案符合法律、法规和中国证监会及证券交易所的相关规定，所披露的信息真实、准确、完整，不存在虚假记载、误导性陈述或者重大遗漏；④有关本次重大资产重组事项的专业意见已提交独立财务顾问内核机构审查，内核机构同意出具此专业意见；⑤在与上市公司接触后至担任独立财务顾问期间，已采取严格的保密措施，严格执行风险控制和内部隔离制度，不存在内幕交易、操纵市场和证券欺诈问题。

第三，独立财务顾问向中国证监会承担的责任。独立财务顾问接受委托人委托后，应当按照《重组办法》及相关规定，及时向中国证监会报送有关上市公司重大资产重组的申报文件。提交申请文件后，独立财务顾问应当配合中国证监会的审核，并承担以下工作：①指定独立财务顾问主办人与中国证监会进行专业沟通，并按照中国证监会提出的反馈意见作出书面回复。②按照中国证监会的要求对涉及本次重大资产重组活动的特定事项进行尽职调查或者核查。③组织上市公司、交易对方及相关证券服务机构对中国证监会的意见进行答复；中国证监会在审核期间提出反馈意见要求上市公司作出书面解释、说明的，独立财务顾问应当配合上市公司提供书面回复意见。逾期未提供的，独立财务顾问应当督促上市公司在到期日的次日就本次重大资产重组的进展情况及未能及时提供回复意见的具体原因等予以公告，不得作出推卸迟延责任的误导性公告。④上市公司未能在规定期限内公告相关文件或报告全文的，独立财务顾问应当督促上市公司及时公开披露中国证监会提出的问题及未能如期公告的原因。⑤自申报起至重大资产重组事项完成前，对于上市公司、交易对方和其他相关当事人发生较大变化对本次重大资产重组构成较大影响的情况予以高度关注，并及时向中国证监会报告。此外，还应当申报本次担任重大资产重组独立财务顾问的收费情况。

独立财务顾问应当按照中国证监会的相关规定，对实施重大资产重组的上市公司履行持续督导职责。持续督导的期限自中国证监会核准本次重大资产重组之日起，应当不少于一个会计年度。独立财务顾问应当通过日常沟通、定期回访等方式，结合上市公司定期报告的披露，做好以下持续督导工作：①督促上市公司、交易对方和其他相关当事人按照相关程序规范实施重大资产重组方案，及时办理产权过户手续，并依法履行报告和信息披露的义务；②督促上市公司按照《上市公司治理准则》的要求规范运作；③督促和检查上市公司、交易对方及其他相关当事人履行对市场公开作出的相关承诺的情况；④督促和检查上市公司、交易对方及其他相关当事人落实后续计划及重大资产重组方案中约定的其他相关义务的情况；⑤结合上市公司定期报告，核查重大资产重组是否按计划实施、是否达到预期目标；其实施效果是否与此前公告的专业意见存在较大差异，是否实现相关盈利预测或者管理层预计达到的业绩目标；⑥中国证监会要求的其他事项。

　　独立财务顾问应当结合上市公司重大资产重组当年和实施完毕后的第一个会计年度的年报，自年报披露之日起15日内，对重大资产重组相关的资产交付或者过户情况、相关当事人承诺的履行情况、盈利预测的实现情况、管理层讨论与分析部分提及的各项业务的发展现状、公司治理结构与运行情况以及其他与已公布的重组方案存在差异的事项等出具持续督导意见，向派出机构报告，并予以公告。

　　【拓展思考】　财务顾问业务的独立性

　　早在2000年深、沪交易所颁布的《证券交易所股票交易规则》中就曾规定，上市公司与关联交易人达成的关联交易总额超过3 000万元或者超过总资产的5%以上的，应当聘请财务顾问就该关联交易对全体股东是否公平、合理发表意见，并说明理由、主要假设和考虑的因素。该规定虽然目前已经被上市保荐制度和关联交易的表决回避所取代，[1]但是我们不难发现，财务顾问业务的基本作用是通过财务顾问这个独立于上市公司和其他关联方的监督者，来减少上市公司资产运作的盲目性，提高资产运作效率。当前，财务顾问业务也主要应用于上市公司的收购和资产重组。其实，财务顾问业务是投资银行的一项传统业务，常年的财务顾问为企业提供发展战略和经营管理等各方面的常规咨询，短期的财务顾问则就某一项或某个专题为客户提供财务顾问服务，这些专题常见的就是收购与兼并、拆分与合并、改制重组、资产重组、合资、产权转让，当然也包括咨询服务。[2]财务顾问机构成为证券服务机构，其提供的财务顾问报告作为必须向公众披露的信息，很可能使股东据此作出赞成或反对的决策，因此作用相当重要。而财务顾问机构，虽然接受上市公司的委托，但是这种委托不仅受到委托合同的约束，还要受到证券法律法规的约束，财务顾问业务也是中国证监会审批的事项，因此，我们不能按单纯的委托关系来解释财务顾问机构的地位，财务顾问机构在性质上依然是证券服务机构，它应当具有独立性和中立性。只有这样，才能保证财务顾问报告的可信性，也才能充分发挥财务顾问对于证券市场的服务功能，而不至于沦为最终由中小投资者买单的昂贵的"橡皮图章"。[3]

　　【法律法规链接】　　《证券法》第八章"证券服务机构"，中国证监会于

---

〔1〕《上市公司信息披露管理办法》第48条："上市公司董事、监事、高级管理人员、持股5%以上的股东及其一致行动人、实际控制人应当及时向上市公司董事会报送上市公司关联人名单及关联关系的说明。上市公司应当履行关联交易的审议程序，并严格执行关联交易回避表决制度。交易各方不得通过隐瞒关联关系或者采取其他手段，规避上市公司的关联交易审议程序和信息披露义务。"
〔2〕梅慎实："企业境外上市与国内财务顾问的功能价值"，载《中国工商管理》1997年第5期。
〔3〕黎友强："独立财务顾问报告制度问题探析"，载《证券市场导报》2000年第10期。

2006 年 9 月 1 日起施行的《上市公司收购管理办法》第七章"财务顾问"，中国证监会于 2008 年 5 月 18 日起施行的《上市公司重大资产重组管理办法》，中国证监会于 2004 年 8 月 24 日发布的《关于规范境内上市公司所属企业到境外上市有关问题的通知》。

四、资信评级机构

【基本理论】　资信评级机构的业务规则

信用评级，是指由独立的第三方——信用评级机构对影响评级对象的诸多信用风险因素进行分析研究，就其信用能力（主要是偿债能力及偿债意愿）进行综合评价，并用简单明了的符号表示出来。信用评级的根本目的是揭示受评对象违约风险的大小，而不是其他类型的投资风险，如利率风险、通货膨胀风险等，同时其评价的是经济主体按合同约定如期履行特定债务或其他经济义务的能力和意愿，而不是企业的价值或经营业绩。资信评级机构对评级对象按照独立、客观、公正的原则进行评价。

按照中国证监会 2007 年 9 月 1 日起施行的《证券市场资信评级业务管理暂行办法》的规定，评级对象包括两大类：一类是证券，即中国证监会依法核准发行的债券、资产支持证券以及其他固定收益或者债务型结构性融资证券；在证券交易所上市交易的债券、资产支持证券以及其他固定收益或者债务型结构性融资证券。二是证券的发行人、上市公司、非上市公众公司、证券公司、证券投资基金管理公司等其他评级对象。评级对象中不包括国债。资信评级机构的业务规则主要有以下几个：

第一，资信评级机构应当取得中国证监会的业务许可。申请证券评级业务许可的资信评级机构，应当具备下列条件：①具有中国法人资格，实收资本与净资产均不少于人民币 2 000 万元；②具有符合《证券市场资信评级业务管理暂行办法》规定的高级管理人员不少于 3 人；具有证券从业资格的评级从业人员不少于 20 人，其中包括具有 3 年以上资信评级业务经验的评级从业人员不少于 10 人，具有中国注册会计师资格的评级从业人员不少于 3 人；③具有健全且运行良好的内部控制机制和管理制度；④具有完善的业务制度，包括信用等级划分及定义、评级标准、评级程序、评级委员会制度、评级结果公布制度、跟踪评级制度、信息保密制度、证券评级业务档案管理制度等；⑤最近 5 年未受到刑事处罚，最近 3 年未因违法经营受到行政处罚，不存在因涉嫌违法经营、犯罪正在被调查的情形；⑥最近 3 年在税务、工商、金融等行政管理机关，以及自律组织、商业银行等机构无不良诚信记录；⑦中国证监会基于保护投资者、维护社会公共利益规定的其他条件。证券评级机构不得涂改、倒卖、出租、出借证券评级业务许可证，或者以其他形式非法转让证券评级业务许可证。中国证监会依照法定条件和程序，根据审慎监管的原则，并充分考虑市场发展和行业公平竞争的需要，对资信评级机构的证券评级业务许可申请进行审查、作出决定。

第二，从事证券评级业务应当符合"一致性原则"。资信评级机构在从事证券评级业务时，除了应当遵循独立、客观、公正的原则，还必须遵循一致性原则，即对同一类评级对象评级，或者对同一评级对象跟踪评级，应当采用一致的评级标准和工作程序。如果评级标准有调整的，应当充分披露。证券评级机构从事证券评级业务，应当制定科学的评级方法和完善的质量控制制度，遵守行业规范、职业道德和业务规则，勤勉尽责，审慎分析。中国证监会及其派出机构依法对证券评级业务活动进行监督管理。中国证券业协会依法对证券评级业务活动进行自律管理。

第三，证券评级业务中，证券评级机构应当自取得证券评级业务许可之日起20日内，将其信用等级划分及定义、评级方法、评级程序报中国证券业协会备案，并通过中国证券业协会网站、本机构网站及其他公众媒体向社会公告。信用等级划分及定义、评级方法和评级程序有调整的，应当及时备案、公告。

第四，证券评级机构与评级对象存在利害关系的，不得从事证券评级。证券评级机构评级委员会委员及评级从业人员在开展证券评级业务期间与评级对象存在牵连关系的，应当回避。

第五，证券评级机构应当建立清晰合理的组织结构，合理划分内部机构职能，建立健全防火墙制度，从事证券评级业务的业务部门应当与其他业务部门保持独立。

【实务指南】　资信评级机构进行证券评级的过程

国际信用评级行业历时百年，形成穆迪、标准普尔、惠誉三足鼎立的局面，信用评级的市场认知度和接受度较高。而国内的信用评级行业始于1992年人民银行系统外独立评级机构的成立，目前正走向规范化的发展道路。依据《证券市场资信评级业务管理暂行办法》，中国证监会先后核准中诚信、鹏元、新世纪和大公国际四家评级机构从事证券市场资信评级业务。在具体的评级程序中遵循以下程序：建立项目组、评级委员会、复评、跟踪评级、异议处理、保密和档案管理制度。

第一，项目组提出初评意见。项目组组长应当具有证券从业资格且从事资信评级业务3年以上。项目组对评级对象进行考察、分析，形成初评报告，并对所依据的文件资料内容的真实性、准确性、完整性进行核查和验证。

第二，评级委员会确定信用等级并通知评级对象。证券评级机构应当建立评级委员会制度，评级委员会是确定评级对象信用等级的最高机构。评级委员会对项目组提交的初评报告进行审查，作出决议，确定信用等级。之后应当将信用等级告知受评级机构或者受评级证券发行人。

第三，评级对象可以申请复评。在确定信用等级后，受评级机构或者受评级证券发行人对信用等级有异议的，可以申请复评一次。证券评级机构受理复评申请的，应当召开评级委员会会议重新进行审查，作出决议，确定最终信用等级。

第四，公布评级结果。评级结果应当包括评级对象的信用等级和评级报告。评级报告应当采用简洁、明了的语言，对评级对象的信用等级作出明确解释，并由符合《证券市场资信评级业务管理暂行办法》规定的高级管理人员签字。

第五，跟踪评级。在评级对象有效存续期间，证券评级机构应当持续跟踪评级对象的政策环境、行业风险、经营策略、财务状况等因素的重大变化，及时分析该变化对评级对象信用等级的影响，出具定期或者不定期跟踪评级报告。

第六，受评级机构或者受评级证券发行人对其委托的证券评级机构出具的评级报告有异议，另行委托其他证券评级机构出具评级报告的，原受托证券评级机构与现受托证券评级机构应当同时公布评级结果。

证券评级机构应当采用有效的统计方法，对评级结果的准确性和稳定性进行验证，并将统计结果通过中国证券业协会网站和本机构网站向社会公告。在证券评级中，证券评级机构应当建立证券评级业务信息保密制度。对于在开展证券评级业务活动中知悉的国家秘密、商业秘密和个人隐私，证券评级机构及其从业人员应当依法履行保密义务。还应当建立业务档案管理制度。业务档案应当包括受托开展证券评级业务的委托书、出具评级报告所依据的原始资料、工作底稿、初评报告、评级报告、评级委员会表决意见及会议记录、跟踪评级资料、跟踪评级报告等。业务档案应当保存到评级合同期满后5年，或者评级对象存续期满后5年。业务档案的保存期限不得少于10年。

【拓展思考】　证券评级的意义

证券的信用评级意义很大。对投资者来说，信用评级可以通过简单、明了的等级符号标示债务偿还的风险情报，以此作为投资决策的参考；评级机构会在债券存续期持续关注评级对象的信用状况，当信用等级降到一定水平以下，投资者可以要求发行方增强偿债保障措施，加速执行或者终止信用合同，从而降低违约损失。对评级对象（证券发行方）而言，寻求信用评级是为了满足监管或者市场准入条件。例如《保险机构投资者债券投资管理暂行办法》规定保险机构投资的企业（公司）债券，应具有国内信用评级机构评定的AA级或者相当于AA级以上的长期信用级别。对监管方来说，信用评级可以实现分类监管，将监管资源投向信用级别低（一般为 BBB 级以下的投机级）、信用风险大的企业，而对于具有较高信用等级的评级对象可以放宽监管要求，从而降低监管成本。此外，证券评级也将决定证券的价格，高信用等级的证券利差要小于低等级的证券。

【法律法规链接】 《证券法》第八章"证券服务机构"，中国证监会于2007 年 9 月 1 日起施行的《证券市场资信评级业务管理暂行办法》。

五、资产评估机构

【基本理论】 资产评估机构在证券业务中的功能

我国自 1993 年开始要求资产评估机构开展与证券业务有关的资产评估业务必须取得证券业务资产评估许可证。2005 年《中华人民共和国行政许可法》施行后，根据新修订的《证券法》、《国务院对确需保留的行政审批项目设定行政许可的决定》（国务院第 412 号令），国家继续对资产评估机构从事证券业务实施行政许可，资格审批工作由财政部和证监会负责。2008 年 4 月 29 日，财政部和证监会联合印发了《关于从事证券期货相关业务的资产评估机构有关管理问题的通知》。该通知规定，资产评估机构申请证券评估资格，应当符合以下 7 个条件：①依法设立并取得资产评估资格 3 年以上，发生过吸收合并的，还应自完成工商变更登记之日起满 1 年；②质量控制制度和其他内部管理制度健全并有效执行，执业质量和职业道德良好；③具有不少于 30 名注册资产评估师，其中最近 3 年持有注册资产评估师证书且连续执业的不少于 20 人；④净资产不少于 200 万元；⑤按规定购买职业责任保险或者提取职业风险基金；⑥半数以上合伙人或者持有不少于 50% 股权的股东最近在本机构连续执业 3 年以上；⑦最近 3 年评估业务收入合计不少于 2 000 万元，且每年不少于 500 万元。依法取得证券评估资格的资产评估机构，可以从事涉及各类已发行或者拟发行证券的企业的各类资产评估业务，以及涉及证券及期货经营机构、证券及期货交易所、证券投资基金及其管理公司、证券登记结算机构等的资产评估业务。以下略举几项资产评估机构的职能：

第一，我国《证券法》明确规定了资产评估机构的几项职能。例如该法第17 条规定的"申请公开发行公司债券，应当向国务院授权的部门或者国务院证券监督管理机构报送"的文件中就包括资产评估报告。第 149 条规定："国务院证券监督管理机构认为有必要时，可以委托会计师事务所、资产评估机构对证券公司的财务状况、内部控制状况、资产价值进行审计或者评估。具体办法由国务院证券监督管理机构会同有关主管部门制定。"第 173 条规定："证券服务机构为证券的发行、上市、交易等证券业务活动制作、出具审计报告、资产评估报告、财务顾问报告、资信评级报告或者法律意见书等文件，应当勤勉尽责，对所依据的文件资料内容的真实性、准确性、完整性进行核查和验证。其制作、出具的文件有虚假记载、误导性陈述或者重大遗漏，给他人造成损失的，应当与发行人、上市公司承担连带赔偿责任，但是能够证明自己没有过错的除外。"

第二，中国证监会 2004 年 1 月 6 日施行的《关于进一步提高上市公司财务信息披露质量的通知》中指出，上市公司和已上市公司对于因设立、变更、改制、资产重组等涉及资产评估事项时，董事会应对评估机构的选聘、评估机构的独立性、评估结论的合理性发表明确意见，并按照中国证监会有关规定披露资产评估事项。评估报告的用途应与其目的一致。资产评估机构和注册评估师应严格按照《资产评估操作规范意见（试行）》的有关规定，明确收益现值法的评估目的，慎重使用收益现值法。使用收益现值法评估的，董事会应对采用的折现率等重要评估参数、预期各年度收益等重要评估依据以及评估结论合理性发表意见，并予披露。独立董事也应对选聘评估机构的程序、评估机构的胜任能力、评估机构的独立性、评估结论的合理性单独发表明确意见，并予披露。上市公司在对各种会计要素进行初次和后续确认计量时，如涉及评估报告数据，应充分考虑评估报告所涉及交易的真实性和合法性、假设的合理性、各种数据的稳定性和可靠性、评估方法的科学性等因素对会计要素确认计量结果的影响，确保公司财务报告能真实反映其财务状况和经营成果。

第三，资产评估机构的合伙人和会计师事务所的合伙人有可能出任中国证监会发审委员会的委员。[1] 中国证监会 2006 年 5 月 9 日施行的《中国证券监督管理委员会发行审核委员会办法》第 6 条第 1 款规定："发审委委员由中国证监会的专业人员和中国证监会外的有关专家组成，由中国证监会聘任。"资产评估机构的合伙人和会计师事务所的合伙人有可能成为"中国证监会外的有关专家"，而作为发审委委员，其职责包括：根据有关法律、行政法规和中国证监会的规定，审核股票发行申请是否符合相关条件；审核保荐人、会计师事务所、律师事务所、资产评估机构等证券服务机构及相关人员为股票发行所出具的有关材料及意见书；审核中国证监会有关职能部门出具的初审报告；依法对股票发行申请提出审核意见。

第四，中国证监会 2008 年 5 月 18 日施行的《上市公司重大资产重组管理办法》第 15 条第 3 款规定："资产交易定价以资产评估结果为依据的，上市公司应当聘请具有相关证券业务资格的资产评估机构出具资产评估报告。"第 18 条

---

〔1〕 参见中国证监会 2008 年 4 月 1 日发布的《关于公示中国证券监督管理委员会第十届发行审核委员会委员候选人名单的公告》，载中国证监会会网站，2008 年 4 月 1 日访问。

规定:"重大资产重组中相关资产以资产评估结果作为定价依据的,资产评估机构原则上应当采取 2 种以上评估方法进行评估。上市公司董事会应当对评估机构的独立性、评估假设前提的合理性、评估方法与评估目的的相关性以及评估定价的公允性发表明确意见。上市公司独立董事应当对评估机构的独立性、评估假设前提的合理性和评估定价的公允性发表独立意见。"该《办法》还要求资产评估报告应当与重大资产重组报告书、独立财务顾问报告、法律意见书以及重组涉及的审计报告、审核的盈利预测报告至迟应当与召开股东大会的通知同时公告。此外,资产评估机构采取收益现值法、假设开发法等基于未来收益预期的估值方法对拟购买资产进行评估并作为定价参考依据的。上市公司应当在重大资产重组实施完毕后 3 年内的年度报告中单独披露相关资产的实际盈利数与评估报告中利润预测数的差异情况,并由会计师事务所对此出具专项审核意见。交易对方应当与上市公司就相关资产实际盈利数不足利润预测数的情况签订明确可行的补偿协议。

【实务指南】　资产评估机构评估报告的内容

实务中的资产评估报告应当包括以下事项:委托方与资产占有方简介,包括历史沿革、经营简介、组织机构、经审计后的财务状况;评估目的,例如"本次评估是对全部资产和负债于评估基准日的公平市场价值进行评估,为上述股权转让行为提供公平市场价值的参考依据";评估范围和对象;评估基准日;评估原则及专业标准;评估价值及价值前提定义;评估依据;评估方法和评估方法的应用;评估工作步骤简述;评估结论、资产评估结果汇总表;特别事项说明;评估报告评估基准日期后重大事项;评估报告法律效力;评估报告提出日期;评估机构法定代表人、注册资产评估师签字以及备查文件目录。

需要说明的是,评估方法是一个会计准则问题,例如成本法就是对每项资产的公平市场价值根据资产状况和评估人员收集到的资料采用合适的方法分别进行价值评估,然后将每项资产的公平市场价值加总后减去负债的价值,进而得到净资产的评估价值;再如重置成本法是通过估算一个假定的资产购买者在评估基准日重新购置或建造与被评估资产功能相似的资产所花费的成本来确定被评估资产价值。采用何种评估方法是法律的技术问题,是一种客观的评价依据。

与评估方法相关的另一个重要问题是评估依据。评估依据既是评估机构作出评估结论的根据,也是资产评估机构据以免责的重要依据;从法律角度看,也是重要的证据。资产评估机构往往会对此详细列举,以避免承担过错责任。以下事项都可能成为评估依据:①行为依据。评估目的的合法存在,委托人出具的"资产评估委托约定函"。②法规依据。目前使用的法规包括国务院 1991 年《国有资产评估管理办法》、原国家国有资产管理局国资办《国有资产评估管理办法施行细则》、财政部 1999 年《关于印发〈资产评估报告基本内容与格式的暂行规定〉的通知》、中国资产评估协会《资产评估操作规范意见（试行）》、《国务院办公厅转发财政部关于改革国有资产评估行政管理方式加强资产评估监督管理工作意见的通知》、《财政部关于印发〈资产评估准则——基本准则〉和〈资产评估职业道德准则——基本准则〉的通知》等。涉及不动产评估的可能还包括《中华人民共和国土地管理法》、《中华人民共和国城市房地产管理法》《中华人民共和国城镇国有土地使用权出让和转让暂行条例》等。③产权依据。包括房地产所有权证、土地使用证、车辆行驶证、设备购置发票以及财务入账的原始凭证等其他产权证明文件。④取价依据。例如资产占有方提供的资产评估申报表、财务报表、会计账簿、记账凭证及原始凭证等财务核算资料以及资产评估常用数据及参数手册等。⑤其他依据。如委托方和资产占有方法人企业营业执照、委托方及资产占有方对重要事项的说明、委托方及资产占有方的承诺函等。

【拓展思考】　资产评估机构的信息真实义务

实务中的资产评估机构发挥着资产估值的重要作用。资产评估结论也是上市公司信息公开的内容之一。前述法律法规虽然没有很系统地向我们展示资产评估机构在证券法中的功能，但是将资产评估机构作为证券服务机构是确定的。并且按照《证券法》第 173 条的规定："证券服务机构为证券的发行、上市、交易等证券业务活动制作、出具审计报告、资产评估报告、财务顾问报告、资信评级报告或者法律意见书等文件，应当勤勉尽责，对所依据的文件资料内容的真实性、准确性、完整性进行核查和验证。其制作、出具的文件有虚假记载、误导性陈述或者重大遗漏，给他人造成损失的，应当与发行人、上市公司承担连带赔偿责任，但是能够证明自己没有过错的除外。"资产评估机构与其他证券服务机构一样，也承担着《证券法》的信息真实义务。资产评估机构应当恪守职业道德，严格按照评估准则和程序，以客观、独立、公正、科学为原则，实事求是地出具评估报告，不得片面追求收入而出具与事实不符的评估报告。在有关规定中还详细规定了资产评估机构的业务规则，要求资产评估机构应对评估对象所涉及交易、收入、支出、投资等业务的合法性、未来预测的可靠性取得充分证据，充分考虑未来各种可能性发生的概率及其影响，禁止根据不切实际的各种简单假设进行随意的评估。为防止公司和评估师高估未来盈利能力，并进而高估资产，对使用收益现值法评估资产的，凡未来年度报告的利润实现数低于预测数 10%～20% 的，公司及其聘请的评估师应在股东大会及指定报刊上作出解释，并向投资者公开道歉；凡未来年度报告的利润实现数低于预测数 20% 以上的，除要作出公开解释并道歉外，中国证监会将视情况实行事后审查，

第
五
章

对有意提供虚假资料，出具虚假资产评估报告，误导投资者的，一经查实，将依据有关法规对公司和评估机构及其相关责任人进行处罚。

【法律法规链接】　《证券法》第八章"证券服务机构"，中国证监会于2008年5月18日起施行的《上市公司重大资产重组管理办法》。

六、会计师事务所

【基本理论】　会计师事务所的证券业务

注册会计师是依法取得注册会计师证书并接受委托从事审计和会计咨询、会计服务业务的执业人员。会计师事务所是依法设立并承办注册会计师业务的机构。会计师事务所从事的证券业务是指对证券相关机构的财务报表审计、净资产验证、实收资本（股本）的审验、盈利预测审核、内部控制制度审核、前次募集资金使用情况专项审核等业务。注册会计师依法执行审计业务出具的报告，具有证明效力。

会计师事务所从事证券业务取得证券相关业务资格。会计师事务所申请证券资格，应当具备下列条件：依法成立3年以上；质量控制制度和内部管理制度健全并有效执行，执业质量和职业道德良好；注册会计师不少于80人，其中通过注册会计师全国统一考试取得注册会计师证书的不少于55人，上述55人中最近5年持有注册会计师证书且连续执业的不少于35人；有限责任会计师事务所净资产不少于500万元，合伙会计师事务所净资产不少于300万元；会计师事务所职业保险的累计赔偿限额与累计职业风险基金之和不少于600万元；上一年度审计业务收入不少于1 600万元；持有不少于50%股权的股东，或半数以上合伙人最近在本机构连续执业3年以上；不存在下列情形之一：①在执业活动中受到行政处罚、刑事处罚，自处罚决定生效之日起至提出申请之日止未满3年；②因以欺骗等不正当手段取得证券资格而被撤销该资格，自撤销之日起至提出申请之日止未满3年；③申请证券资格过程中，因隐瞒有关情况或者提供虚假材料被不予受理或者不予批准的，自被出具不予受理凭证或者不予批准决定之日起至提出申请之日止未满3年。

注册会计师在审核上市公司各种会计要素进行初次和后续确认计量时，应对评估报告所涉及交易的真实性和合法性、假设的合理性，各项数据的稳定性和可靠性、评估方法的科学性，以及会计和披露的合规性等方面给予适当关注，并恰当地表示审计意见。

【实务指南】　会计师事务所在审计业务中的民事侵权赔偿责任

会计师事务所的行为主要接受《注册会计师法》的调整，从民商法的角度看来，其民事责任属于中介机构的民事责任，与其他证券服务机构承担的民事责任并没有什么区别。2007年6月11日最高人民法院发布了《关于审理涉及会计师事务所在审计业务活动中民事侵权赔偿案件的若干规定》，该《规定》目前是审理注册会计师民事侵权赔偿的依据。对该规定，可以从以下几个方面来理解：

第一，它确立了"利害关系人"为侵权案件中原告的地位。因合理信赖或者使用会计师事务所出具的不实报告，与被审计单位进行交易或者从事与被审计单位的股票、债券等有关的交易活动而遭受损失的自然人、法人或者其他组织，应认定为《注册会计师法》规定的利害关系人。利害关系人以会计师事务所在从事《注册会计师法》第14条规定的审计业务活动中出具不实报告并致其遭受损失为由，[1] 向人民法院提起民事侵权赔偿诉讼的，人民法院应当依法受理。所谓"不实报告"，是指会计师事务所违反法律法规、中国注册会计师协会依法拟定并经国务院财政部门批准后施行的执业准则和规则以及诚信公允的原则，出具的具有虚假记载、误导性陈述或者重大遗漏的审计业务报告。

第二，会计师事务所与被审计单位应当作为共同被告。利害关系人未对被审计单位提起诉讼而直接对会计师事务所提起诉讼的，人民法院应当告知其对会计师事务所和被审计单位一并提起诉讼；利害关系人拒不起诉被审计单位的，人民法院应当通知被审计单位作为共同被告参加诉讼。

第三，会计师事务所承担责任的归责原则是过错推定原则。会计师事务所因在审计业务活动中对外出具不实报告给利害关系人造成损失的，应当承担侵权赔偿责任，但其能够证明自己没有过错的除外。人民法院应当根据会计师事务所过失的大小确定其赔偿责任。对注册会计师的注意义务同样要求专业标准。注册会计师在审计过程中未保持必要的职业谨慎，存在下列情形之一，并导致报告不实的，人民法院应当认定会计师事务所存在过失：①违反《注册会计师法》第20条第②、③项的规定；②负责审计的注册会计师以低于行业一般成员应具备的专业水准执业；③制定的审计计划存在明显疏漏；④未依据执业准则、规则执行必要的审计程序；⑤在发现可能存在错误和舞弊的迹象时，未能追加必要的审计程序予以证实或者排除；⑥未能合理地运用执业准则和规则所要求的重要性原则；⑦未根据审计的要求采用必要的调查方法获取充分的审计证据；

---

[1] 《注册会计师法》第14条："注册会计师承办下列审计业务：①审查企业会计报表，出具审计报告；②验证企业资本，出具验资报告；③办理企业合并、分立、清算事宜中的审计业务，出具有关的报告；④法律、行政法规规定的其他审计业务。注册会计师依法执行审计业务出具的报告，具有证明效力。"

⑧明知对总体结论有重大影响的特定审计对象缺少判断能力，未能寻求专家意见而直接形成审计结论；⑨错误判断和评价审计证据；⑩其他违反执业准则、规则确定的工作程序的行为。

上述会计师事务所承担与其过失程度相应的赔偿责任时，应按照下列情形处理：①应先由被审计单位赔偿利害关系人的损失。被审计单位的出资人虚假出资、不实出资或者抽逃出资，事后未补足，且依法强制执行被审计单位财产后仍不足以赔偿损失的，出资人应在虚假出资、不实出资或者抽逃出资数额范围内向利害关系人承担补充赔偿责任。②对被审计单位、出资人的财产依法强制执行后仍不足以赔偿损失的，由会计师事务所在其不实审计金额范围内承担相应的赔偿责任。③会计师事务所对一个或者多个利害关系人承担的赔偿责任应以不实审计金额为限。

第四，在特定情形下，会计师事务所与被审计单位承担连带赔偿责任。该情形是指注册会计师在审计业务活动中存在下列情形之一，出具不实报告并给利害关系人造成损失的：①与被审计单位恶意串通；②明知被审计单位对重要事项的财务会计处理与国家有关规定相抵触，而不予指明；③明知被审计单位的财务会计处理会直接损害利害关系人的利益，而予以隐瞒或者作不实报告；④明知被审计单位的财务会计处理会导致利害关系人产生重大误解，而不予指明；⑤明知被审计单位的会计报表的重要事项有不实的内容，而不予指明；⑥被审计单位示意其作不实报告，而不予拒绝。其中第②～⑤项所列行为，注册会计师按照执业准则、规则应当知道的，人民法院应认定其明知。

第五，明确了会计师事务所的免责事由。如果会计师事务所能够证明存在以下情形之一的，不承担民事赔偿责任：①已经遵守执业准则、规则确定的工作程序并保持必要的职业谨慎，但仍未能发现被审计的会计资料错误；②审计业务所必须依赖的金融机构等单位提供虚假或者不实的证明文件，会计师事务所在保持必要的职业谨慎下仍未能发现其虚假或者不实；③已对被审计单位的舞弊迹象提出警告并在审计业务报告中予以指明；④已经遵照验资程序进行审核并出具报告，但被验资单位在注册登记后抽逃资金；⑤为登记时未出资或者未足额出资的出资人出具不实报告，但出资人在登记后已补足出资。会计师事务所在证明自己没有过错时，可以向人民法院提交与该案件相关的执业准则、规则以及审计工作底稿等。如果利害关系人明知会计师事务所出具的报告为不实报告而仍然使用的，人民法院应当酌情减轻会计师事务所的赔偿责任。会计师事务所在报告中注明"本报告仅供年检使用"、"本报告仅供工商登记使用"等类似内容的，不能作为其免责的事由。

【拓展思考】　审计独立原则与注册会计师的民事责任

有学者指出，根据审计准则，如果注册会计师在执业过程中没有遵守审计准则和审计规则等职业规范而导致在执业报告中出现虚假陈述，称为"审计失败"；反之，如果遵守了审计准则和审计规则等职业规范，但是仍然出现了虚假陈述，则称为"审计风险"。审计界一直把审计失败作为注册会计师的过错并认可应当由注册会计师承担民事赔偿责任，注册会计师并不承担担保审计结论正确的责任。但是法律界的观点多认为，既然公众投资者只能看到注册会计师的审计结论，在虚假陈述的情况下，投资者根本无法了解该结论出具的背景究竟是属于审计失败还是审计风险，只能被动地接受该审计结论，那么投资者据此作出判断而遭受损失就应当得到赔偿，而会计师事务所也就应当承担连带责任，其归责原则应当是无过错原则。[1] 从上述最高人民法院《关于审理涉及会计师事务所在审计业务活动中民事侵权赔偿案件的若干规定》来看，并没有完全按法律界的观点对注册会计师实行无过错归责原则，而是适用了过错推定原则。这一方面是因为我国《证券法》第 173 条把证券服务机构的归责原则均规定为过错推定，另一方面是遵循了审计独立原则。有关的审计准则和审计规则等职业规范，虽然不是正式的法律渊源，但应当被看作行业惯例或者商业习惯，只要注册会计师的行为符合这些职业规范，就不应当让注册会计师和会计师事务所承担责任。只有对审计失败，才应当按照法律上的过错来对待，让注册会计师承担民事责任。应当说，公正、公开和公平的证券市场需要会计师事务所的积极参与，合理界定注册会计师的民事责任，既能鼓励会计师事务所的行业规范性，也能提升公众对审计报告的信心。

【法律法规链接】　《证券法》第八章"证券服务机构"，于 1994 年 1 月 1 日起施行的《注册会计师法》。

案例点评

一、律师事务所过错的判断

1998 年 10 月 26 日，证监查字〔1998〕78 号《关于四川省经济律师事务所、北京市国方律师事务所违反证券法规行为的处罚决定》指出：1997 年 5 月，成都红光实业股份有限公司在其招股说明书中隐瞒关键生产设备彩玻池炉从 1996 年下半年起废品率上升，难以维持正常生产的重大事实，进行虚假陈述。

---

〔1〕　喻采平、罗俊亮："注册会计师民事责任归责模式的重构"，载《财会月刊》2008 年第 2 期。

作为红光公司股票发行法律顾问的四川省经济律师事务所和作为主承销商中兴信托投资有限责任公司法律顾问的北京市国方律师事务所，没有按照本行业公认的业务标准和道德规范，对红光公司的相关文件材料进行全面搜集和深入、细致的核查验证，就在各自出具的《法律意见书》中称在招股说明书中"未发现对重大事实的披露有虚假、严重误导性陈述或重大遗漏"，严重误导了广大投资者和证券监管部门。

2000年3月31日，证监罚字〔2000〕19号《关于北京市星河律师事务所违反证券法规行为的处罚决定》指出：主承销商申银万国证券有限公司隐瞒真实情况，向中国证监会报送虚假文件。申银万国编制的大庆联谊发行上市申报材料形成于1997年3月20日以后，但却装有黑龙江证管办1997年3月19日签发的对该材料的审核意见。按照工作程序，审核意见应签发在1997年3月20日以后，该审核意见明显虚假。中国证监会认定主承销商律师北京市星河律师事务所在提供法律意见书时未能发现其中存在的问题，未能做到勤勉尽责。

上述案例中，值得注意的是如何判定律师事务所的过错。应当尽职调查但未调查、应当作出判断却未作出判断，都说明了律师事务所过错的存在。

二、中天勤会计师事务所重大审计过失案

根据银广夏1999年年报，银广夏的每股盈利当年达到前所未有的0.51元；其股价则先知先觉，从1999年12月30日的13.97元启动，一路狂升，至2000年4月19日涨至35.83元。次日实施了优厚的分红方案10转赠10，其股价于2000年12月29日创下37.99元新高，折合为除权前的价格75.98元，较一年前启动时的价位上涨440%；2000年全年涨幅高居深沪两市第二；2000年年报披露的业绩再创"奇迹"，在股本扩大一倍的基础上，每股收益攀升至0.827元。中国证监会对银广夏正式立案调查，查明银广夏公司通过伪造购销合同、伪造出口报关单、虚开增值税专用发票、伪造免税文件和伪造金融票据等手段，虚构主营业务收入，虚构巨额利润7.45亿元。同时，中国证监会还查明深圳中天勤会计师事务所及其签字注册会计师违反有关法律法规，为银广夏公司出具严重失实的审计报告。后财政部下达行政处罚决定书，认定为银广夏担任审计的深圳中天勤会计师事务所存在重大审计过失，中天勤执业资格及两位签字会计师的会计牌照被正式吊销。

本案中值得注意的是，中天勤在承担银广夏审计业务的同时，也是银广夏的财务顾问。环球电讯2000年向安达信支付的审计费为230万美元，但咨询等其他非审计费用却接近1 200万美元，安然的情况也类似。由于顾及巨额的咨询收入，会计师事务所面对造假行为时很难保持审计的独立。

第6章

证券违法行为的法律责任

内容摘要 证券法律责任是因证券违法行为应当承担的强制性法律后果，体现着国家对证券违法行为的制裁，也是法律对证券市场进行控制的重要的、有效的手段。证券法律责任涉及民事责任、行政责任和刑事责任，从而构成一个完整的法律责任体系。依据《证券法》的规定，证券违法行为的民事责任目前可以因虚假陈述、内幕交易、操纵市场以及欺诈客户等情形而产生。

第一节 证券违法行为的行政责任和刑事责任

一、证券违法行为的行政责任

【基本理论】 证券法中的行政责任

法律责任是对违反义务者的强制性制裁。证券法作为我国的商事特别法，深刻体现着国家干预的商法基本原则，因此运用法律责任来制裁证券违法行为是相当必要的方法。在我国《证券法》第十一章中，专门规定了违反《证券法》的法律责任问题。从而使整部法律完成了行为模式-法律后果的逻辑构建。

通说认为，法律责任按照归属的部门法或性质，可以分为民事责任、行政责任和刑事责任三种。关于《证券法》中的民事责任，我们将在下文专门介绍，本节先谈谈行政责任和刑事责任。

《证券法》规定的行政责任比较多，由中国证监会行使行政处罚权。如果违法行为人既要承担民事赔偿责任，又要缴纳罚款、罚金，而其财产不足以同时支付时，先承担民事赔偿责任。行政责任的具体措施包括罚款、警告、责令改正、撤销任职资格或者证券从业资格、撤销证券业务许可、没收业务收入、没收违法所得以及施行证券市场禁入。其他的责任形式比较传统，比如罚款和没收的违法所得，全部上缴国库；但证券市场禁入则是一个比较专门的处罚措施，它是指在一定期限内直至终身不得从事证券业务或者不得担任上市公司的董事、监事、高级管理人员的制度。让违法行为人远离收入丰厚的证券业，无疑是一种实际效用较好的处罚措施。当事人对证券监督管理机构或者国务院授权的部门的处罚决定不服的，可以依法申请行政复议，或者依法直接向人民法院提起诉讼。根据我国《证券法》第十一章的规定，按承担行政责任的主体可以把行政责任分为以下九类：

第一，证券发行中发行人、证券公司、保荐人就相关违法行为承担的行政责任。具体包括：

1. 发行人违反证券发行规定的行政责任。包括两种情形：①未经法定机关核准，擅自公开或者变相公开发行证券的，责令停止发行，退还所募资金并加算银行同期存款利息，处以非法所募资金金额1%以上5%以下的罚款；对擅自公开或者变相公开发行证券设立的公司，由依法履行监督管理职责的机构或者部门会同县级以上地方人民政府予以取缔。对直接负责的主管人员和其他直接责任人员给予警告，并处以3万元以上30万元以下的罚款。②发行人不符合发行条件，以欺骗手段骗取发行核准，尚未发行证券的，处以30万元以上60万元以下的罚款；已经发行证券的，处以非法所募资金金额1%以上5%以下的罚款。对直接负责的主管人员和其他直接责任人员处以3万元以上30万元以下的罚款。发行人的控股股东、实际控制人指使从事上述违法行为的，也按上述规定处罚。

2. 证券公司违反发行证券规定的行政责任。证券公司承销或者代理买卖未经核准擅自公开发行的证券的，责令停止承销或者代理买卖，没收违法所得，并处以违法所得1倍以上5倍以下的罚款；没有违法所得或者违法所得不足30万元的，处以30万元以上60万元以下的罚款。给投资者造成损失的，应当与发行人承担连带赔偿责任。对直接负责的主管人员和其他直接责任人员给予警告，撤销任职资格或者证券从业资格，并处以3万元以上30万元以下的罚款。证券公司承销证券，有下列行为之一的，责令改正，给予警告，没收违法所得，可以并处30万元以上60万元以下的罚款；情节严重的，暂停或者撤销相关业务许可。给其他证券承销机构或者投资者造成损失的，依法承担赔偿责任。对直接负责的主管人员和其他直接责任人员给予警告，可以并处3万元以上30万元以下的罚款；情节严重的，撤销任职资格或者证券从业资格：①进行虚假的或者误导投资者的广告或者其他宣传推介活动；②以不正当竞争手段招揽承销业务；③其他违反证券承销业务规定的行为。

3. 保荐人出具有虚假记载、误导性陈述或者重大遗漏的保荐书，或者不履行其他法定职责的，责令改正，给予警告，没收业务收入，并处以业务收入1倍以上5倍以下的罚款；情节严重的，暂停或者撤销相关业务许可。对直接负责的主管人员和其他直接责任人员给予警告，并处以 3 万元以上 30 万元以下的罚款；情节严重的，撤销任职资格或者证券从业资格。

4. 发行人、上市公司擅自改变公开发行证券所募集资金的用途的，责令改正，对直接负责的主管人员和其他直接责任人员给予警告，并处以 3 万元以上 30 万元以下的罚款。发行人、上市公司的控股股东、实际控制人指使从事上述违法行为的，给予警告，并处以 30 万元以上 60 万元以下的罚款。对直接负责的主管人员和其他直接责任人员也依照该规定处罚。

5. 违反证券法的规定发行、承销公司债券的，由国务院授权的部门依照证券法有关规定予以处罚。

第二，发行人、上市公司或者其他信息披露义务人的违反信息真实义务的行政责任。相关的信息义务人承担的信息披露义务，不仅在发行阶段存在，在整个的上市交易过程中都存在。如果发行人、上市公司或者其他信息披露义务人未按照规定披露信息，或者所披露的信息有虚假记载、误导性陈述或者重大遗漏的，责令改正，并处以 30 万元以上 60 万元以下的罚款。对直接负责的主管人员和其他直接责任人员给予警告，并处以 3 万元以上 30 万元以下的罚款。发行人、上市公司或者其他信息披露义务人未按照规定报送有关报告，或者报送的报告有虚假记载、误导性陈述或者重大遗漏的，责令改正，并处以 30 万元以上 60 万元以下的罚款。对直接负责的主管人员和其他直接责任人员给予警告，并处以 3 万元以上 30 万元以下的罚款。发行人、上市公司或者其他信息披露义务人的控股股东、实际控制人指使从事上述违法行为的，依照前述规定处罚。国家工作人员、传播媒介从业人员和有关人员编造、传播虚假信息，扰乱证券市场，由证券监督管理机构责令改正，没收违法所得，并处以违法所得 1 倍以上 5 倍以下的罚款；没有违法所得或者违法所得不足 3 万元的，处以 3 万元以上 20 万元以下的罚款。证券交易所、证券公司、证券登记结算机构、证券服务机构及其从业人员，证券业协会、证券监督管理机构及其工作人员，在证券交易活动中作出虚假陈述或者信息误导的，责令改正，处以 3 万元以上 20 万元以下的罚款；属于国家工作人员的，还应当依法给予行政处分。证券交易所、证券公司、证券登记结算机构、证券服务机构的从业人员或者证券业协会的工作人员，故意提供虚假资料，隐匿、伪造、篡改或者毁损交易记录，诱骗投资者买卖证券的，撤销证券从业资格，并处以 3 万元以上 10 万元以下的罚款；属于国家工作人员的，还应当依法给予行政处分。

第三，上市公司的董事、监事、高级管理人员、持有上市公司股份 5% 以上的股东，违反在禁止转让期内转让股票的规定而买卖本公司股票的，给予警告，可以并处 3 万元以上 10 万元以下的罚款。其他主体违反在限制转让期限内禁止买卖证券的规定，责令改正，给予警告，并处以买卖证券等值以下的罚款。对直接负责的主管人员和其他直接责任人员给予警告，并处以 3 万元以上 30 万元以下的罚款。为股票的发行、上市、交易出具审计报告、资产评估报告或者法律意见书等文件的证券服务机构和人员，违反《证券法》在限定期间内禁止买卖股票规定的，责令依法处理非法持有的股票，没收违法所得，并处以买卖股票等值以下的罚款。上市公司、证券公司、证券交易所、证券登记结算机构、证券服务机构，未按照有关规定保存有关文件和资料的，责令改正，给予警告，并处以 3 万元以上 30 万元以下的罚款；隐匿、伪造、篡改或者毁损有关文件和资料的，给予警告，并处以 30 万元以上 60 万元以下的罚款。

第四，违反国家关于证券交易所、证券公司、证券服务业、证券登记结算机构设立和业务特许制的行政责任。非法开设证券交易场所的，由县级以上人民政府予以取缔，没收违法所得，并处以违法所得 1 倍以上 5 倍以下的罚款；没有违法所得或者违法所得不足 10 万元的，处以 10 万元以上 50 万元以下的罚款。对直接负责的主管人员和其他直接责任人员给予警告，并处以 3 万元以上 30 万元以下的罚款。未经批准，擅自设立证券公司或者非法经营证券业务的，由证券监督管理机构予以取缔，没收违法所得，并处以违法所得 1 倍以上 5 倍以下的罚款；没有违法所得或者违法所得不足 30 万元的，处以 30 万元以上 60 万元以下的罚款。对直接负责的主管人员和其他直接责任人员给予警告，并处以 3 万元以上 30 万元以下的的罚款。未经国务院证券监督管理机构批准，擅自设立证券登记结算机构的，由证券监督管理机构予以取缔，没收违法所得，并处以违法所得 1 倍以上 5 倍以下的罚款。投资咨询机构、财务顾问机构、资信评级机构、资产评估机构、会计师事务所未经批准，擅自从事证券服务业务的，责令改正，没收违法所得，并处以违法所得 1 倍以上 5 倍以下的罚款。证券登记结算机构、证券服务机构违反证券法规定或者依法制定的业务规则的，由证券监督管理机构责令改正，没收违法所得，并处以违法所得 1 倍以上 5 倍以下的罚款；没有违法所得或者违法所得不足 10 万元的，处以 10 万元以上 30 万元以下的罚款；情节严重的，责令关闭或者撤销证券服务业务许可。

第五，违反有关证券从业人员规定的行政责任。违反《证券法》的规定，聘任不具有任职资格、证券从业资格的人员的，由证券监督管理机构责令改正，给予警告，可以并处 10 万元以上 30 万元以下的罚款；对直接负责的主管人员给予警告，可以并处 3 万元以上 10 万元以下的罚款。法律、行政法规规定禁止参与股票交易的人员，直接或者以化名、借他人名义持有、买卖股票的，责令依法处理非法持有的股票，没收违法所得，并处以买卖股票等值以下的罚款；属于国家工作人员的，还应当依法给予行政处分。

第六，市场主体违反公平交易的行政责任。违反关于内幕证券交易禁止的规定，在涉及证券的发行、交易或者其他对证券的价格有重大影响的信息公开前，买卖该证券，或者泄露该信息，或者建议他人买卖该证券的，责令依法处理非法持有的证券，没收违法所得，并处以违法所得1倍以上5倍以下的罚款；没有违法所得或者违法所得不足3万元的，处以3万元以上60万元以下的罚款。单位从事内幕交易的，还应当对直接负责的主管人员和其他直接责任人员给予警告，并处以3万元以上30万元以下的罚款。证券监督管理机构工作人员进行内幕交易的，从重处罚。违反操纵证券市场的禁止性规定，违法操纵证券市场的，责令依法处理非法持有的证券，没收违法所得，并处以违法所得1倍以上5倍以下的罚款；没有违法所得或者违法所得不足30万元的，处以30万元以上300万元以下的罚款。单位操纵证券市场的，还应当对直接负责的主管人员和其他直接责任人员给予警告，并处以10万元以上60万元以下的罚款。

第七，证券公司违法进行证券交易的行政责任。内容比较多，包括：①证券公司违法为客户买卖证券提供融资融券的，没收违法所得，暂停或者撤销相关业务许可，并处以非法融资融券等值以下的罚款。对直接负责的主管人员和其他直接责任人员给予警告，撤销任职资格或者证券从业资格，并处以3万元以上30万元以下的罚款。②法人违法以他人名义设立账户或者利用他人账户买卖证券的，责令改正，没收违法所得，并处以违法所得1倍以上5倍以下的罚款；没有违法所得或者违法所得不足3万元的，处以3万元以上30万元以下的罚款。对直接负责的主管人员和其他直接责任人员给予警告，并处以3万元以上10万元以下的罚款。证券公司为该法人上述的违法行为提供自己或者他人的证券交易账户的，除依照上述规定处罚外，还应当撤销直接负责的主管人员和其他直接责任人员的任职资格或者证券从业资格。③证券公司违法假借他人名义或者以个人名义从事证券自营业务的，责令改正，没收违法所得，并处以违法所得1倍以上5倍以下的罚款；没有违法所得或者违法所得不足30万元的，处以30万元以上60万元以下的罚款；情节严重的，暂停或者撤销证券自营业务许可。对直接负责的主管人员和其他直接责任人员给予警告，撤销任职资格或者证券从业资格，并处以3万元以上10万元以下的罚款。④证券公司违背客户的委托买卖证券、办理交易事项，或者违背客户真实意思表示，办理交易以外的其他事项的，责令改正，处以1万元以上10万元以下的罚款。给客户造成损失的，依法承担赔偿责任。⑤证券公司、证券登记结算机构挪用客户的资金或者证券，或者未经客户的委托，擅自为客户买卖证券的，责令改正，没收违法所得，并处以违法所得1倍以上5倍以下的罚款；没有违法所得或者违法所得不足10万元的，处以10万元以上60万元以下的罚款；情节严重的，责令关闭或者撤销相关业务许可。对直接负责的主管人员和其他直接责任人员给予警告，撤销任职资格或者证券从业资格，并处以 3 万元以上 30 万元以下的罚款。⑥证券公司办理经纪业务，接受客户的全权委托买卖证券的，或者证券公司对客户买卖证券的收益或者赔偿证券买卖的损失作出承诺的，责令改正，没收违法所得，并处以 5 万元以上 20 万元以下的罚款，可以暂停或者撤销相关业务许可。对直接负责的主管人员和其他直接责任人员给予警告，并处以 3 万元以上 10 万元以下的罚款，可以撤销任职资格或者证券从业资格。证券公司及其从业人员违反证券法规定，私下接受客户委托买卖证券的，责令改正，给予警告，没收违法所得，并处以违法所得 1 倍以上 5 倍以下的罚款；没有违法所得或者违法所得不足 10 万元的，处以 10 万元以上 30 万元以下的罚款。⑦证券公司违反规定，未经批准经营非上市证券的交易的，责令改正，没收违法所得，并处以违法所得 1 倍以上 5 倍以下的罚款。⑧证券公司成立后，无正当理由超过 3 个月未开始营业的，或者开业后自行停业连续 3 个月以上的，由公司登记机关吊销其公司营业执照。

此外，证券公司承担行政责任的情形还包括：证券公司擅自设立、收购、撤销分支机构，或者合并、分立、停业、解散、破产，或者在境外设立、收购、参股证券经营机构的；证券公司擅自变更有关事项的；超出业务许可范围经营证券业务的；证券公司对其证券经纪业务、证券承销业务、证券自营业务、证券资产管理业务，不依法分开办理，混合操作的；提交虚假证明文件或者采取其他欺诈手段隐瞒重要事实骗取证券业务许可的；证券公司或者其股东、实际控制人违反规定，拒不向证券监督管理机构报送或者提供经营管理信息和资料，或者报送、提供的经营管理信息和资料有虚假记载、误导性陈述或者重大遗漏的；证券公司为其股东或者股东的关联人提供融资或者担保等。

第八，证券交易所和证券服务机构承担的行政责任。对不符合《证券法》规定条件的证券上市申请予以审核同意的，给予警告，没收业务收入，并处以业务收入 1 倍以上 5 倍以下的罚款。对直接负责的主管人员和其他直接责任人员给予警告，并处以 3 万元以上 30 万元以下的罚款。证券服务机构未勤勉尽责，所制作、出具的文件有虚假记载、误导性陈述或者重大遗漏的，责令改正，没收业务收入，暂停或者撤销证券服务业务许可，并处以业务收入 1 倍以上 5 倍以下的罚款。对直接负责的主管人员和其他直接责任人员给予警告，撤销证券从业资格，并处以 3 万元以上 10 万元以下的罚款。

第九，国务院证券监督管理机构或者国务院授权的部门承担的行政责任。它们如果有下列情形之一的，对直接负责的主管人员和其他直接责任人员，依法给予行政处分：①对不符合《证券法》规定的发行证券、设立证券公司等申请予以核准、批准的；②违反规定采取《证券法》第180条规定的现场检查、调查取证、查询、冻结或者查封等措施的；③违反规定对有关机构和人员实施行政处罚的；④其他不依法履行职责的行为。证券监督管理机构的工作人员和发行审核委员会的组成人员，不履行《证券法》规定的职责，滥用职权、玩忽职守，利用职务便利牟取不正当利益，或者泄露所知悉的有关单位和个人的商业秘密的，依法追究法律责任。

【实务指南】 证券行政责任的追究

实务中，对证券违法行为行政责任的追究，还需要依据《行政处罚法》的有关规定。可以由中国证监会或者其派出机构立案进行调查，案情既可以由监管部门自己发现，也可以通过举报发现。监管部门发现符合《证券法》、《行政处罚法》以及相关法规规定的违法证券行为的，应当组成调查组。调查组由2名以上工作人员参加，也可以聘请有证券从业资格的中介机构的工作人员对专门问题进行鉴定。调查人员进行调查时，应出具案件稽查专用介绍公函，出示有效工作（执法）证件，并讲明调查的性质、调查人员的职权和纪律，以及被调查人的法定义务。调查应围绕立案调查事项全面进行，收集与案件有关的证据资料。根据《证券法》第180条的规定，调查人员在调查过程中，有权采取以下措施：①进入涉嫌违法行为发生场所调查取证；②询问当事人和与被调查事件有关的单位和个人，要求其对与被调查事件有关的事项作出说明；③查阅、复制当事人和与被调查事件有关的单位和个人的证券交易记录、登记过户记录、财务会计资料及其他相关文件和资料；对可能被转移、隐匿或者毁损的文件和资料，可以予以封存；④查询当事人和与被调查事件有关的单位和个人的资金账户、证券账户和银行账户；对有证据表明有转移或者隐匿违法资金、证券迹象的，可以申请司法机关予以冻结或者重封。此外，在调查操纵证券市场、内幕交易等重大证券违法行为时，经国务院证券监督管理机构主要负责人批准，可以限制被调查事件当事人的证券买卖，但限制的期限不得超过15个交易日；案情复杂的，可以延长15个交易日。

调查人员依法履行职责，被检查、调查的单位和个人应当配合，如实提供有关文件和资料，不得拒绝、阻碍和隐瞒。以暴力、威胁方法阻碍调查人行使职权的，依法追究刑事责任；拒绝、阻碍调查人员依法行使职权未使用暴力、威胁方法的，依照有关规定进行处罚。

案件调查结束后，调查组根据调查取得的证据，依据有关法律、法规和规章的规定，对案件事实加以认定并对相关责任主体责任定性提出意见，形成调查终结报告，连同相关证据一起报中国证监会。

中国证监会对证券（以及期货）违法违规案件统一作出行政处罚。处罚决

第六章

定作出之前，依据《行政处罚法》的有关规定进行告知。对处罚意见不服的，可以向中国证监会提出听证或申辩；对处罚决定不服的，可以向中国证监会提出行政复议；对处罚决定或行政复议结果不服的，可以向司法机关提出行政诉讼。

【拓展思考】　证券行政责任的完善

中国证监会履行的行政处罚职能是其在信息公开职能之外的又一大职能，也是法律对证券市场进行控制的直接体现。从《证券法》第十一章的规定看，行政责任的形式较多，非常灵活，监管部门在选择适用的时候也有较大的裁量权。这种灵活性固然适应了证券违法行为形态、程度的多样化，不过也容易导致裁量权行使的任意性。例如，实践中主要以"罚款"作为行政责任的形式，甚至用"罚款"取代了其他责任形式。对于罚款，法律规定有幅度，弹性也比较大。更何况，如果是对上市公司进行罚款，最后还是由投资者来承担损失。因此如何进一步促进行政责任的完善化，切实增大行为人的违法成本，增强证券监管的效能是很值得深入研究的课题。

【法律法规链接】　《证券法》第十章"证券监督管理机构"、第十一章"法律责任"，《行政处罚法》。

二、证券违法行为的刑事责任

【基本理论】　承担证券刑事责任的具体情形

修正后的《证券法》没有规定什么情况下当事人承担证券违法行为的刑事责任。我国《证券法》第 231 条规定："违反本法规定，构成犯罪的，依法追究刑事责任。"所以，证券违法行为的刑事责任问题交由刑法来解决，这也符合刑法罪刑法定的基本原则。根据 1997 修正的《刑法》，以及 2006 年 6 月 29 日第十届全国人民代表大会常务委员会第二十二次会议通过的《中华人民共和国刑法修正案（六）》，目前证券违法行为构成犯罪并应当承担刑事责任的有九种情况，具体包括：

第一，违反信息公开义务方面的犯罪，包括《刑法》第 160 条规定的"欺诈发行股票、债券罪"：在招股说明书、认股书、公司、企业债券募集办法中隐瞒重要事实或者编造重大虚假内容，发行股票或者公司、企业债券，数额巨大、后果严重或者有其他严重情节的，处 5 年以下有期徒刑或者拘役，并处或者单处非法募集资金金额 1% 以上 5% 以下罚金。单位犯此罪的，对单位判处罚金，并对其直接负责的主管人员和其他直接责任人员，处 5 年以下有期徒刑或者拘役。《刑法》第 161 条规定的"违规披露、不披露重要信息罪"：依法负有信息披露义务的公司、企业向股东和社会公众提供虚假的或者隐瞒重要事实的财务会计报告，或者对依法应当披露的其他重要信息不按照规定披露，严重损害股东或者其他人利益，或者有其他严重情节的，对其直接负责的主管人员和其他直接责任人员，处 3 年以下有期徒刑或者拘役，并处或者单处 2 万元以上 20 万元以下罚金。《刑法》第 229 条规定的"中介组织提供虚假证明文件罪出具证明文件重大失实罪"：承担资产评估、验资、验证、会计、审计、法律服务等职责的中介组织的人员故意提供虚假证明文件，情节严重的，处 5 年以下有期徒刑或者拘役，并处罚金。上述人员，索取他人财物或者非法收受他人财物，犯此罪的，处 5 年以上 10 年以下有期徒刑，并处罚金。上述人员，严重不负责任，出具的证明文件有重大失实，造成严重后果的，处 3 年以下有期徒刑或者拘役，并处或者单处罚金。

第二，董事、监事、高级管理人员违背对公司的忠实义务的犯罪，即"背信损害上市公司利益罪"。2006 年 6 月 29 日第十届全国人民代表大会常务委员会第二十二次会议通过的《中华人民共和国刑法修正案（六）》增加"第 169 条之一"：上市公司的董事、监事、高级管理人员违背对公司的忠实义务，利用职务便利，操纵上市公司从事下列行为之一，致使上市公司利益遭受重大损失的，处 3 年以下有期徒刑或者拘役，并处或者单处罚金；致使上市公司利益遭受特别重大损失的，处 3 年以上 7 年以下有期徒刑，并处罚金：①无偿向其他单位或者个人提供资金、商品、服务或者其他资产的；②以明显不公平的条件，提供或者接受资金、商品、服务或者其他资产的；③向明显不具有清偿能力的单位或者个人提供资金、商品、服务或者其他资产的；④为明显不具有清偿能力的单位或者个人提供担保，或者无正当理由为其他单位或者个人提供担保的；⑤无正当理由放弃债权、承担债务的；⑥采用其他方式损害上市公司利益的。上市公司的控股股东或者实际控制人，指使上市公司董事、监事、高级管理人员实施上述行为的，依照上述规定处罚。犯此罪的上市公司的控股股东或者实际控制人是单位的，对单位判处罚金，并对其直接负责的主管人员和其他直接责任人员，依照上述规定处罚。

第三，伪造、变造有价证券方面的犯罪，即《刑法》第 178 条第 2、3 款规定的"伪造、变造股票、公司、企业债券罪"：伪造、变造股票或者公司、企业债券，数额较大的，处 3 年以下有期徒刑或者拘役，并处或者单处 1 万元以上 10 万元以下罚金；数额巨大的，处 3 年以上 10 年以下有期徒刑，并处 2 万元以上 20 万元以下罚金。单位犯此罪的，对单位判处罚金，并对其直接负责的主管人员和其他直接责任人员，依照上述规定处罚。

第四，擅自发行证券方面的犯罪，即《刑法》第 179 条"擅自发行股票、公司、企业债券罪"：未经国家有关主管部门批准，擅自发行股票或者公司、企业债券，数额巨大、后果严重或者有其他严重情节的，处5年以下有期徒刑或者拘役，并处或者单处非法募集资金金额1%以上5%以下罚金。单位犯此罪的，对单位判处罚金，并对其直接负责的主管人员和其他直接责任人员，处5年以下有期徒刑或者拘役。

第五，内幕交易方面的犯罪，即《刑法》第180条规定的"内幕交易、泄露内幕信息罪"：证券交易内幕信息的知情人员或者非法获取证券交易内幕信息的人员，在涉及证券的发行、交易或者其他对证券交易价格有重大影响的信息尚未公开前，买入或者卖出该证券，或者泄露该信息，情节严重的，处5年以下有期徒刑或者拘役，并处或者单处违法所得1倍以上5倍以下罚金；情节特别严重的，处5年以上10年以下有期徒刑，并处违法所得1倍以上5倍以下罚金。单位犯此罪的，对单位判处罚金，并对其直接负责的主管人员和其他直接责任人员，处5年以下有期徒刑或者拘役。内幕信息、知情人员的范围，依照法律、行政法规的规定确定。

第六，操纵市场方面的犯罪，即《刑法》第182条规定的"操纵证券、期货市场罪"：有下列情形之一，操纵证券、期货市场，情节严重的，处5年以下有期徒刑或者拘役，并处或者单处罚金；情节特别严重的，处5年以上10年以下有期徒刑，并处罚金：①单独或者合谋，集中资金优势、持股或者持仓优势或者利用信息优势联合或者连续买卖，操纵证券、期货交易价格或者证券、期货交易量的；②与他人串通，以事先约定的时间、价格和方式相互进行证券、期货交易，影响证券、期货交易价格或者证券、期货交易量的；③在自己实际控制的账户之间进行证券交易，或者以自己为交易对象，自买自卖期货合约，影响证券、期货交易价格或者证券、期货交易量的；④以其他方法操纵证券、期货市场的。单位犯此罪的，对单位判处罚金，并对其直接负责的主管人员和其他直接责任人员，依照上述规定处罚。

第七，证券欺诈方面的犯罪，包括《刑法》第181条第1款规定的"编造并传播证券交易虚假信息罪"：编造并且传播影响证券交易的虚假信息，扰乱证券交易市场，造成严重后果的，处5年以下有期徒刑或者拘役，并处或者单处1万元以上10万元以下罚金。《刑法》第181条第2款规定的"诱骗投资者买卖证券罪"：证券交易所、证券公司的从业人员，证券业协会或者证券管理部门的工作人员，故意提供虚假信息或者伪造、变造、销毁交易记录，诱骗投资者买卖证券，造成严重后果的，处5年以下有期徒刑或者拘役，并处或者单处1万元以上10万元以下罚金；情节特别恶劣的，处5年以上10年以下有期徒刑，并处2万元以上20万元以下罚金。《刑法》第197条规定的"有价证券诈骗罪"：使用伪造、变造的国库券或者国家发行的其他有价证券，进行诈骗活动，数额较大的，处 5 年以下有期徒刑或者拘役，并处 2 万元以上 20 万元以下罚金；数额巨大或者有其他严重情节的，处 5 年以上 10 年以下有期徒刑，并处 5 万元以上 50 万元以下罚金；数额特别巨大或者有其他特别严重情节的，处 10 年以上有期徒刑或者无期徒刑，并处 5 万元以上 50 万元以下罚金或者没收财产。

　　第八，背信运用受托财产方面的犯罪。2006 年 6 月 29 日第十届全国人民代表大会常务委员会第二十二次会议通过的《中华人民共和国刑法修正案（六）》增加"第 185 条之①"规定：商业银行、证券交易所、期货交易所、证券公司、期货经纪公司、保险公司或者其他金融机构，违背受托义务，擅自运用客户资金或者其他委托、信托的财产，情节严重的，对单位判处罚金，并对其直接负责的主管人员和其他直接责任人员，处 3 年以下有期徒刑或者拘役，并处 3 万元以上 30 万元以下罚金；情节特别严重的，处 3 年以上 10 年以下有期徒刑，并处 5 万元以上 50 万元以下罚金。社会保障基金管理机构、住房公积金管理机构等公众资金管理机构，以及保险公司、保险资产管理公司、证券投资基金管理公司，违反国家规定运用资金的，对其直接负责的主管人员和其他直接责任人员，依照上述规定处罚。

　　第九，反洗钱方面的犯罪。2006 年 6 月 29 日第十届全国人民代表大会常务委员会第二十二次会议通过的《中华人民共和国刑法修正案（六）》将《刑法》第 191 条第 1 款修改为："明知是毒品犯罪、黑社会性质的组织犯罪、恐怖活动犯罪、走私犯罪、贪污贿赂犯罪、破坏金融管理秩序犯罪、金融诈骗犯罪的所得及其产生的收益，为掩饰、隐瞒其来源和性质，有下列行为之一的，没收实施以上犯罪的所得及其产生的收益，处 5 年以下有期徒刑或者拘役，并处或者单处洗钱数额 5% 以上 20% 以下罚金；情节严重的，处 5 年以上 10 年以下有期徒刑，并处洗钱数额 5% 以上 20% 以下罚金：①提供资金账户的；②协助将财产转换为现金、金融票据、有价证券的；③通过转账或者其他结算方式协助资金转移的；④协助将资金汇往境外的；⑤以其他方法掩饰、隐瞒犯罪所得及其收益的来源和性质的。"国家反洗钱行政主管部门是中国人民银行，主要负责组织协调全国的反洗钱工作。在国家层面，还有公安部、外交部、最高人民法院、最高人民检察院、中国银监会、中国证监会、中国保监会等 23 个部门参与的反洗钱工作部际联席会议。全国各省、自治区、直辖市和大连、青岛、宁波、厦门、深圳也建立了相应的联席会议制度。中国证监会制定了相关的规则，例如要求客户开立基金账户，开立、挂失、注销证券账户，申请、挂失、注销期货交易编码，签订期货经纪合同，转托管，办理或撤销指定交易，挂失交易密码，修改基本身份信息等资料，开通网上交易、电话交易等业务时，应出示有效身份证件或其他身份证明文件，并填写基本身份信息。再如当客户要求变更姓名或名称、身份证件或身份证明文件种类、身份证件号码、注册资本、经营范围、法定代表人或负责人等信息时，金融机构应当重新识别客户，客户应向金融机构出示相关信息。"2008年7月1日起施行的《证券公司定向资产管理业务实施细则（试行）》第15条规定："客户应当以真实身份参与定向资产管理业务，委托资产的来源、用途应当符合法律法规的规定，客户应当在定向资产管理合同中对此作出明确承诺。客户未作承诺，或者证券公司明知客户身份不真实、委托资产来源或者用途不合法，证券公司不得为其办理定向资产管理业务。自然人不得用筹集的他人资金参与定向资产管理业务。法人或者依法成立的其他组织用筹集的资金参与定向资产管理业务的，应当向证券公司提供合法筹集资金证明文件；未提供证明文件的，证券公司不得为其办理定向资产管理业务。证券公司发现客户委托资产涉嫌洗钱的，应当按照《中华人民共和国反洗钱法》和相关规定履行报告义务。"2008年7月1日起施行的《证券公司集合资产管理业务实施细则（试行）》第22条规定："客户应当以真实身份参与集合计划，委托资金的来源、用途应当符合法律法规的规定，客户应当在集合资产管理合同中对此作出明确承诺。客户未作承诺，或者证券公司、代理推广机构明知客户身份不真实、委托资金来源或者用途不合法的，证券公司、代理推广机构不得接受其参与集合计划。自然人不得用筹集的他人资金参与集合计划。法人或者依法成立的其他组织用筹集的资金参与集合计划的，应当向证券公司、代理推广机构提供合法筹集资金的证明文件；未提供证明文件的，证券公司、代理推广机构不得接受其参与集合计划。证券公司、代理推广机构发现客户委托资金涉嫌洗钱的，应当按照《中华人民共和国反洗钱法》和相关规定履行报告义务。"

　　第十，滥用职务便利、职权方面的犯罪，即《刑法》第163条规定的："公司、企业或者其他单位的工作人员利用职务上的便利，索取他人财物或者非法收受他人财物，为他人谋取利益，数额较大的，处5年以下有期徒刑或者拘役；数额巨大的，处5年以上有期徒刑，可以并处没收财产。公司、企业或者其他单位的工作人员在经济往来中，利用职务上的便利，违反国家规定，收受各种名义的回扣、手续费，归个人所有的，依照前款的规定处罚。国有公司、企业或者其他国有单位中从事公务的人员和国有公司、企业或者其他国有单位委派到非国有公司、企业以及其他单位从事公务的人员有前两款行为的，依照本法第385条、第386条的规定定罪处罚。"《刑法》第403条第1款规定的"滥用管理公司、证券职权罪"：国家有关主管部门的国家机关工作人员，徇私舞弊，滥用职权，对不符合法律规定条件的公司设立、登记申请或者股票、债券发行、上市申请，予以批准或者登记，致使公共财产、国家和人民利益遭受重大损失的，处 5 年以下有期徒刑或者拘役。

【实务指南】 证券违法行为刑事责任应用的具体化

最高人民检察院、公安部于 2008 年 3 月 5 日联合印发《最高人民检察院、公安部关于经济犯罪案件追诉标准的补充规定》，对违规披露、不披露重要信息，背信损害上市公司利益，内幕交易、泄露内幕信息，操纵证券、期货市场，背信运用受托财产等五类证券、期货犯罪案件的追诉标准作了明确规定，进一步明确了相关证券、期货犯罪罪与非罪的界限：

第一，对《刑法》第 161 条"违规披露、不披露重要信息"案规定：依法负有信息披露义务的公司、企业向股东和社会公众提供虚假的或者隐瞒重要事实的财务会计报告，或者对依法应当披露的其他重要信息不按照规定披露，涉嫌下列情形之一的，应予追诉：①造成股东、债权人或者其他人直接经济损失数额累计在 50 万元以上的；②虚增或者虚减资产达到当期披露的资产总额 30% 以上的；③虚增或者虚减利润达到当期披露的利润总额 30% 以上的；④未按规定披露的重大诉讼、仲裁、担保、关联交易或者其他重大事项所涉及的数额或者连续 12 个月的累计数额占净资产 50% 以上的；⑤致使公司发行的股票、公司债券或者国务院依法认定的其他证券被终止上市交易或者多次被暂停上市交易的；⑥致使不符合发行条件的公司、企业骗取发行核准并且上市交易的；⑦在公司财务会计报告中将亏损披露为盈利，或者将盈利披露为亏损的；⑧多次提供虚假的或者隐瞒重要事实的财务会计报告，或者多次对依法应当披露的其他重要信息不按照规定披露的；⑨其他严重损害股东、债权人或者其他人利益，或者有其他严重情节的。

第二，对《刑法》第 169 条之 1 "背信损害上市公司利益"案规定：上市公司的董事、监事、高级管理人员违背对公司的忠实义务，利用职务便利，操纵上市公司从事损害上市公司利益的行为，以及上市公司的控股股东或者实际控制人，指使上市公司的董事、监事、高级管理人员实施损害上市公司利益的行为，涉嫌下列情形之一的，应予追诉：①无偿向其他单位或者个人提供资金、商品、服务或者其他资产，致使上市公司直接经济损失数额在 150 万元以上的；②以明显不公平的条件，提供或者接受资金、商品、服务或者其他资产，致使上市公司直接经济损失数额在 150 万元以上的；③向明显不具有清偿能力的单位或者个人提供资金、商品、服务或者其他资产，致使上市公司直接经济损失数额在 150 万元以上的；④为明显不具有清偿能力的单位或者个人提供担保，或者无正当理由为其他单位或者个人提供担保，致使上市公司直接经济损失数额在 150 万元以上的；⑤无正当理由放弃债权、承担债务，致使上市公司直接经济损失数额在 150 万元以上的；⑥致使公司发行的股票、公司债券或者国务

第
六
章

院依法认定的其他证券被终止上市交易或者多次被暂停上市交易的；⑦其他致使上市公司利益遭受重大损失的。

第三，对《刑法》第 180 条"内幕交易、泄露内幕信息"案规定：证券、期货交易内幕信息的知情人员、单位或者非法获取证券、期货交易内幕信息的人员、单位，在涉及证券的发行，证券、期货交易或者其他对证券、期货交易价格有重大影响的信息尚未公开前，买入或者卖出该证券，或者从事与该内幕信息有关的期货交易，或者泄露该信息，涉嫌下列情形之一的，应予追诉：①买入或者卖出证券，或者泄露内幕信息使他人买入或者卖出证券，成交额累计在 50 万元以上的；②买入或者卖出期货合约，或者泄露内幕信息使他人买入或者卖出期货合约，占用保证金数额累计在 30 万元以上的；③获利或者避免损失数额累计在 15 万元以上的；④多次进行内幕交易、泄露内幕信息的；⑤有其他严重情节的。

第四，对《刑法》第 182 条"操纵证券、期货市场"案规定：操纵证券、期货市场，涉嫌下列情形之一的，应予追诉：①单独或者合谋，持有或者实际控制证券的流通股份数达到该证券的实际流通股份总量30%以上，且在该证券连续 20 个交易日内联合或者连续买卖股份数累计达到该证券同期总成交量30%以上的；②单独或者合谋，持有或者实际控制期货合约的数量超过期货交易所业务规则限定的持仓量50%以上，且在该期货合约连续 20 个交易日内联合或者连续买卖期货合约数累计达到该期货合约同期总成交量30%以上的；③与他人串通，以事先约定的时间、价格和方式相互进行证券或者期货合约交易，且在该证券或者期货合约连续 20 个交易日内成交量累计达到该证券或者期货合约同期总成交量20%以上的；④在自己实际控制的账户之间进行证券交易，或者以自己为交易对象，自买自卖期货合约，且在该证券或者期货合约连续 20 个交易日内成交量累计达到该证券或者期货合约同期总成交量20%以上的；⑤单独或者合谋，当日连续申报买入或者卖出同一证券、期货合约并在成交前撤回申报，撤回申报量占当日该种股票总申报量或者该种期货合约总申报量50%以上的；⑥上市公司及其董事、监事、高级管理人员、实际控制人、控股股东或者其他关联人单独或者合谋，利用信息优势，操纵该公司证券交易价格或者证券交易量的；⑦有其他严重情节的。

第五，对《刑法》第 185 条之 1"背信运用受托财产"案规定：商业银行、证券交易所、期货交易所、证券公司、期货公司、保险公司或者其他金融机构，违背受托义务，擅自运用客户资金或者其他委托、信托的财产，涉嫌下列情形之一的，应予追诉：①擅自运用客户资金或者其他委托、信托的财产数额累计在 30 万元以上的；②虽未达到上述数额标准，但多次擅自运用客户资金或者其他委托、信托的财产，或者擅自运用多个客户资金或者其他委托、信托的财产的；③有其他严重情节的。

【拓展思考】　证券犯罪刑事责任的意义

马克思曾深刻地指出，"一旦有适当的利润，资本就胆大起来……有50%的利润，它就铤而走险；为了100%的利润，它就敢践踏一切人间法律；有300%的利润，它就敢犯任何罪行，甚至冒着绞首的危险。如果动乱和纷争能带来利润，他就会鼓励动乱和纷争。"证券犯罪是严重的证券违法行为，构成证券犯罪就意味着要承担最为严厉的法律责任——刑事责任。刑事责任是违法行为人对国家承担的责任，其存在对于维护证券市场的交易秩序、保护投资者利益具有举足轻重的作用。随着我国资本市场的快速发展，有关证券的违法犯罪行为在形式上、手段上都较从前有了很大的变化。前述《刑法修正案（六）》是应这种证券违法行为的新变化而制定的，而《最高人民检察院、公安部关于经济犯罪案件追诉标准的补充规定》则对"情节严重"、"遭受重大损失"等进行了细化规定，明确了对相关证券违法行为的定罪标准。虽然《证券法》是商事特别法，属于私法范畴，但是鉴于证券法律责任体系的完整性，我们也必须掌握刑法对于证券犯罪的最新和完整的规定。

【法律法规链接】　《证券法》第231条，《刑法》第160、161、178～182、197、403条，2006年6月29日第十届全国人民代表大会常务委员会第二十二次会议通过的《中华人民共和国刑法修正案（六）》。

第二节　证券违法行为的民事责任

一、对证券违法行为确立民事责任的意义

【基本理论】　证券违法行为民事责任的意义

《证券法》第232条规定："违反本法规定，应当承担民事赔偿责任和缴纳罚款、罚金，其财产不足以同时支付时，先承担民事赔偿责任。"该条既认可了对证券违法行为追究民事责任的可能性，也赋予了民事赔偿责任在适用上的优先性。证券违法行为中有一些侵害了投资者的利益，因此需要通过民事责任制度对违法者进行民事制裁，给投资者以补偿。著名的公司法专家何美欢教授曾指出："在公司法及证券法领域，个人诉讼特别优胜之处是其威慑作用。"[1] 证

[1]　何美欢：《公众公司及其股权证券》（中），北京大学出版社1999年版，第1099页。

券民事责任是通过个案对侵害行为人施以巨额金钱之负担，剥夺违法者的非法利益，使违法行为人能够在事先通过计算违法成本而不敢或者没有能力、资格去违法。例如，行为人虚假陈述、操纵市场的动机是想要获得不当利益；但是如果这些行为需要他自己付出沉重的代价，这种法律的控制手段比行政处罚乃至于刑罚都更有"切肤之痛"。此外，民事责任的适用与行政责任和刑事责任并行不悖，如《民法通则》第110条规定："对承担民事责任的公民、法人需要追究行政责任的，应当追究行政责任；构成犯罪的，对公民、法人的法定代表人应当追究刑事责任。"所以，民事责任与行政责任、刑事责任共同组成了完整的证券违法行为责任体系。法律责任体系的严密同样也是证券市场法律控制的基本方法。

对证券违法行为承担民事责任的情形虽然有违约和侵权之分，但在本质上，这些行为都属于对证券市场的不诚信行为或欺诈行为。证券市场能够吸引投资者进行投资，是因为证券市场是一个值得投资者信赖的场所，证券市场上的各个参与者都按既成的、公开和公平的规则进行活动。只有在这样正常的游戏规则下，投资者愿赌服输。证券市场的各种违法行为，就是对正常交易规则的破坏行为，也是对投资者信任的破坏。如果证券违法行为在后果上导致投资者利益的损失，那么投资者就有权按民事责任获得利益的补偿。

【实务指南】 对证券违法行为承担民事责任的具体情形

根据我国《证券法》的规定，并非所有的证券违法行为都适用民事责任。具体适用民事责任的情形有两大类：一是证券公司等市场主体对客户承担的违约责任；二是违法行为人对投资者承担的侵权责任。

证券公司与客户存在委托关系，应以合同来约束证券公司的行为。凡证券公司违反合同约定的义务，都应当向客户承担违约责任。例如《证券法》第44条规定："证券交易所、证券公司、证券登记结算机构必须依法为客户开立的账户保密。"第79条规定："禁止证券公司及其从业人员从事下列损害客户利益的欺诈行为……欺诈客户行为给客户造成损失的，行为人应当依法承担赔偿责任。"第210条规定："证券公司违背客户的委托买卖证券、办理交易事项，或者违背客户真实意思表示，办理交易以外的其他事项的……给客户造成损失的，依法承担赔偿责任。"

至于违法行为人对投资者承担的侵权责任，《证券法》第69条规定："发行人、上市公司公告的招股说明书、公司债券募集办法、财务会计报告、上市报告文件、年度报告、中期报告、临时报告以及其他信息披露资料，有虚假记载、误导性陈述或者重大遗漏，致使投资者在证券交易中遭受损失的，发行人、上市公司应当承担赔偿责任；发行人、上市公司的董事、监事、高级管理人员和其他直接责任人员以及保荐人、承销的证券公司，应当与发行人、上市公司承担连带赔偿责任，但是能够证明自己没有过错的除外；发行人、上市公司的控股股东、实际控制人有过错的，应当与发行人、上市公司承担连带赔偿责任。"第76条规定："证券交易内幕信息的知情人和非法获取内幕信息的人，在内幕信息公开前，不得买卖该公司的证券，或者泄露该信息，或者建议他人买卖该证券。持有或者通过协议、其他安排与他人共同持有公司5%以上股份的自然人、法人、其他组织收购上市公司的股份，本法另有规定的，适用其规定。内幕交易行为给投资者造成损失的，行为人应当依法承担赔偿责任。"第77条规定："禁止任何人以下列手段操纵证券市场：①单独或者通过合谋，集中资金优势、持股优势或者利用信息优势联合或者连续买卖，操纵证券交易价格或者证券交易量；②与他人串通，以事先约定的时间、价格和方式相互进行证券交易，影响证券交易价格或者证券交易量；③在自己实际控制的账户之间进行证券交易，影响证券交易价格或者证券交易量；④以其他手段操纵证券市场。操纵证券市场行为给投资者造成损失的，行为人应当依法承担赔偿责任。"

此外，涉及民事赔偿责任的还有以下五个条款，它们也可以分别归入违约责任或侵权责任：

第一，证券服务机构的民事赔偿责任。《证券法》第171条规定："投资咨询机构及其从业人员从事证券服务业务不得有下列行为：①代理委托人从事证券投资；②与委托人约定分享证券投资收益或者分担证券投资损失；③买卖本咨询机构提供服务的上市公司股票；④利用传播媒介或者通过其他方式提供、传播虚假或者误导投资者的信息；⑤法律、行政法规禁止的其他行为。有前款所列行为之一，给投资者造成损失的，依法承担赔偿责任。"第173条规定："证券服务机构为证券的发行、上市、交易等证券业务活动制作、出具审计报告、资产评估报告、财务顾问报告、资信评级报告或者法律意见书等文件，应当勤勉尽责，对所制作、出具的文件内容的真实性、准确性、完整性进行核查和验证。其制作、出具的文件有虚假记载、误导性陈述或者重大遗漏，给他人造成损失的，应当与发行人、上市公司承担连带赔偿责任，但是能够证明自己没有过错的除外。"

第二，证券公司承销或者代理买卖未经核准擅自公开发行证券的民事赔偿责任。《证券法》第190条规定："证券公司承销或者代理买卖未经核准擅自公开发行的证券的，责令停止承销或者代理买卖，没收违法所得，并处以违法所得1倍以上5倍以下的罚款；没有违法所得或者违法所得不足30万元的，处以30万元以上60万元以下的罚款。给投资者造成损失的，应当与发行人承担连带赔偿责任。对直接负责的主管人员和其他直接责任人员给予警告，撤销任职资格或者证券从业资格，并处以 3 万元以上 30 万元以下的罚款。"

第三，证券公司违法承销活动的民事责任。《证券法》第 191 条规定："证券公司承销证券，有下列行为之一的，责令改正，给予警告，没收违法所得，可以并处 30 万元以上 60 万元以下的罚款；情节严重的，暂停或者撤销相关业务许可。给其他证券承销机构或者投资者造成损失的，依法承担赔偿责任。对直接负责的主管人员和其他直接责任人员给予警告，可以并处 3 万元以上 30 万元以下的罚款；情节严重的，撤销任职资格或者证券从业资格：①进行虚假的或者误导投资者的广告或者其他宣传推介活动；②以不正当竞争手段招揽承销业务；③其他违反证券承销业务规定的行为。"

第四，上市公司收购中收购人或收购人的控股股东的民事赔偿责任。《证券法》第 214 条规定："收购人或者收购人的控股股东利用上市公司收购损害被收购公司及其股东的合法权益的，责令改正，给予警告；情节严重的，并处以 10 万元以上 60 万元以下的罚款。给被收购公司及其股东造成损失的，依法承担赔偿责任。对直接负责的主管人员和其他直接责任人员给予警告，并处以 3 万元以上 30 万元以下的罚款。"

第五，在符合上市公司归入权规定时，相关人员民事赔偿责任。《证券法》第 47 条规定："上市公司董事、监事、高级管理人员、持有上市公司股份 5% 以上的股东，将其持有的该公司的股票在买入后 6 个月内卖出，或者在卖出后 6 个月内又买入，由此所得收益归该公司所有，公司董事会应当收回其所得收益。但是，证券公司因包销购入售后剩余股票而持有 5% 以上股份的，卖出该股票不受 6 个月时间限制。公司董事会不按照前款规定执行的，股东有权要求董事会在 30 日内执行。公司董事会未在上述期限内执行的，股东有权为了公司的利益以自己的名义直接向人民法院提起诉讼。公司董事会不按照第 1 款的规定执行的，负有责任的董事依法承担连带责任。"

【拓展思考】　证券违法行为民事责任的"一般性归责条款"。

民事责任是私法主体之间的责任。我国对证券违法行为是否需要由行为人承担民事责任，目前依然采取了列举式的立法技术。如果没有被立法明确规定，民事责任是无法成立的。并且，即使是规定民事责任的情形，民事责任如何来适用也是一个问题。例如对于虚假陈述，早已经在 1998 年的《证券法》中确定为应当承担民事责任的违法行为，但是直到 2003 年 1 月 9 日最高人民法院发布《关于审理证券市场虚假陈述引发的民事赔偿案件的若干规定》，才对虚假陈述的认定和责任问题作出了操作性较强的规定。而对其他依法需负民事责任的情形目前缺乏具体的施行方法。我们也还应当看到具体列举方式可能挂一漏万，难以适应不断发展的证券市场。因此针对上述列举式立法的片面性，有学者提出应当在《证券法》中设立一个一般性的民事责任条款。我国《民法通则》第106 条第 2 款规定："公民、法人由于过错侵害国家的、集体的财产，侵害他人财产、人身的，应当承担民事责任。"这就是一个一般性的归责条款。在《证券法》中也应设立这样一个一般性的民事责任条款，以最大程度地发挥民事责任对保护投资者利益和维护市场秩序的功能。[1]

【法律法规链接】　《证券法》第十一章"法律责任"，最高人民法院于2002 年 1 月 15 日起施行的《关于受理证券市场因虚假陈述引发的民事侵权纠纷案件有关问题的通知》，最高人民法院于 2003 年 2 月 1 日起施行的《关于审理证券市场因虚假陈述引发的民事赔偿案件的若干规定》）。

二、虚假陈述

【基本理论】　虚假陈述的构成

虚假陈述属于民法中典型的侵权——欺诈，是以虚构的信息对投资者进行诱骗、误导，并造成其投资损失。我国《证券法》第 69 条规定："发行人、上市公司公告的招股说明书、公司债券募集办法、财务会计报告、上市报告文件、年度报告、中期报告、临时报告以及其他信息披露资料，有虚假记载、误导性陈述或者重大遗漏，致使投资者在证券交易中遭受损失的，发行人、上市公司应当承担赔偿责任；发行人、上市公司的董事、监事、高级管理人员和其他直接责任人员以及保荐人、承销的证券公司，应当与发行人、上市公司承担连带赔偿责任，但是能够证明自己没有过错的除外；发行人、上市公司的控股股东、实际控制人有过错的，应当与发行人、上市公司承担连带赔偿责任。"该规定所构建的就是虚假陈述的民事责任。我国 1998 年通过的《证券法》实际上已经明确赋予了投资者在遭受虚假陈述时的损害赔偿请求权。最高人民法院于 2003 年2 月 1 日施行的《关于审理证券市场因虚假陈述引发的民事赔偿案件的若干规定》（下称《规定》），对虚假陈述引发的民事赔偿问题作出了规定。主要有以下几个方面：

第一，虚假陈述民事责任的责任承担者。证券市场虚假陈述民事赔偿案件的被告，应当是虚假陈述行为人，包括：①发起人、控股股东等实际控制人；②发行人或者上市公司；③证券承销商；④证券上市推荐人；⑤会计师事务所、律师事务所、资产评估机构等专业中介服务机构；⑥上述②～④项所涉单位中负有责任的董事、监事和经理等高级管理人员以及⑤项中直接责任人。这些

---

〔1〕　张明远：《证券投资损害诉讼救济论》，法律出版社 2002 年版，第 31 页。

"虚假陈述行为人"其实都是在证券法中承担信息真实义务的人。

第二，虚假陈述的认定。虚假陈述是指信息披露义务人违反证券法律规定，在证券发行或者交易过程中，对重大事件作出违背事实真相的虚假记载、误导性陈述，或者在披露信息时发生重大遗漏、不正当披露信息的行为。重大事件应当是会影响投资者投资判断的事件。虚假记载，是指信息披露义务人在披露信息时，将不存在的事实在信息披露文件中予以记载的行为。误导性陈述，是指虚假陈述行为人在信息披露文件中或者通过媒体，作出使投资人对其投资行为发生错误判断并产生重大影响的陈述。重大遗漏，是指信息披露义务人在信息披露文件中，未将应当记载的事项完全或者部分予以记载。不正当披露，是指信息披露义务人未在适当期限内或者未以法定方式公开披露应当披露的信息。总体看来，虚假陈述导致民事责任承担的前提是虚假陈述的内容具有重大性，这一点是与其他侵权民事责任最大的差别之处。

第三，虚假陈述与损害的因果关系认定。投资人具有以下情形的，人民法院应当认定虚假陈述与损害结果之间存在因果关系：①投资人所投资的是与虚假陈述直接关联的证券；②投资人在虚假陈述实施日及以后，至揭露日或者更正日之前买入该证券；③投资人在虚假陈述揭露日或者更正日及以后，因卖出该证券发生亏损，或者因持续持有该证券而产生亏损。《规定》第19条规定，被告举证证明原告具有以下情形的，人民法院应当认定虚假陈述与损害结果之间不存在因果关系：①在虚假陈述揭露日或者更正日之前已经卖出证券；②在虚假陈述揭露日或者更正日及以后进行的投资；③明知虚假陈述存在而进行的投资；④损失或者部分损失是由证券市场系统风险等其他因素所导致；⑤属于恶意投资、操纵证券价格的。

虚假陈述引起的民事责任中，因果关系的认定与其他民事责任相差较大。该《规定》中对因果关系认定方法，采用了世界上公认的"市场欺诈"理论和"信赖推定"原则。这一理论和原则的含义是指：虚假陈述行为的发生，欺诈的是整个证券市场；投资人因相信证券市场是真实的以及证券价格是公正的而投资，其无须证明自己信赖了虚假陈述行为才进行投资；只要证明其所投资的证券价格受到虚假陈述行为的影响而不公正，即可认为投资人的损失与虚假陈述行为之间存在因果关系。按照这一理论，投资人无须提供自己的损失与虚假陈述之间存在因果关系的证据，极大方便了投资人诉讼，也有利于投资人胜诉。

第四，归责与免责事由。总体看来，该《规定》确定了三种归责原则：①发起人、发行人或者上市公司承担无过错责任。除非他们能证明投资人具有该《规定》第19条列明的无因果关系情形或者超过诉讼时效，皆应对与其虚假陈述行为有因果关系的投资损失承担赔偿责任。②对发行人、上市公司负有责任的董事、监事和经理等高级管理人员，证券承销商、上市推荐人及其负有责任的董事、监事和经理等高级管理人员，专业服务机构及其直接责任人员承担的是过错推定责任。如果他们能够证明自己没有过错、已经尽到了勤勉和恪尽职守或相当注意的义务；以及证明投资人具有该《规定》第 19 条列明的无因果关系情形或者已经超过诉讼时效就可以免责。③其他作出虚假陈述的机构或自然人承担过错责任。须由投资人证明他们有过错才承担赔偿责任。

　　第五，投资人损失的认定。如果因虚假陈述导致证券被停止发行的，投资人有权要求返还和赔偿所缴股款及银行同期活期存款利率的利息。除此以外，以投资人因虚假陈述而实际发生的损失为限。投资人的实际损失包括：投资差额损失；投资差额损失部分的佣金和印花税。在基准日及以前卖出证券的，其投资差额损失，以买入证券平均价格与实际卖出证券平均价格之差，乘以投资人所持证券数量计算。投资人在基准日之后卖出或者仍持有证券的，其投资差额损失，以买入证券平均价格与虚假陈述揭露日或者更正日起至基准日期间，每个交易日收盘价的平均价格之差，乘以投资人所持证券数量计算。"基准日"应按该《规定》第 33 条确定。此外，投资人持股期间基于股东身份取得的收益，包括红利、红股、公积金转增所得的股份以及投资人持股期间出资购买的配股、增发股和转配股，不得冲抵虚假陈述行为人的赔偿金额；已经除权的证券，计算投资差额损失时，证券价格和证券数量应当复权计算。

　　【实务指南】　虚假陈述民事赔偿案件的诉讼问题

　　1998 年 12 月 14 日，中国首例股民状告上市公司虚假陈述赔偿案在上海浦东新区法院受理，引起社会各界的广泛关注。原告姜某诉被告"红光实业"全体董事及有关中介机构损害赔偿，1999 年 3 月 30 日，法院以"原告的损失与被告的违规行为之间无必然的因果关系，原告所述其股票纠纷案件不属于人民法院受理范围"为由，依照民事诉讼法第 108 条、第 140 条第 1 款第 3 项的规定，裁定驳回原告的起诉，原告未在上诉期限内上诉。[1] 随后，有关"红光实业"虚假陈述的若干起损害赔偿的民事诉讼，均被驳回起诉。直至 2002 年 1 月 15 日，最高人民法院发布《关于受理证券市场因虚假陈述引发的民事侵权纠纷案件有关问题的通知》后，才有条件地开放受理因虚假陈述引发的证券民事侵权纠纷案件。该通知规定了以下几个问题：

　　第一，虚假陈述民事赔偿案件，是指证券市场上证券信息披露义务人违反《中华人民共和国证券法》规定的信息披露义务，在提交或公布的信息披露文件

---

〔1〕　薛峰："有关证券市场典型案例的启示"，载《人民法院报》2001 年 10 月 11 日。

中作出违背事实真相的陈述或记载，侵犯了投资者合法权益而发生的民事侵权索赔案件。

第二，人民法院受理的虚假陈述民事赔偿案件，其虚假陈述行为，须经中国证券监督管理委员会及其派出机构调查并作出生效处罚决定。当事人依据查处结果作为提起民事诉讼事实依据的，人民法院方予依法受理。

第三，虚假陈述民事赔偿案件的诉讼时效为2年，从中国证券监督管理委员会及其派出机构对虚假陈述行为作出处罚决定之日起计算。

第四，对于虚假陈述民事赔偿案件，人民法院应当采取单独或者共同诉讼的形式予以受理，不宜以集团诉讼的形式受理。

第五，各直辖市、省会市、计划单列市或经济特区中级人民法院为一审管辖法院；地域管辖采用原告就被告原则，统一规定为：①对含有上市公司在内的被告提起的民事诉讼，由上市公司所在直辖市、省会市、计划单列市或经济特区中级人民法院管辖。②对以机构（指作出虚假陈述的证券公司、中介服务机构等）和自然人为共同被告提起的民事诉讼，由机构所在直辖市、省会市、计划单列市或经济特区中级人民法院管辖。③对以数个机构为共同被告提起的民事诉讼，原告可以选择向其中一个机构所在直辖市、省会市、计划单列市或经济特区中级人民法院提起民事诉讼。原告向两个以上中级人民法院提起民事诉讼的，由最先立案的中级人民法院管辖。

该通知要求人民法院只受理证券市场因虚假陈述引发的民事侵权纠纷。受理此类案件的前置程序，即虚假陈述行为必须经中国证券监督管理委员会及其派出机构调查并作出生效处罚决定，且当事人得以查处结果作为提起民事诉讼的事实依据。设立前置程序有实际必要，还可以解决原告在起诉阶段难以取得相应的证据的困难。

除了最高人民法院发布的《关于受理证券市场因虚假陈述引发的民事侵权纠纷案件有关问题的通知》，后来最高人民法院还发布了《关于审理证券市场因虚假陈述引发的民事赔偿案件的若干规定》、《关于审理涉及会计师事务所在审计业务活动中民事侵权赔偿案件的若干规定》，这三个司法解释规定，凡由中国证监会、财政部及其他行政机关作出的行政处罚决定，或者根据法院判决生效并认定有罪的刑事判决书，权益受损的投资者均可以此提起虚假陈述证券民事赔偿案诉讼。最高人民法院在《民事案件案由规定（试行）》中，已规定有虚假证券信息纠纷的案由。截至2008年3月4日，尚在诉讼时效内并存在虚假陈述行为的上市公司有45家（包括科龙电器、杭萧钢构）。从2002年以来，各地中级法院受理了涉及33家上市公司的虚假陈述民事赔偿案件，总标的约7亿~8

亿元，涉及股民近 1 万人，目前，80% 以上的案件都得到顺利解决。[1]

【拓展思考】 虚假陈述中的连带责任

我国《证券法》第 69 条规定："发行人、上市公司公告的招股说明书、公司债券募集办法、财务会计报告、上市报告文件、年度报告、中期报告、临时报告以及其他信息披露资料，有虚假记载、误导性陈述或者重大遗漏，致使投资者在证券交易中遭受损失的，发行人、上市公司应当承担赔偿责任；发行人、上市公司的董事、监事、高级管理人员和其他直接责任人员以及保荐人、承销的证券公司，应当与发行人、上市公司承担连带赔偿责任，但是能够证明自己没有过错的除外；发行人、上市公司的控股股东、实际控制人有过错的，应当与发行人、上市公司承担连带赔偿责任。"其中所规定的发行人、上市公司的董事、监事、高级管理人员和其他责任人员与发行人、上市公司承担的连带责任，是一种法定的连带责任。这种董事等的连带责任符合公司法的一般原理，在其他国家也经常见到。如《日本商法典》第 266 条之 3（对第三人的责任）规定："①董事执行其职务有恶意或重大过失时，对第三人也负连带损害赔偿责任。②董事就认股书、新股认购权证书、公司债应募书、事业说明书或……应记载的重要事项作虚伪记载，或者进行虚伪登记或公告时，与前款同。但是，董事证明对记载、登记或公告未疏忽大意时，不在此限。"

【法律法规链接】 《证券法》第 69 条，最高人民法院于 2002 年 1 月 15 日发布的《关于受理证券市场因虚假陈述引发的民事侵权纠纷案件有关问题的通知》，最高人民法院于 2003 年 2 月 1 日起施行的《关于审理证券市场因虚假陈述引发的民事赔偿案件的若干规定》。

三、内幕交易行为

【基本理论】 内幕交易行为的危害和构成

内幕交易是内幕信息的知情人利用内幕信息进行的证券买卖行为。《证券法》第 73 条规定："禁止证券交易内幕信息的知情人和非法获取内幕信息的人利用内幕信息从事证券交易活动。"

内幕交易虽然在交易操作程序上往往与正常的操作程序相同，也是在市场上公开买卖证券，但由于一部分人利用内幕信息先行一步对市场作出反应，因此首先违反了证券市场的"三公"原则，侵犯了广大投资者对于证券市场的信赖，也是一种侵权行为。内幕信息的知情人员如果利用内幕信息进行交易，必

---

[1] 参见中国证监会网站，2008 年 5 月 12 日访问。

然会先行一步对市场作出反应，就会使其有更多的获利或减少损失的机会，从而增加了广大投资者遭受损失的可能性。因此，内幕交易最直接的受害者就是广大的投资人。内幕交易也损害了上市公司的利益，一部分人利用内幕信息进行证券买卖，使上市公司的信息披露有失公正，损害了广大投资者对上市公司的信心，不利于上市公司的正常发展。内幕交易还可能人为地造成股价波动，扰乱证券市场的正常秩序。自美国首开内幕交易规制之后，禁止内幕交易已普遍为世界各国接受，不论是大陆法系还是英美法系的绝大多数国家和地区，都将禁止内幕交易作为其证券立法的重要内容之一。

我国《证券法》第76条规定，内幕交易行为给投资者造成损失的，行为人应当依法承担赔偿责任。内幕交易行为有以下四个构成要件：

第一，行为主体是内幕信息的知情人。根据《证券法》第74条的规定，内幕交易的行为主体即"证券交易内幕信息的知情人员"，包括七种：发行人的董事、监事、高级管理人员；持有公司5%以上股份的股东及其董事、监事、高级管理人员，公司的实际控制人及其董事、监事、高级管理人员；发行人控股的公司及其董事、监事、高级管理人员；由于所任公司职务可以获取公司有关内幕信息的人员，主要是公司的秘书、打字员等在履行职责的过程中可以接触或获得内幕信息的人员；证券监督管理机构工作人员以及由于法定的职责对证券的发行、交易进行管理的其他人员，如中国证监会人员以及工商、税务人员；保荐人、承销的证券公司、证券交易所、证券登记结算机构、证券服务机构的有关人员；以及国务院证券监督管理机构规定的其他人员。

除了上述人员外，《证券法》第76条第1款还规定："证券交易内幕信息的知情人和非法获取内幕信息的人，在内幕信息公开前，不得买卖该公司的证券，或者泄露该信息，或者建议他人买卖该证券。"

第二，被利用的信息属于"内幕信息"的范围。《证券法》第75条规定："证券交易活动中，涉及公司的经营、财务或者对该公司证券的市场价格有重大影响的尚未公开的信息，为内幕信息。下列信息皆属内幕信息：①本法第67条第2款所列重大事件；②公司分配股利或者增资的计划；③公司股权结构的重大变化；④公司债务担保的重大变更；⑤公司营业用主要资产的抵押、出售或者报废一次超过该资产的30%；⑥公司的董事、监事、高级管理人员的行为可能依法承担重大损害赔偿责任；⑦上市公司收购的有关方案；⑧国务院证券监督管理机构认定的对证券交易价格有显著影响的其他重要信息。"所以，内幕信息应当具有以下构成要件：①相关性。构成内幕信息的信息应当与证券的发行、交易存在客观的联系，或者对证券的发行、交易产生影响；②重要性或价格敏感性。即这些信息一旦公开，就可能会对证券市场产生较大的影响，引起证券价格的重大波动。③秘密性。即这些信息尚未公开，不为社会公众知悉，仅仅被那些与证券的发行、交易有关的人员接触、知悉或掌握；④真实、准确性。即该信息是确凿无误的，而不是谣言。证券市场本身对各种信息都很敏感，对谣言也是如此；有时候谣言对证券市场价格的影响还很大。但构成内幕信息的信息则与谣言区别明确，如果散布谣言或不准确的信息以扰乱市场，牟取暴利，应当构成操纵市场或虚假陈述行为，而不是内幕交易行为。为了减少在确定内幕信息范围上的不确定性，像我国这样以列举的方式规定何者构成内幕信息的做法是较为可取的。

第三，属于内幕交易的行为类型。内幕交易应当属于违反《证券法》第76条规定的"证券交易内幕信息的知情人和非法获取内幕信息的人，在内幕信息公开前，买卖该公司的证券，或者泄露该信息，或者建议他人买卖该证券"的行为。即除了包括内幕信息的知情人员本人买入或卖出该内幕信息所涉及的公司证券，还包括他们根据内幕信息建议他人买卖该种证券以及向他人泄露内幕信息，使他人利用该信息进行证券买卖。

第四，从事内幕交易者在主观上是明知自己利用内幕信息而交易。一般来说，从事内幕交易是一种作为式的行为，行为者有利用内幕信息进行牟利的故意。但这个要件的实际意义不大，而仅在法律上有意义。因为只要有利用内幕信息进行交易的行为，完全可以推定其主观的故意。

【实务指南】　内幕交易如何禁止

内幕交易是与证券市场并存的现象，也是各国证券法规制的重点。证券市场上的"先知先觉"者屡见不鲜。这种现象存在的本身就说明了禁止内幕交易行为的急迫性和高难度。从法律角度来看，禁止内幕交易的方法还是要从责任的约束入手。目前对于内幕交易的民事赔偿尚没有形成如虚假陈述民事赔偿那样比较系统的规则，虽然从原理上讲，无论虚假陈述、操纵市场，还是内幕交易，在构成侵权和成立民事责任方面并没有多大的差别，但是司法实践中还是需要具体的规则进行指引。我们有理由相信，只有靠强制性的、确定化的法律责任，包括民事责任，才能对内幕信息的知情人形成有效的制约。中国证监会2007年试行《内幕交易认定办法》,[1] 该办法以下几点值得关注的地方，它们可能是未来我国关于内幕交易认定的立法方案：

第一，"内幕信息知情人"和"非法获取内幕信息的人"是两大类内幕交易主体。"内幕信息知情人"在《证券法》第74条中有明确规定，"非法获取内幕

第
六
章

----

〔1〕　参见"证监会定义市场操纵八宗罪"，载新浪财经网，2007 年 9 月 7 日访问。

信息的人"则涵盖通过骗取、套取、偷听、监听或私下交易等非法手段获取内幕信息的人，以及违反所在机构关于信息管理和使用的规定而获取内幕信息的人。此外，对盗用、利用他人名义实施内幕交易者，也认定为内幕交易行为人，其中的"利用他人名义"，则包括三种情形：直接或间接提供资金给他人购买证券，但所买证券之利益或损失，全部或部分归属本人；卖出他人名下证券，且能直接或间接地从卖出行为中获利；对他人持有的证券具有管理、使用和处分的权益。

第二，内幕信息依据《证券法》第67、75条确定。此外，该办法规定了"内幕信息敏感期"即内幕信息形成之时起，至内幕信息公开或者该信息对证券交易价格不再有显著影响时止。当然，如果证券买卖者不知悉内幕信息，买卖行为与内幕信息无关，有正当理由相信内幕信息已公开，事先不知道获取的信息为内幕信息，为收购公司股份依法进行的正当交易及监管部门认可的其他正当交易行为，不构成内幕交易。

第三，对于内幕交易违法所得的认定，该办法规定了收益和规避损失两个角度。收益为卖出证券的收入与持有证券的价值之和减去买入证券的成本，交易费用从中扣除。为此，该办法确定了"基准价格"，即内幕信息公开后某一时点的市价或某一时期均价，在成本收益的会计方法上，可以选用先进先出、后进先出、平均成本、移动平均等方法。规避损失是指卖出证券的收入与信息公开后相应证券价值之差。对于违法所得的认定，具体区分几类情况：①已卖出的股票，违法所得为卖出股票收入减去买入股票支出；②未卖出股票，违法所得为选择适当终点价格计算出的余股价值减去买入成本；③在会计方法上，卖出收入与买入成本的关系，可根据实际情况采用先进先出、后进先出、平均成本、移动平均等方法；④持股获得的红利计入收入，交易费用从违法所得中扣除。

【拓展思考】　内幕交易行为的全方位立法禁止

中国证监会强调，内幕交易是严重的证券违法行为，对证券市场危害甚大。为快速查处内幕交易行为，证监会已建立多层次联动快速反应查处机制。而从中国证券立法的相关内容看，对于内幕交易的禁止已经成为一个重点的内容。除了在《证券法》、《刑法》中对内幕交易严格禁止以外，涉及内幕交易之禁止的至少还有以下一些法律法规以及证券交易所的行业规范：

《证券投资基金法》第59条规定："基金财产不得用于下列投资或者活动：①承销证券；②向他人贷款或者提供担保；③从事承担无限责任的投资；④买卖其他基金份额，但是国务院另有规定的除外；⑤向其基金管理人、基金托管人出资或者买卖其基金管理人、基金托管人发行的股票或者债券；⑥买卖与其基金管理人、基金托管人有控股关系的股东或者与其基金管理人、基金托管人有其他重大利害关系的公司发行的证券或者承销期内承销的证券；⑦从事内幕交易、操纵证券交易价格及其他不正当的证券交易活动……"中国证监会发布的《证券交易所管理办法》第 81 条规定："证券交易所、证券登记结算机构的高级管理人员及其他工作人员不得以任何方式泄露或者利用内幕信息，不得以任何方式从证券交易所的会员、上市公司获取利益。"中国证监会、中国保监会发布的《保险机构投资者股票投资管理暂行办法》第 24 条第 1 款规定："保险机构投资者的股票投资决策、研究、交易、清算管理人员及其他相关人员不得从事内幕交易。"此外，再如《上海证券交易所权证管理暂行办法》第 26 条规定："禁止内幕信息知情人员利用内幕信息进行权证交易活动，获取不正当利益。"第 44 条规定："本所对权证交易进行实时监控，对存在异常交易，或内幕交易、市场操纵嫌疑的，本所视具体情况，可采取下列措施：①口头警告相关人员；②约见相关人员谈话；③限制出现重大异常交易情况的证券账户的权证交易；④向中国证监会报告。"

总之，证券市场的核心问题是信息的公开和公平，内幕交易者以不当的方式利用了信息，从而损害了证券市场的公平性。因此，全方位禁止内幕交易的立法举措是法律控制证券市场的必要手段。

【法律法规链接】　《证券法》第 73～76 条。

四、操纵市场行为

【基本理论】　操纵市场行为的构成

根据《布莱克法律词典》的解释，"操纵市场"是指"意图造成不真实或足以令人误解其买卖处于活跃状态；或者抬高或压低证券的价格，以诱使他人购买或出售该证券而进行涉及买卖某一证券的系列交易行为"。证券市场应当是一个公平竞争的市场，只有公平竞争，才能充分发挥证券市场对广大投资者的吸引力。操纵市场破坏的就是竞争的公平性。对那些无法知晓内幕信息的普通投资者来说，他们投资主要还得依靠直观的、由证券市场所表现的"信息"，而这些信息如果被他人操纵，就根本无法反映真实的证券供求关系，但普通投资者却对此一无所知，这当然是不公平的。我国《证券法》等证券法律、法规对操纵证券市场行为进行了相应的规制。

《证券法》第 77 条规定："禁止任何人以下列手段操纵证券市场：①单独或者通过合谋，集中资金优势、持股优势或者利用信息优势联合或者连续买卖，操纵证券交易价格或者证券交易量；②与他人串通，以事先约定的时间、价格和方式相互进行证券交易，影响证券交易价格或者证券交易量；③在自己实际控制的账户之间进行证券交易，影响证券交易价格或者证券交易量；④以其他手段操纵证券市场。操纵证券市场行为给投资者造成损失的，行为人应当依法承担赔偿责任。"

【实务指南】　操纵市场行为的主要表现及认定方法

中国证监会于 2007 年下发了《证券市场操纵行为认定办法》，目前正在试行。[1] 该办法共规定了连续交易、约定交易、自买自卖、蛊惑交易、抢先交易、虚假申报、特定价格、特定时段交易等八类市场操纵行为的认定。

第一，对《证券法》第 77 条第 1 款第 1 项规定的"集中资金优势、持股优势或者利用信息优势联合或者连续买卖"即"连续交易操纵"。该办法明确了认定"资金优势"的标准是动用的资金量能够满足下列标准之一：在当期价格水平上，可以买入相关证券的数量，达到该证券总量的 5%；在当期价格水平上，可以买入相关证券的数量，达到该证券实际流通总量的 10%；买卖相关证券的数量，达到该证券当期交易量的 20%；显著大于当期交易相关证券一般投资者的买卖金额。认定"持股优势"的标准是直接、间接、联合持有的股份数量符合下列标准之一：持有相关证券总量的 5%；持有相关证券实际流通总量的 10%；持有相关证券的数量，大于当期该证券交易量的 20%；显著大于相关证券一般投资者的持有水平。认定"信息优势"的标准包括，当事人能够比市场上的一般投资者更方便、更及时、更准确、更完整、更充分地了解相关证券的重要信息。

第二，对《证券法》第 77 条第 1 款第 2 项规定的"与他人串通，以事先约定的时间、价格和方式相互进行证券交易，影响证券交易价格或者证券交易量"即"约定交易操纵"，该办法明确，"约定的时间"包括某一时点附近、某一时期之内或某一特殊时段；"约定的价格"包括某一价格附近、某种价格水平或某一价格区间；"约定的方式"包括买卖申报、买卖数量、买卖节奏、买卖账户等各种与交易相关的安排。

第三，对《证券法》第 77 条第 1 款第 3 项规定的"在自己实际控制的账户之间进行证券交易，影响证券交易价格或者证券交易量"即"自买自卖操纵"，该办法明确，自己实际控制的账户包括当事人拥有、管理、使用的账户。

第四，将《证券法》第 77 条第 1 款第 4 项规定的"其他手段"解释为以下五种：

〔1〕　邵刚、冯勉："证监会定义市场操纵八宗罪"，载新浪财经网，2007 年 9 月 7 日访问。

1. 蛊惑交易操纵，即操纵市场的行为人故意编造、传播、散布虚假重大信息，误导投资者的投资决策，使市场出现预期中的变动而自己获利。

2. 抢先交易操纵，即行为人对相关证券或其发行人、上市公司公开作出评价、预测或者投资建议，自己或建议他人抢先买卖相关证券，以便从预期的市场变动中直接或者间接获取利益的行为。

3. 虚假申报操纵，即行为人持有或者买卖证券时，进行不以成交为目的的频繁申报和撤销申报，制造虚假买卖信息，误导其他投资者，以便从期待的交易中直接或间接获取利益的行为。而行为人在同一交易日内，在同一证券的有效竞价范围内，连续或者交替进行 3 次以上申报和撤销申报，可认定为频繁申报和撤销申报。

4. 特定价格操纵，即行为人通过拉抬、打压或者锁定手段，致使相关证券的价格达到一定水平的行为。特定价格是指以相关证券某一时点或某一时期内的价格作为交易结算价格，某些资产价值的计算价格，以及证券或资产定价的参考价格。具体操作中，可依据法律、行政法规、规章、业务规则的规定或者依据发行人、上市公司、相关当事人的协议内容进行认定。拉抬、打压或者锁定，是指行为人以高于市价的价格申报买入致使证券交易价格上涨，或者以低于市价的价格申报卖出致使价格下跌，或者通过买入或者卖出申报致使证券交易价格形成虚拟的价格水平。

5. 特定时段交易操纵，又分为尾市交易操纵和开盘价格操纵。尾市交易操纵，是指在收市阶段，通过拉抬、打压或者锁定等手段，操纵证券收市价格的行为，包括下列要件：交易发生在收市阶段；行为人具有拉抬、打压或锁定证券交易价格的行为；证券收市价格出现异常；行为人的行为是证券收市价格变动的主要原因。开盘价格操纵，是指在集合竞价时段，通过抬高、压低或者锁定等手段，操纵开盘价的行为，包括下列要件：交易发生在集合竞价阶段，行为人具有抬高、压低或锁定证券交易价格的行为；开盘价格出现异常；行为人的行为是开盘价格异常的主要原因；行为人能从开盘价变动中获取直接或间接的利益。

【拓展思考】   操纵市场行为的即时监管

操纵市场行为同样是证券市场上严重的违法行为，如果给投资者造成损失也应当承担民事赔偿责任。证券市场操纵行为的监管有事前监管和事后监管两种。事前监管要求监管部门有广泛的调查权，如果发现有大量的不正常交易时，可以进行调查并要求交易者进行解释。这就是即时监管问题。即时监管要求较高的技术手段。目前主要由交易所担当即时监管的责任。如《上海证券交易所交易规则》第六章"交易行为的监督"中 6.1 规定了 13 种"异常交易的行为"，

第
六
章

包括可能对证券交易价格产生重大影响的信息披露前，大量买入或者卖出相关证券；以同一身份证明文件、营业执照或其他有效证明文件开立的证券账户之间，大量或者频繁进行互为对手方的交易；委托、授权给同一机构或者同一个人代为从事交易的证券账户之间，大量或者频繁进行互为对手方的交易；2 个或 2 个以上固定的或涉嫌关联的证券账户之间，大量或者频繁进行互为对手方的交易；大笔申报、连续申报或者密集申报，以影响证券交易价格；频繁申报或频繁撤销申报，以影响证券交易价格或其他投资者的投资决定；巨额申报，且申报价格明显偏离申报时的证券市场成交价格；一段时期内进行大量且连续的交易；在同一价位或者相近价位大量或者频繁进行回转交易；大量或者频繁进行高买低卖交易；进行与自身公开发布的投资分析、预测或建议相背离的证券交易；在大宗交易中进行虚假或其他扰乱市场秩序的申报；该所认为需要重点监控的其他异常交易。这些行为中有些可能涉及内幕交易，有些可能涉及操纵市场。

该规则 6.2 规定，出现 6.1 所列异常交易行为之一，且对证券交易价格或者交易量产生重大影响的，上交所可采取非现场调查和现场调查措施，要求相关会员及其营业部提供投资者开户资料、授权委托书、资金存取凭证、资金账户情况、相关交易情况等资料；如异常交易涉及投资者的，上交所可以直接要求其提供有关材料。该规则 6.4 规定，会员及其营业部、投资者应当配合上交所进行相关调查，及时、真实、准确、完整地提供有关文件和资料。该规则 6.5 规定，对情节严重的异常交易行为，上交所可以视情况采取下列措施：①口头或书面警示；②约见谈话；③要求相关投资者提交书面承诺；④限制相关证券账户交易（如有异议，可以向上交所提出复核申请。复核期间不停止相关措施的执行）；⑤报请证监会冻结相关证券账户或资金账户；⑥上报证监会查处。

【法律法规链接】 《证券法》第 77 条。

五、欺诈客户行为

【基本理论】 欺诈客户行为的构成及承担民事责任的法理基础

在证券市场上，大多数投资者由于信息劣势，本身就容易因虚假陈述、操纵市场这类违法行为而利益受损；但是还存在一种利益受损的情况，即受到证券公司及其从业人员的欺诈。前已述及，证券违法行为在本质上都是欺诈，不过，欺诈客户行为发生在证券公司与客户之间，而从客户与证券公司的法律关系来看，他们之间存在委托关系，这种关系应当是一种被代理人与代理人的商事代理关系，所以可以按违约责任追究证券公司的民事责任。

在商法理论上，由于证券公司是专业的商事代理人，所以可以适用有关商事代理的规定，如允许双方代理、隐名代理等。但是，作为代理人的证券公司也应承担对被代理人的受信义务。所谓"受信义务"，就是在业务中应当将他人的利益置于自己的利益之上，必须全心全意地为客户服务。受信义务通常适用于受托人或监护人，是民事关系中的最高责任。受信义务的要求应当比诚实信用的要求还高。按照《美国统一商业法典》2－103（1）所称，诚实信用是指商人在事实方面诚实，并遵守商业公平交易的合理商业标准。也就是说，诚实信用要求券商不做有损于客户的事，损人利己的事即使合法也不能做。而对证券公司要求其对客户承担受信义务，则是要求在双方利益冲突时，证券公司应当将客户的利益放在自己的利益之上。

但是，从目前我国《证券法》的规定来看，其实尚没有将证券经纪人的义务规定到"受信义务"之高度，而仅仅是要求证券公司"诚实信用"，根据《证券法》第79条的规定，如果发生以下情况，就构成对客户的欺诈而应当承担民事赔偿责任：

第一，违背客户的委托为其买卖证券。证券公司在办理经纪业务时，应当根据客户委托代理买卖证券，如果违背这种委托的意思表示，就构成欺诈行为。

第二，不在规定时间内向客户提供交易的书面确认文件。《证券法》规定，证券公司接受委托的证券买卖成交后，应当按照规定制作买卖成交报告单交付客户。客户只有看到这类交易的书面确认文件，才能确知自己的交易行为，防止证券公司再有其他损害客户利益的行为。

第三，挪用客户所委托买卖的证券或者客户账户上的资金。投资者的证券和账户上的资金都归投资者所有，证券公司对其证券和资金仅仅是保管关系，而不能进行挪用。

第四，未经客户的委托擅自为客户买卖证券，或者假借客户的名义买卖证券。这种行为仍然是违背客户委托的行为，与证券公司作为代理人的身份和所应承担的受信义务、诚实信用义务相悖。

第五，为牟取佣金收入，诱使客户进行不必要的证券买卖。这种情况也违反了证券公司作为代理人的法律要求，显然构成对客户的欺诈。

第六，利用传播媒介或者通过其他方法提供、传播虚假或者误导投资者的信息。

第七，其他违背客户真实意思表示，损害客户利益的行为。

【实务指南】　欺诈客户行为的法律认定

应当说，《证券法》涉及欺诈客户行为的条款很多，除了第79条外，还包括以下条款：①《证券法》第44条："证券交易所、证券公司、证券登记结算机构必须依法为客户开立的账户保密。"②《证券法》第136条："证券公司应当建立健全内部控制制度，采取有效隔离措施，防范公司与客户之间、不同客户之间的利益冲突。证券公司必须将其证券经纪业务、证券承销业务、证券自营业务和证券资产管理业务分开办理，不得混合操作。"因此，如果证券公司不遵守上述规定，混合操作的话，也应当对客户的损失进行赔偿。③《证券法》第139条："证券公司客户的交易结算资金应当存放在商业银行，以每个客户的名义单独立户管理。具体办法和实施步骤由国务院规定。证券公司不得将客户的交易结算资金和证券归入其自有财产。禁止任何单位或者个人以任何形式挪用客户的交易结算资金和证券。证券公司破产或者清算时，客户的交易结算资金和证券不属于其破产财产或者清算财产。非因客户本身的债务或者法律规定的其他情形，不得查封、冻结、扣划或者强制执行客户的交易结算资金和证券。"该条规定的是证券公司对客户交易结算资金的维护义务。

具体列举式的立法总是有局限性，所以还是有必要在《证券法》中设立一个一般性的反欺诈条款，来充分保护客户或投资者的利益。

【拓展思考】 **欺诈客户行为违约与侵权责任的竞合**

从上述欺诈客户行为的表现来看，主要是证券公司违反了客户的委托。所以对于客户因此遭受的经济损失，应当按照违约责任来予以追究。但是，证券公司欺诈客户的行为，直接损害的是客户的利益，间接受到损害的则是广大投资者对证券市场的信任。由于一般的投资者并不能直接参加证券交易，只能委托证券公司进行；而证券公司却利用自己在证券交易中的垄断性地位对客户进行欺诈，那么又怎么能让投资者放心地将自己的金钱交给证券公司呢？缺乏信任的证券市场要么无法开展交易，要么纯粹成为投机的场所。因此欺诈客户的行为已经不再是单纯的民事违约行为，而同时是一种侵权行为，与前面几种证券违法行为的性质并无差异。我国《合同法》第122条规定："因当事人一方的违约行为，侵害对方人身、财产权益的，受损害方有权选择依照本法要求其承担违约责任或者依照其他法律要求其承担侵权责任。"该条规定确立了以下三项规则：①确认了民事责任竞合的行为构成要件，即"因当事人一方的违约行为，侵害对方人身、财产权益的"；②赋予受害人有权就违约责任和侵权责任作出一种选择；③受害人只能选择一种请求权，而不能同时基于两种责任提出请求。

在责任竞合时，客户是选择违约之诉请，还是选择侵权之诉请，将产生完全不同的法律后果。实践中有两点区分的意义：①主观归责要求不同。一般违约责任适用严格责任原则；侵权责任则以过错责任为基本原则。所以，客户在利益受到证券公司侵害时，应当考虑过错的举证问题。②责任人范围不同。根据合同相对性原则，合同以外的任何人不得成为违约责任人；侵权责任人则是所有违反法律规定义务的人，不限于合同相对人。客户如果追究证券公司的违

第六章

约责任，就只能起诉与之签订委托协议的证券营业部及其证券公司；如果追究欺诈客户的侵权责任，客户还可以起诉证券公司及其营业部负有直接责任和领导责任的从业人员。这同样也是客户在作出选择时需要考虑的因素。

【法律法规链接】 《证券法》第 79 条、第六章"证券公司"。

案例点评

一、杭萧钢构内幕交易、虚假陈述案

2007 年 1 月，杭萧钢构与中国国际基金公司就涉资 344 亿元的安哥拉住宅建设项目举行谈判并签署合同草案，但未及时进行信息披露。在此期间，杭萧钢构股票出现异动，曾出现连续 10 个涨停。5 月，中国证监会对杭萧钢构作出了行政处罚决定，认定后者在信息披露中存在以下违法违规行为：①未按照规定披露信息；②披露的信息有误导性陈述，即构成了虚假陈述行为。故依法对杭萧钢构及相关高管进行行政处罚。

2007 年 12 月 21 日，杭萧钢构内幕信息泄露案在浙江省丽水市莲都区法院一审开庭。被告杭萧钢构证券办副主任、证券事务代表罗高峰被控涉嫌泄露内幕信息罪，另两名被告陈玉兴、王向东被控涉嫌内幕交易罪。公诉人认为，罗高峰身为内幕信息知情人员，在涉及证券的发行、交易，对证券的价格有重大影响的信息尚未公开前，故意泄露内幕信息给知情人员以外的人，造成他人利用内幕信息进行内幕交易，应当以泄露内幕信息罪追究其刑事责任。陈玉兴、王向东非法获取内幕信息并利用内幕信息进行股票交易，应当以内幕交易罪追究其刑事责任。

本案值得讨论的地方是杭萧钢构的违法行为既构成内幕交易，又构成虚假陈述。根据 2003 年 1 月 9 日最高人民法院公布的《关于审理证券市场因虚假陈述引发的民事赔偿案件的若干规定》的规定，因虚假陈述引起权益受损的投资者可以向有管辖权的法院提起民事赔偿诉讼。部分受损失的投资者遂据此向具有管辖权的浙江省杭州市中级人民法院起诉，要求杭萧钢构承担责任，赔偿损失。

二、大庆联谊虚假陈述的民事诉讼过程

2000 年 3 月 31 日，大庆联谊因违反证券法规，受到中国证监会的处罚，其违规事实有二：①欺诈上市；②1999 年年报虚假。2003 年 7 月 29 日，大庆联谊在《上海证券报》刊登公告称，"已接到哈尔滨市中级人民法院送达的关于股东诉该公司民事索赔案的传票，原告共计 113 人，诉讼标的为 312 万元，以上案件采用集团诉讼方式，开庭时间为 2003 年 8 月 25 日。"2002 年 1 月 15 日，最高人

第六章

民法院发布《关于受理证券市场因虚假陈述引发的民事侵权纠纷案件有关问题的通知》，随之而来的是有关法院受理了近900件要求虚假陈述行为人承担民事赔偿责任的案件，但是，有关各方发现总计800字左右的《通知》在很多问题上缺乏可操作性，最高人民法院随即在2003年1月9日发布《关于审理证券市场因虚假陈述引发的民事赔偿案件的若干规定》。2004年8月，经过2年多的调查、审理，哈尔滨中院就大庆联谊案作出了一审判决，大庆联谊、申银万国被判赔偿投资者884.5万元。2004年12月28日，黑龙江省高级人民法院对大庆联谊案作出终审判决，其中有3起案件改判，其余均维持原判，判决大庆联宜公司承担赔偿金额约为883.7万元，承担受理费20.6万元，申银万国对433起案件承担连带责任，赔偿金额为608万元。2006年12月4日本案执行完毕。

本案的诉讼中有三个问题值得讨论：

第一，共同诉讼的运用。2002年3月29日，上海和北京两地律师团代表679位投资者以共同诉讼方式起诉大庆联谊，要求其承担因虚假陈述、欺诈上市给投资者造成的损失，诉讼标的2 000多万元，同时要求申银万国承担连带赔偿责任。应当说，共同诉讼较单独诉讼而言，大大降低了诉讼成本并且提高了效率，可以激励当事人的积极性，这种方式在西方国家司法介入证券市场民事赔偿案中普遍使用。

第二，虚假陈述揭露日的确定。揭露日的确定决定着当事人的资格。根据目前的规定，揭露日的确定是一件困难的事情。《关于审理证券市场因虚假陈述引发的民事赔偿案件的若干规定》第18条规定："投资人具有以下情形的，人民法院应当认定虚假陈述与损害结果之间存在因果关系：①投资人所投资的是与虚假陈述直接关联的证券；②投资人在虚假陈述实施日及以后，至揭露日或者更正日之前买入该证券；③投资人在虚假陈述揭露日或者更正日及以后，因卖出该证券发生亏损，或者因持续拥有该证券而产生亏损。"依该规定，本案至少有3个日子可以作为揭露日：证监会立案日；1999年4月20日，大庆联谊发布被查公告日；1999年11月，中央电视台播发有关证监会调查大庆联谊案的报道。证监会立案的次日，大庆联谊股票反而跳空高开。而大庆联谊发布受查公告后，该股大跌，中央电视台报道日，同样是大跌。上海律师团最终选择了大庆联谊发布受查公告日为揭露日，当事人也由开始的679人缩减为现在381人。

第三，本案代理方与集团诉讼人采取零风险诉讼方式。由律师事务所垫付诉讼费、成本费，官司如果打赢，事务所按获赔总额的一定比例提成。这种诉讼代理方式，加大了代理方的风险，但也是国际上比较流行的证券民事诉讼代理方式。

第六章

后 记

　　本书由西北政法大学民商法学院商法教研室程淑娟和杨春平编著。具体分工是：程淑娟撰写第一、二、四、五、六章；杨春平撰写第三章，并对第二章第三节亦有贡献。

　　本书是作者思考如何培养应用型法学本科人才的成果之一。长期以来，法学教育延续着传统的"从概念到特征"这样一种模式，该模式已经无法适应当代社会对于优秀法学实践人才的迫切需求。作为担当着一线教学任务的我们，一直在苦苦思考和探索培养应用型法学人才的具体路径。我们认为，给学生提供更多的实践机会非常重要，但掌握扎实、全面的法学知识，建立完整的知识结构，却是更必要的、前提性的举措。法学在本质上依然具有知识的品格。如果没有系统的法学知识，相关的实践只能是无源之水。法学教师的使命就是用科学的方法、灵活务实的态度给学生传授法学知识，使他们既能融会贯通又能灵活运用。正是在这种思想指导下，我们尝试编写了这本《证券法理论与实务》。全书以商法基本原理为依据，内容突出实用性，并吸收了中国证券法制建设的最新成就。对本书的不足也期待读者们批评指正。

　　本书能得以顺利出版，特别要感谢中国政法大学出版社的热情支持！尤其要感谢编辑们为本书所付出的辛勤工作，他们的耐心细致和睿智博学深深感染了我们。

　　同样感谢西北政法大学民商法学院的高在敏教授、李少伟教授、赵林青教授以及所有关心、帮助我们的同事！西北政法大学2005级法学本科的同学们在选修《证券法理论与实务》课程时，曾积极为本教材的建设献策，在此我们也要向他们表示谢意！

后
记

程淑娟　杨春平
2008 年端午

图书在版编目（CIP）数据

证券法理论与实务 / 程淑娟，杨春平编著． 一北京：中国政法大学出版社，2008.8
ISBN 978-7-5620-3273-1

Ⅰ．证… Ⅱ．①程…②杨… Ⅲ．证券法 － 中国 － 高等学校 － 教材
Ⅳ．D922.287

中国版本图书馆CIP数据核字（2008）第128168号

出版发行	中国政法大学出版社
经　　销	全国各地新华书店
承　　印	固安华明印刷厂

787×960　　16开本　　15.5印张　　280千字
2008年9月第1版　　2008年9月第1次印刷
ISBN 978-7-5620-3273-1/D•3233
定　价：26.00元

社　　址	北京市海淀区西土城路25号
电　　话	（010）58908325（发行部）　58908285（总编室）　58908334（邮购部）
通信地址	北京100088信箱8034分箱　　邮政编码 100088
电子信箱	zf5620@263.net
网　　址	http://www.cuplpress.com　（网络实名：中国政法大学出版社）
声　　明	1. 版权所有，侵权必究。
	2. 如有缺页、倒装问题，由本社发行科负责退换。
本社法律顾问	北京地平线律师事务所